U0944320

国家社科基金重大课题“华北农村80年社会变迁”子课题成果之一

社会转型加速期华北农户经济行为研究

汪 雁 著

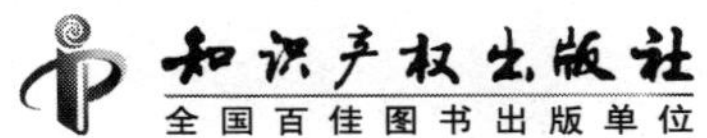

内容提要

基于理论反思和实践考察，本研究对现阶段华北农户经济行为提出假设：市场规则和家庭保障惯习将嵌套于农户劳动力相对剩余的资源结构中，共同对农户施加影响，使其表现出对家庭生活保障、劳动力充分利用和经济收益追求的多重行为取向。以定州市为调研地的实证分析表明：恰如假设，现阶段华北农户经济行为，是一种既不同于西方学者描述的相对稳定社会结构下的农户行为，也不同于中国慢速转型社会下的农户行为；而是在社会加速转型的特殊背景下，市场经济、家庭保障和劳动力相对剩余的资源结构与农户需求共同作用的产物，具有多重行为取向。它既有合理性，又有家庭经济效益低下、社会整体生产要素配置效率低下的明显不足。为此，笔者提出以城乡一体化为政策导向，高效推进农村社会保障制度建设、深化农村剩余劳动力转移的制度变革，提高农户经济活动效率。

责任编辑：贺小霞

图书在版编目（CIP）数据

社会转型加速期华北农户经济行为研究/汪雁著．—北京：知识产权出版社，2012.6

ISBN 978-7-5130-1284-3

Ⅰ.①社… Ⅱ.①汪… Ⅲ.①农户—经济行为—研究—华北地区 Ⅳ.①F325.15

中国版本图书馆 CIP 数据核字（2012）第 078131 号

社会转型加速期华北农户经济行为研究

SHEHUI ZHUANXING JIASUQI HUABEI NONGHU JINGJI XINGWEI YANJIU

汪　雁　著

出版发行：知识产权出版社

社　　址：	北京市海淀区马甸南村 1 号	**邮　　编**：	100088
网　　址：	http://www.ipph.cn	**邮　　箱**：	bjb@cnipr.com
发行电话：	010－82000860 转 8101/8102	**传　　真**：	010－82005070/82000893
责编电话：	010－82000860 转 8129	**责编邮箱**：	HeXiaoXia@cnipr.com
印　　刷：	保定市中画美凯印刷有限公司	**经　　销**：	新华书店及相关销售网点
开　　本：	787mm×1092mm　1/16	**印　　张**：	13.5
版　　次：	2012 年 7 月第 1 版	**印　　次**：	2012 年 7 月第 1 次印刷
字　　数：	200 千字	**定　　价**：	39.00 元

ISBN 978-7-5130-1284-3/F · 524（4160）

前　言

任何社会现象都是社会结构和行动者互构的产物。社会结构总是以外在形式客观作用于行动者，而行动者则是以主动创造、适应或被动接受的方式反作用于社会结构，从而表现为一定的社会现象。改革开放以来，以农村家庭承包责任制的出台为开端，农村劳动力流动政策、税费制度、基本生活保障制度、耕地依法流转政策、教育制度，以及社会主义新农村建设政策等新制度不断出台，旧制度不断变革，我国农村社会发展环境也随之发生天翻地覆的变化；农业的市场化、产业化、机械化程度不断提高，非农业和城市对农村劳动力的吸引力和开放程度不断增大。这势必给生活、耕作在其中的农户带来巨大的冲击。那么经过数十年的社会变迁，我国农户经济行为会出现什么样的变化呢？与20世纪前半期著名学者黄宗智研究的那个小农经济时代的农户经济行为又有什么共同点和差异呢？农户经济行为的变化又会对我国“三农问题”的全面解决带来什么样的影响？这是笔者一直关注和希望深入研究的问题。但是，囿于条件所限，一直未能付诸实施。

所幸，在攻读博士期间，笔者的博导郑杭生先生主持的一项重大社科基金课题——“华北农村80年社会变迁”为实现该愿望提供了良好的机缘，作为课题组成员笔者不仅得以有条件、有机会具体实施这项子课题研究，而且可以在“社会变迁”的大背景下对该问题进行理论研究。同时，文献研究表明，目前尽管有关我国农户经济行为的研究汗牛充栋，但是，深入地实证性、理论性、整体性且带有纵向历史比较视角的研究仍旧较为罕见，这就使这项研究更为必要。正是在这种有利条件下，笔者在攻读博士期间，以河北定州市为定点研究地，以郑杭生先生主持项目课题组在定州翟城村设立的研究基地为据点，在历时两年多、累计蹲点一百多天实地调研的基础上，完成了博士学位论文《市场经济导向和家庭保障惯习下的华北农户经济行为研究》。

博士毕业后，本想早日修改出版，但是，总觉得“三农问题”是一个错综复杂的问题，农户经济活动也是各种错综复杂因素长期交互作用的结果，区区一篇建立在华北一个县级市经验研究基础上的学位论文，仓促出版难免流于草率、片面和浅陋，故一直将其处于搁置状态。但是，毕业后从事的研究工作仍旧与“三农问题”，尤其是农民工问题紧密相连。随着时间的沉淀和研究的进一步深入、延伸，越发觉得原学位论文中反映的一些深层次问题的重要性、严重性和沉疴性。比如，城镇化是我国发展的总体趋势，近阶段我国城镇化率几乎以每年一个百分点的速度在快速提高，农村大量农户也已搬家进城（主要是小城镇），甚至部分地区出现土地撂荒现象，有些农民工已经外出务工经商超过十年之久，完全脱离耕地，但是，他们为何仍旧不愿意放弃土地？土地流转的规模也越来越大，但是小农经济为何仍旧是我国农村经济的主体？没有农业规模化何来农业现代化？等等。这些问题激发笔者对论文作进一步思考、梳理、修改和出版的兴趣。本文正是以笔者的博士学位论文为主体，整合数年来的后续研究并参阅新的文献资料综合而成的结果。

按照结构安排，本书分为七个部分。

第 1 章，导论。该章从问题旨趣出发，在对相关文献进行述评的基础上，提出研究主题、理论视角，界定分析对象，说明研究方法、数据来源，指出研究意义、创新与不足。

第 2 章，理论建构和研究假设。该章在对研究选取的主体理论解释框架“场域—惯习”理论具体化的基础上提出研究假设——“在社会转型加速期，‘市场规则’和‘家庭基本生活保障惯习’作为两种不同的结构性约束机制，嵌入于‘农户劳动力剩余的资源构成结构’之中，从内外两方面对农户经济行为发生影响，从而使农户在具体经济行为中主要表现出对‘家庭基本生活风险规避’、‘经济收益最大化’和‘劳动力充分化利用’等多重行为取向”，并对其操作化。

第 3 章，社会转型加速期的定州农村。该章主要包括对选择定州作为研究地的说明，对其在华北农村社会经济发展中的地位的回顾，及对其在社会转型加速期发生的主要社会变迁的简要描述。

第4章，现阶段定州农户的经济行为特征。该章主要从生产要素配置的角度出发，对农户的耕地配置行为、劳动力配置行为和资金配置行为的特征进行描述和概括，指出在社会转型加速期华北农户经济行为兼具“时代性”与“传统性”的混合性特征，为研究假设的具体化奠定基础。

第5章，市场化、家庭保障和农户经济行为。该章主要从三方面对研究假设进行实证分析，包括农户耕地配置的因素分析、劳动力配置的因素分析和资金配置的因素分析。分析结果表明：总体研究假设在定州市农村被证实，在社会转型加速期，农户经济行为是农户遵循“市场导向”和“家庭保障惯习的指引”，并结合“劳动力剩余的资源构成结构”，通过生产要素的策略性配置满足“家庭生活保障”需求及实现“家庭劳动充分化利用基础上的经济收益最大化”的行为。

第6章，对现阶段定州农户经济行为的理论探讨。该章通过与传统农户经济行为理论，尤其是与解释我国农户经济行为的理论观点的历史对话指出：其一，社会转型加速期我国华北农户经济行为的内在形成机制明显不同于传统农户经济理论下的农户行为，其“基本生活保障取向”和“劳动偏好”取向明显区别于“利润最大化理论”、“风险厌恶理论”和“农场户模型”下的农户行为，其“经济收益最大化”取向又鲜明区别于“过密论”和“劳动消费均衡理论”；其二，我国华北小农经济以“家庭小农经营”为支柱，以“家庭基本生活保障”为基石，以“阶段性就业为主、非农经营为辅的途径”构成的经济收益最大化为补充，在快速转型社会中存续并缓慢发展。

第7章，政策反思与对策建议。该章在对制度建设进行反思的基础上指出：在城乡二元社会体制的持续影响下，农村社会保障制度低效、缺失和农村剩余劳动力难以彻底转移，是阻碍我国华北农户资源配置效率提高、经济收入最大化的主要社会根源，也是导致我国“三农问题”长期难以解决的关键性因素之一。本书建议，进一步解放思想，深化改革，以城乡一体化为政策导向，促进农户基本生活保障由家庭保障为主向社会保障为主转变，由剩余劳动力阶段性不彻底转移向彻底转移转变。

笔者以社会转型加速期为时代背景，以具有“实践论”色彩的“场域—惯习理论”为理论指导，并将研究置于传统农户经济理论的语境中探讨农户经济行为的形成机制，意在使研究方法有所创新，理论概括有些微深意，对政策实践有所启发。但是，囿于经验研究仅仅建立在河北一个县域基础上，且实证研究已经一晃过去数年，这就使研究的代表性、理论概括的适用性有一定的局限性。同时，鉴于笔者学识和研究能力的不足，文章难免有差错、纰漏和不妥之处，在此敬请各位专家、学者、关心关注“三农问题”的政策实践工作者批评指正。

汪　雁

二零一二年春节于长青园

目　　录

第1章　导　论 ………………………………………………………………（1）

1.1　问题的提出 ………………………………………………………（1）

1.2　文献回顾与分析 …………………………………………………（1）

1.2.1　农户经济行为理论述评 ………………………………………（1）

1.2.2　中国当代农户经济行为研究 …………………………………（22）

1.3　分析对象与研究主题 ……………………………………………（25）

1.3.1　分析单位和研究对象 …………………………………………（25）

1.3.2　研究区域与研究主题 …………………………………………（26）

1.4　理论视角的选择与解析 …………………………………………（27）

1.4.1　社会转型视角 …………………………………………………（27）

1.4.2　“场域—惯习”视角 ……………………………………………（29）

1.5　研究方法和资料来源 ……………………………………………（35）

1.6　结构安排 …………………………………………………………（37）

1.7　研究意义、创新和不足 …………………………………………（38）

第2章　理论建构与研究假设 ………………………………………………（40）

2.1　理论建构 …………………………………………………………（40）

2.1.1　对社会转型加速期我国农村经济场域的建构 ……（40）

2.1.2　对社会转型加速期华北农户经济行为惯习的建构 ………………………………………………………………（45）

2.1.3　对农村经济场域和农户经济行为惯习理论建构的小结 ………………………………………………………………（50）

2.2　研究思路与研究假设 ……………………………………………（51）

2.2.1　研究思路 ………………………………………………………（51）

2.2.2 研究假设及其操作化 …………………………………… (56)
第3章 社会转型加速期的定州农村 …………………………… (69)
3.1 定州市概况 …………………………………………… (69)
3.2 定州市作为调查地的选择 ………………………………… (71)
3.3 社会转型加速期定州农村的社会变迁 ……………………… (72)
第4章 现阶段定州农户的经济行为特征 ……………………… (76)
4.1 社会转型加速期农户耕地配置行为的特征 ………………… (76)
4.1.1 农户耕地配置的功能分化 ……………………………… (77)
4.1.2 农户耕地配置的差序结构 ……………………………… (80)
4.2 社会转型加速期农户劳动力配置行为的特征 ……………… (82)
4.2.1 农户劳动力配置的地域分化特征 ……………………… (82)
4.2.2 农户劳动力配置的行业分化特征 ……………………… (84)
4.3 社会转型加速期农户资金配置的行为特征 ………………… (87)
4.3.1 农户的投资意愿较弱 …………………………………… (87)
4.3.2 农户的投资行业取向以农业为主 ……………………… (88)
4.4 对社会转型加速期定州农户经济行为特征的小结 ……… (90)
第5章 市场化、家庭保障与农户经济行为 …………………… (92)
5.1 农户耕地配置行为的因素分析 …………………………… (92)
5.1.1 非经济作物种植面积与家庭最低生活保障需求紧密相关 ……………………………………………… (95)
5.1.2 经济作物的种植面积比与“家庭劳动利用程度”紧密相关 ……………………………………………… (99)
5.1.3 耕地配置假设的结果与讨论 ………………………… (103)
5.2 农户劳动力配置行为的因素分析 ………………………… (105)
5.2.1 “农户是否配置劳动力外出就业”的因素分析 …… (107)
5.2.2 “农户是否安排具体劳动力外出就业”的因素分析 ……………………………………………… (110)
5.2.3 劳动力配置假设的结果与讨论 ……………………… (112)
5.3 农户资金配置行为的因素分析 ………………………… (118)

5.3.1　农户投资意愿强弱与“家庭基本生活风险防范需求程度” …… (119)
5.3.2　农户的投资行业取向与农户融资能力 …… (122)
5.3.3　资金配置假设的结果与讨论 …… (124)
5.4　农户经济行为因素分析的小结 …… (131)
第6章　对现阶段定州农户经济行为的理论探讨 …… (134)
6.1　农户经济行为的理论概括 …… (134)
6.1.1　对农户耕地配置行为的理论概括 …… (135)
6.1.2　对农户劳动力配置行为的理论概括 …… (139)
6.1.3　对定州农户资金配置行为的概括 …… (145)
6.1.4　对农户经济行为理论概括的小结 …… (148)
6.2　对农户经济行为的“家庭基本生活保障”取向的分析 …… (150)
6.2.1　“基本生活保障”的必需性及其实现形式 …… (151)
6.2.2　我国农村社会保障制度的功能缺失使家庭保障成为农户的无奈选择 …… (152)
6.2.3　商业型保障难以有效实现导致农户经济行为表现出自给自足的家庭保障取向 …… (154)
6.3　“劳动力相对剩余的资源结构”对农户经济行为的影响 …… (156)
6.3.1　我国农村劳动力相对过剩状况 …… (156)
6.3.2　劳动力长期过剩型构了农户“劳动偏好”的惯习 …… (157)
6.4　市场经济对我国农户经济行为的影响 …… (159)
6.4.1　市场经济为农户创造了大量就业和非农经营机会 …… (159)
6.4.2　市场经济将农户置身于一个巨大的风险环境中 …… (160)
6.4.3　在市场高收益、高风险下农户的风险态度及行为取向 …… (161)
6.5　家庭保障、市场经济与劳动力剩余结构相互间的协同作用 …… (162)

6.5.1 市场经济与农户劳动力相对剩余资源结构之间的协同作用 …… (163)
6.5.2 家庭保障与农户劳动力相对剩余资源结构之间的协同作用 …… (164)
6.5.3 市场经济体制与家庭保障之间的协同作用 …… (166)
6.5.4 家庭保障、劳动力剩余结构、市场经济对农户经济的共同型构 …… (168)
6.6 研究小结与延伸 …… (173)
第7章 政策反思与对策建议 …… (175)
7.1 城乡二元社会体制是农户经济组织方式滞后的基本社会根源 …… (175)
7.1.1 城乡二元社会体制是造成农户过剩劳动力难以彻底转移的主要原因 …… (176)
7.1.2 城乡二元社会发展思路是社会保障制度在农村难以取代家庭保障地位的政策导向根源 …… (177)
7.2 对策建议 …… (178)
7.2.1 在"城乡一体化"政策导向下建设农村社会保障制度 …… (179)
7.2.2 在城乡一体化政策导向下深化制度改革、推进剩余劳动力彻底转移 …… (186)
参考文献 …… (192)
后　记 …… (202)

第1章 导 论

1.1 问题的提出

制度的变革常常带来社会结构的巨变，国际社会普遍如此，中国自然也是这样。以1978年的经济体制改革为开端，农村的耕地制度、劳动力流动政策、税费制度、基本生活保障制度、教育制度，以及社会主义新农村建设政策等新制度不断出台、旧制度不断变革，我国农村的社会发展环境也随之发生翻天覆地的变化，农业的市场化、产业化、机械化程度，非农行业的发展程度，城市劳动力市场的开放程度，农村的现代化程度等均不断提高，这给我国农户带来史无前例的巨大冲击。那么经过数十年的社会变迁，我国农户经济行为会出现什么样的变化呢？与20世纪前半期著名学者黄宗智研究的那个小农经济时代的农户经济行为又有什么共同点和差异呢？这又会对我国“三农问题”的全面解决带来什么样的影响？这是多年来一直关心“三农问题”，尤其是农民工问题的笔者一直思考和研究的问题。本研究正是以笔者的博士学位论文为主体，整合数年来的后续研究并参阅新的文献资料综合而成的结果。

1.2 文献回顾与分析

1.2.1 农户经济行为理论述评

农户经济行为作为农学、经济学和社会学等学科的基础研究对象长期受到国内外理论界和实践界的广泛关注。一些学者在大量经验研究和计量分析的基础上，形成了一些广为流传的经典理论和观点，主要包括“劳动消费均衡”理论、“利润最大化”理论、“过密论”、风险厌恶理论和“农场户”模型。

1.2.1.1 农户经济行为经典理论和观点简介

“劳动消费均衡”理论（“the drudgery – averse peasant” theory）。该理论强调农户作为“家庭劳动农场”的性质，以及农户经济行为所遵循的不同于资本主义经济的行为逻辑，是一种不同于传统经济学从“利润最大化”角度分析农户行为的理论。

该理论流派最具有代表性的人物是俄国著名农学家恰亚诺夫。他根据对俄国革命前小农的深入研究，在其著名作品《农民经济组织》（A. 恰亚诺夫，1925，中译本 1996）中指出，小农经济行为不能以资本主义的学说来解释，小农农场基本上是一种家庭劳动式农场，这种农场不雇用家庭外劳动力，也很少雇出劳动力，有一定数量的土地可以利用，自己拥有生产资料，并且有时不得不将其部分劳动力用于非农经济活动，而资本主义的雇佣劳动农场制，主要依赖于雇佣劳动经营农场；农场模式的不同决定了农场经济运行机制的差异。

对于雇佣劳动农场而言，“经济核算采用利润最大化理论，即，纯利润 = 总收入 – 原材料费用 – 工资，如果纯利润大于零，该农场就被认为是在亏本经营，如果投入农场的资本收益率高于国内通常的利息率，该农场才是盈利的”[1]；其在劳动力的使用上，遵循的是“资本主义工资理论”，即劳动生产率边际报酬理论（只有在边际劳动生产率大于市场工资的情况下，劳动力雇用才有利可图）。而在“家庭劳动农场内”，“利润最大化理论”完全不适用，“对农民劳动家庭农场来说，没有工资范畴，农民农场只是用所消耗劳动的实物单位来表示其劳动耗费”[2]，对特定劳动耗费的评价也并非遵循资本主义簿记式“工资”原则，而是“由农场的家庭在同劳动辛苦程度的主观评价进行比较之后，主观地认定是令人满意的或是差强人意的”[3]，而在决定劳动耗费的主观评价因素中，家庭需求满足

---

❶ A. 恰亚诺夫. 农民经济组织［M］. 北京：中央译文出版社，1996：59.
❷ 同上.
❸ 同上.

程度是一个决定性指标，“在完全相同的水平上，对于同样客观表述的单位劳动收益，主观评价的不同主要取决于：需求满足程度与劳动辛苦程度之间的基本均衡状况”❶，如果基本均衡没能实现，即使是低水平的劳动报酬，家庭农场仍旧会投入劳力（此种状况被恰亚诺夫称作农民的“自我剥削”），如果平衡已经得到实现，只有非常高的劳动报酬才能刺激农民投入更多的劳动力，这就是恰亚诺夫关于“劳动消费均衡”的“劳动家庭经济活动”理论。因此，恰亚诺夫指出，“资本主义经济单元的有利概念”与“家庭农场的有利概念”是完全不同的，“农民经济活动的动机不同于企业主”❷。

按照恰亚诺夫的这种观点，处于前市场时代的小农经济有自己独特的运行机制，现代市场经济运行规律对其缺乏适用性；改造传统农业的途径在于，农户走“合作化道路”。

“利润最大化”理论（“the profitmaximizing peasant” theory）。该理论与“劳动消费均衡理论”截然相反，指出，传统社会的农民与现代资本主义社会的农场主，在经济行为上没有本质性差别，都是遵循“利润最大化”原则从事农场经营。

该理论最具代表性的人物就是美国学者西奥多·舒尔茨。他在其代表性著作《改造传统农业》（西奥多·舒尔茨，1964，中译本1999第二版）中，反对从“文化差别”、“社会心理”和“社会结构”角度对传统农业进行分析；他坚持：传统农业是一个经济概念，应该从经济本身对农户经济行为进行分析。为了揭示传统农业的特征，他提出著名的“贫穷而又有效率”假设，并根据社会学家对危地马拉的帕那加撒尔和印度的塞纳普尔这两个传统农业社会所作的调查资料证明，“在传统农业中，生产要素配置效率低下的情况是比较少见的”❸；同时，根据印度1918～1919年的流行性感冒引起的农业劳动力的减少造成农业生产下降的事实指出，那

---

❶ A. 恰亚诺夫. 农民经济组织［M］. 北京：中央译文出版社，1996：60.

❷ 同上书，1996：9.

❸ 西奥多·W. 舒尔茨. 改造传统农业［M］. 北京：商务印书馆，1999：29.

种认为“贫穷社会中部分农业劳动力的边际生产率为零的学说是一种错误的学说”❶。

舒尔茨通过对“贫穷而有效率”假设的实证分析指出：在传统农业社会中，农户的经济行为也遵循经济学的利润最大化规则；人们对农民存有众多偏见，比如“农业经营是以长期形成的社会习俗为基础的一种生活方式”❷、农民们缺少“勤劳”和“节俭”的美德、缺少“储蓄和投资”的意愿、“他们不注意价格的变化，总是忽视正常的经济刺激”❸、农民是“非理性的”等；这些从“生活方式论”和“文化差别论”的视角来分析和解释农民的行为失之于简单。实际上，农民在“传统农业”（机械动力、化肥、生物技术投入以前）中是对资源做出了最佳运用的人，他们“首先是一个企业家，一个商人，总是在竭力寻求哪怕能赚到一个便士的途径”，他们所进行的商业活动“都可以看作在一个非常发达的、倾向于完全竞争的市场条件下，由一个既是消费单位又是生产单位的居民所组织的货币经济的特征”❹，他们对资源配置的高效性甚至连“外国的有能力的农场经营者”都不能相比。最后，舒尔茨得出结论：传统农业的停滞主要在于传统生产要素的长期不变，因而改造传统农业的正确途径是提供给小农可以合理运用的现代生产因素，并对农民进行人力资本的投资。

该理论的另一个重要人物是赛谬尔·波普金，他在舒尔茨分析模型的基础上，对“农户经济行为”的“理性”范畴进行延伸，在其代表性著作《理性的小农》（赛谬尔·波普金，1979）中提出中心假设——农民是理性的个人或家庭福利的最大化者，并指明“我所指的理性意味着，个人根据他们的偏好和价值观评估他们行为选择的后果，然后做出他认为能够最大化他的期望效用的选择”❺。在“经济理性”和“期望效用最大

---

❶ 西奥多·W. 舒尔茨．改造传统农业［M］．北京：商务印书馆，1999：54.

❷ 同上书，1999：20.

❸ 同上书，1999：29.

❹ 同上书，1999：34.

❺ Popkin. Samuel. The Rational Peasant: The Political Economy of Rural Society in Vietnem［M］. Berkeley: University of California Press, 1979: 31.

化”假设的基础上，波普金建立了一个用“公共选择理论”揭示农民社会和农民行为的解释模式。

应该指出的是，“利润最大化理论”，尤其是舒尔茨的“贫穷而有效率”的观点，打开了对农民行为研究“理性视角”的新纪元。

“过密论”学说。农户经济行为应该采用“新古典主义经济学”解释还是“家庭劳动农场结构”，这个孰是孰非问题在学术界争论了相当长一段时间。黄宗智在对中国20世纪30年代到70年代的农村经济状况进行分析的基础上指出：中国的农户经济行为既受“家庭劳动结构”的限制，又部分受到“市场经济”的冲击，同时，农民所居于的劣势社会阶层地位对其经济行为也有一定程度的影响；所以，不能单纯用上述任何一种理论对中国农户的经济行为进行解释（黄宗智，1985，中译本2000）。

在实际研究中，黄宗智运用不同的理论视角对不同社会阶层的农户的经济行为进行具体分析，并指出：“经营式农场”适合于用“利润最大化”理论解释；“家庭式农场”更适合用“劳动消费均衡”理论解释。对于恰亚诺夫的“劳动消费均衡”观点，他也提出不同的见解：“小农家庭在边际报酬十分低的情况下继续投入劳动力，可能只是由于小农家庭没有相对于边际劳动投入的边际报酬概念，因为在他们心中，全年的劳动力投入和收成都是不可分割的整体。耕地不足带来的生存压力会导致这样的劳动投入达到非常高的水平，直至在逻辑上它的边际产品接近于零。”这就是黄宗智著名的“总产出在以单位工作日边际报酬递减为代价的条件下扩展”的“过密化”学说。[1] 从这种观点出发，他指出，20世纪前期中国乡村经济停滞主要是“过密化”的结果，中国乡村的发展应该走“工业化”的“反过密化”的道路。

风险厌恶理论（“the risk - averse peasant” theory）。不同于前述旨在解释农户经济行为的专项理论和学说，“风险厌恶理论”主要是学者们运用“风险”与“不确定”条件下的“决策理论”，对农户经济行为进行研究的一种经济学视角和观点。正如“利润最大化理论”，“风险厌恶理论”

---

[1] 黄宗智．长江三角洲小农家庭与乡村发展［M］．北京：中华书局，2000：10－11．

也假定农户是对期望效用最优化追求的经济单元，所不同的是，它考虑到了“风险”和“不确定”因素对期望目标实现的影响。

风险决策理论有两个核心概念：确定等价物（certainty equivalence，CE）和期望货币值（Expected Money Value，EMV）。前者类似于使风险选择能够在个人稳定偏好的范围中进行比较的参照物，后者是可供选择机会的平均期望值。风险厌恶理论的基本观点为：根据 CE 与 EMV 的比较，可以确定行动者的风险态度；当 CE > EMV 时，行为者为风险喜好者，当 CE = EMV 时，行为者为风险中立者，当 CE < EMV 时，行为者为风险厌恶者。风险喜好者决策行为的基本特征是甘愿承担一定程度的风险损失以获取较高的期望效用，赌徒属于典型的风险喜好者；风险厌恶者的决策特征是，为了获取最低风险的效用，宁愿放弃哪怕是较低程度的风险收益；风险中立者的决策态度介于两者之间，倾向于在风险选择中获取平均期望效益。

学者们从“风险决策”视角对农户经济行为的系列研究，主要集中在以下几个方面：风险因素分析，农户的风险厌恶程度与其经济行为之间的关系，风险结构下的农户经济行为特征，农户风险厌恶态度的消极后果，以及政策性建议等。截至目前，学者们根据风险决策理论，对农户经济行为进行了一系列研究，并逐渐形成系列关于“农户经济行为”的“风险厌恶观点”。诸如，农民是典型的风险厌恶者（Dillion & Scandizzo，1978），农户厌恶风险的态度导致了农户的作物种植方式意在增加家庭保障而非产出或者利润的最大化（Wolgi，1975）；农户规避风险的典型形式是采取分配更高比例的土地于生计作物的种植，而非根据作物的相对价格和经济回报安排生计作物与商业作物的种植比例；农户对风险的厌恶导致他们次优资源配置行为，阻碍了农业新技术的应用（Wolgin，1975；Dejanvry 1972）；农户的风险厌恶程度随着其财富和收入的增长而下降等。

在对农户行为的“风险厌恶”研究中，有两个学者不能不提——詹姆斯·斯科特和麦克尔·利普顿，是他们将“风险厌恶理论”推到了极致。麦克尔·利普顿在其名著《小农经济合理论》中（麦克尔·利普顿，1968）指出：风险厌恶是贫穷的小农的生存需要，因为如果他们不能负担从一个季节到下一个季节的家庭基本需求的话，这些处于绝对贫困边缘的小农将会被饿死；所以他们的经济行为遵循“生存法则”（survival algorithm），他们表现出的一些表面上看似不合理的行为实质上是出于“灾难避免”的理性考虑。詹姆斯·斯科特在对20世纪30年代东南亚农民的政治思想、行为研究中指出：“生存伦理”和“安全第一”才是农民社会行动的基本原则（詹姆斯·斯科特，1976，中译本2001）。他论证道，“由于生活在接近生存线的边缘，……农民家庭对于传统新古典经济学的收益最大化，几乎没有进行计算的机会；典型情况是农民耕作者力图避免的是可能毁灭自己的欠收，并不想通过冒险获得大成功、发横财。用决策语言来说，他的行为是不冒风险的，他要尽量缩小最大损失概率”[1]，正是“在大多数前资本主义的农业社会里，对食物短缺的恐惧，产生了‘生存伦理’的原则”[2]。

要之，风险厌恶理论，因为将“风险”和“不确定”因素纳入农户经济行为的理论分析中，比较传统经济学的“效用最大化理论”，更为客观，解释力也更强；但是，其风险关注的焦点在于“市场风险”，其对非市场风险的忽略，尤其是对社会结构性因素和社会保障失缺造成的风险因素对农户经济行为的影响的忽略，不能不说是一个极大的缺憾。

“农场户”模型（“the farm household peasant” model）。“农场户”模型，最早出现在20世纪70年代末，主要用来解释一种违背常理的经验发现，即，一种主要农产品的价格上升并没有带来日本农村部门市场剩余的显著增加（Yoshimi Kuroda，Pan Yotopoulos，1978）。一些学者为了寻找这个传统经济学生产决策理论难以解释的问题，逐渐发展出将生产决策和消费决策联系起来的农户经济模型。

事实上，农场户模型的发展主要得益于两种理论：恰亚诺夫的“劳动消费均衡理论”和贝克尔的“新家庭经济学”。前者的理论核心在于，

---

[1] 詹姆斯·C. 斯科特著．程立显，刘建等译．农民的道义经济学：东南亚的反判与生存［M］．南京：译林出版社，2001：6.

[2] 同上书，2001：3.

农户经济活动组织的基础是家庭劳动农场，农户是一种集生产决策与消费决策于一体的经济单元；新家庭经济学的理论核心在于（Gary · Bacher，1965），把家庭成员的所有时间单元的价值（不论用于家务、工资性工作还是休闲等），都根据市场工资给以机会成本式的估价，家庭根据传统厂商理论的成本最小化原则组织生产决策，根据传统消费理论的效用最大化原则组织消费决策，通过时间、购买性商品与生计性消费品的组合来实现家庭效用的最大化。这样通过“时间分配理论”和“生产消费一体化”两个概念的结合，农场户模型得以形成。

在农场户模型的发展和完善中，经济学家 Nakajma（1969，1986）、Yutopoulos & Lau（1974）、Barnum & Squire（1979）、Singh，Squire & Strauss（1986）、Loptez（1986）、Allan Low（1986）、Tayor（1987）、Fafchamps & Sadoulet（1991）等，发挥了不可磨灭的作用。其中，最具代表性的人物是 Barnum & Squire（1979）和 Allan Low（1986）。Barnum &Squire 在其名著《农场户模型：理论和实证》（1979）中，提出了一个既包括生产者又包括消费者的完整的农户模型，并把新家政学中的概念——Z 商品（农户生产的直接用以消费的产品或服务）引入农户模型中，同时，修改了恰亚诺夫关于劳动力市场不存在的假定。具体而言，巴纳姆和斯奎尔的模型如下。

家庭效用函数为 $U=(T_Z, C, M)$。其中，U 为家庭效用，T_Z 为家庭生产 Z - goods 和用于休闲（leisure）的总时间，C 为农户产出中用以家庭消费的产品，M 为家庭购买的商品。家庭效用偏好受家庭规模、家庭劳动力及其依赖者的构成影响。效用最大化受生产函数、时间限制和收入限制的约束。

生产函数为 $Y=(A, L, V)$；其中，A 是农户实际耕作的土地（假定面积固定），L 为生产中的总劳动投入（既包括家庭劳动投入，也包括雇佣劳动投入），V 为生产中投入的其他要素。

时间限制的形式为 $T=T_Z+T_F+T_W$；其中，T_Z 为家庭生产 Z - goods 和用于休闲（leisure）上的总时间，T_F 为家庭用于农场工作（Farm work）的时间，T_W 为工资性工作的时间（它根据是劳动雇入还是雇出而具有不同的符号)。

收入限制的陈述形式为：市场消费品的总支出等于家庭净收入。

不同于恰亚诺夫的理论假定，Barnum - Squire 模型明确假定：首先，劳动力市场的存在，即，农场可以根据一个既定的市场工资雇进或者雇出劳动力；其次，农户可以有效接近的土地是固定的（至少在研究下的生产循环中)；第三，“家务劳动”（Home activity）和休闲（Leisure）被同等视为满足家庭效用最大化的项目；第四，农户需要在消费家庭生产的产品与销售家庭产品用以购买农场外生产产品（non - farm consumption ）之间做出选择；第五，不确定和风险下的行为忽略不计。

基于上述模型，Barnum 和 Squire 根据对马来西亚穆达河山谷的农户经济行为的经验研究得出结论：市场工资的上升将引起总农场输出的下降、家庭提供的在农场工作时间的上升、家庭雇佣劳动使用的下降和农场输出在家庭内消费比例的上升；家庭输出的市场价格的上升将引起家庭输出的上升和总收入的上升、家庭自己消费的降低和市场供给的上升等。

Low（1986）的研究基于南非边缘的一些非洲国家，这些国家的突出特征在于高度发达的工资劳动市场的存在。Low 指出，他的模型不同于“Barnum - Squire 模型”：首先，在劳动力市场上，工资率因劳动的种类、尤其是性别而不同，这明显不同于“Barnum - Squire 模型”的单一市场工资率（single market wage rate）假定；其次，允许农户根据家庭规模弹性接近耕地（这相似于恰亚诺夫的耕地弹性接近假设，不同于 Barnum - Squire 模型的固定耕地假设)；再次，农户自己生产的食品的价格不同于市场购买的食品价格（这对照于 Barnum - Squire 模型的固定食品价格假设)；最后，家庭雇出劳动力是农场劳动配置的主要特征（这对照于 Barnum - Squire 模型的农户劳动以劳动雇入为主的特征）。Low 的上述假定首先意味着“工资性工作的比较优势”的存在。Low 的模型由于增加了对农户面临形势的适应性而被认为是微观经济学分析的一个更为有力的工具。

必须指出，尽管 Low 模型和“Barnum - Squire 模型”在理论假定的几个主要方面均存在巨大差距，但是，两个模型均以新家庭经济学的时间配置为基础，在农户的生产函数中遵循最优时间配置，同时，两个模型相比恰亚诺夫最早的农户经济行为模型，均增加了劳动力市场的存在。正是由于两个模型对劳动力市场的强调，在经济学中改变了恰亚诺夫关于农户经济行为的内在逻辑，使恰亚诺夫关于农户经济行为的“独特的经济计算模式”消失，并使其与新古典经济学的效用最大化理论统一起来。

1.2.1.2 农户经济行为理论评析

(1) 方法论问题

方法论问题通常是引发学界对某一理论持久争论的源头，因为在方法论指导下的具体研究，常常彰显或暗含一定的理论逻辑，或遵循结构制约论，或沿循个体理性观，或坚持互动论或者现象学逻辑，而理论逻辑在一定程度上又决定了学者们的理论假设、研究结果和最终研究旨趣。农户经济理论自然也不例外。由于各种农户经济理论所持方法论的不同，在学术界引起了长期纷争，主要表现为经济学内部的“形式主义”与“实体主义”之争（或理性与非理性之争），以及社会学、人类学家的“结构功能主义”与“个体主义”之辩。

第一，表现在经济学上的“形式主义”与“实体主义”之争。

在农户经济研究领域，经济学一直处于学科霸主地位，然而，经济学学者们对农户经济尤其是传统农业中的农户经济，是否应该采用经济学传统的“经济理性”和“利润最大化”的分析工具进行研究仍旧分歧较大。以美国经济学家舒尔茨为首的学者坚持用“利润最大化理论”对传统农户经济行为进行分析；而以俄国经济史学家恰亚诺夫为首的一派则持反对态度，认为“利润最大化理论”只能适用于资本主义市场经济的雇佣劳动农场，传统家庭劳动农场应该使用独特的适应其社会结构的社会理论。与之相应，学者们关于农户行为“理性”与“非理性”之争也长期不分仲伯。

对此，经济学史学家卡尔·波拉尼明确提出经济学的两种分析视角——“形式经济学”和“实体经济学”[1]。“形式经济学”蕴含“目

---

[1] Polanyi, Karl, Conrad M. Arensberg, and Harry W. Pearson, eds. Trade and Marketin the Early Empires: Economics in History and Thoery [M]. Glencoe, III: Free Press. 1957: 243.

的——手段”关系的逻辑特征，它涉及具体形势的选择规则，也就是说，行为主体要针对不同目的对稀缺资源手段进行理性安排。“实体经济学”关心行为主体与其所处环境之间的交换，以求获得物质需求的满足，它隐含人的生活对自然界、社会及其同伴之间的依赖关系，不强调“选择”和“资源的稀缺性”，而是突出行为主体的“需求”和所处“环境”。形式主义者假设，在任何历史环境下个体都是自利的、理性的；“实体主义者”认为，个人“自利”的概念在文化上具有特殊性，不能广泛应用于人类历史阶段的不同社会。在传统社会，社区的紧密性、熟识性、稳定性和同质性特征决定“传统”、“习俗”和“伦理”是塑造个人行为的根本性因素。[1] 利用“形式经济学”和“实体经济学”这对分析概念，卡尔·波拉尼对传统农业中的农户经济行为提出自己的观点：把“形式经济学”运用到前市场经济体系中，实际上等于强行把“功利的理性主义”世界化，即，把世界上所有人都等同于一个追求经济合理化的“功利的原子”，所以，提倡用“实体经济学”分析前资本主义社会的经济，经济行为根植于社会关系，而非取决于市场和追求至高利润的动机。[2] 随后的学者也多站在“形式经济学”或“实体经济学”的立场相互批判，“形式经济学”指责在“实体经济学”下结构性因素的制约造成了个体的失能；“实体经济学”则指责对方的主体是无所不在的功利主义原子。

对于传统农业的农户经济行为，到底“形式主义”与“实体主义”经济学的解释，孰是孰非呢?

研究中国现代传统农户经济行为的著名学者黄宗智在其作品中指出[3]：舒尔茨、利普顿、帕金等属于典型的经济学“形式主义”观，而恰亚诺夫和斯科特则属于经济学“实体主义”派，无论是“形式主义”还是“实体主义”流派与一般理论家一样，“都犯下了把部分因素孤立化和简单化的错误。……舒尔茨把充分竞争的要素市场作为分析‘小农经济’

---

[1] Polanyi, Karl, Conrad M. Arensberg, and Harry W. Pearson, eds. Trade and Marketin the Early Empires: Economics in History and Thoery [M]. Glencoe, III: Free Press. 1957: 243 -357.

[2] 同上书，1957：276.

[3] 黄宗智．华北的小农经济与社会变迁［M］．北京：中华书局，2000：5.

的前提，而对于这个市场是如何形成的则一字未提”；恰亚诺夫把小农经济社会和市场经济社会看做互不关联的二元对立的实体，“没有考虑小农经济本身发生商品化的可能”，进而指出“在我看来，继续坚持某一方面的特征，而排斥其他方面是没有意义的”。至此，农户经济理论的经济学“形式主义”与“实体主义”开始显露出综合的迹象。

此后，经济学者们在具体研究农户经济时，不再单纯坚持“形式经济学”和“实体经济学”的立场，而是更加注意理论与现实社会结构的结合，并在对前人理论的批判性继承中，创造出更具综合性的新农户经济理论。“风险厌恶理论”在继承“形式主义”观“利润最大化”的衣钵的同时，对其忽视“社会结构”的约束性作用的不足加以修改，引进了“风险”和“不确定”概念，形成了更具包容性的“风险厌恶理论”；“农场户”理论则在继承“实体主义”观的“家庭劳动农场”理论基础的同时，增加“形式主义”对竞争性“劳动力市场”的“经济理性计算”的成分，从而使其理论也更具解释力。显然，农户经济理论的发展，开始超越“形式主义”和“实体主义”二元对立的范畴。

第二，表现在社会学、人类学上的“结构功能主义”与“个体主义”之辩。

社会学和人类学因其对社会结构与个人之间相互关系的独特关注和“社会人”假设，在学科上区别于经济学的“功利主义”和“经济人”假设。尽管在农户经济研究中，社会学和人类学与经济学相比一直处于边缘地位，但是，在农户经济研究中仍旧不乏来自社会学和人类学的批判和建议。

根据社会学和人类学的“互构”论，作为社会行动者的个体处于社会结构之中，社会结构构成了其行为的客观框架，同时，行动者个体是有需求的、有意图的社会行动者，他们将根据自身的需求对社会结构进行消极适应或积极创新，多个行动个体的长期社会行动又对原有的社会结构逐渐形成推动或破坏力量，并最终促成一种新的社会构架。总之，行动者个体与社会结构处于动态的互构关系之中。正是社会行动的这种内在逻辑，要求任何一种理论在解释社会行动时，要注意“社会的结构性因素”和

“个体的能动性因素”两个方面，要在两者的互构关系下揭示社会行动的本质，否则，对社会行动的解释者将犯下“简单化”、“孤立化”和“二元对立”的理论逻辑错误（安东尼·吉登斯，1998；詹姆斯·科尔曼，1999；乔治·瑞泽尔，2003；皮爱尔·布迪厄，2003）。

从社会互构论的视角考察上述农户经济理论，很显然，“形式主义”更多关注行动者个体的“有目的”的意图，而对于他们所处的社会环境——结构性因素则简单处置，将传统社会视为与“资本主义完全竞争市场制度”没有任何区别的社会，在这种视野下，个体的经济理性成为解释社会行动的主角，社会结构则退至幕后。因此，舒尔茨看到了小农经济的“有效率”，但是没有完整分析到“贫穷”背后的结构性约束机制，如阶层、所有制、生存条件等，更忽视了传统社会中“剩余劳动力”存在的人口结构。波普金的“理性理论”则无法解释具有自利行为的个体如何处理“公共物品”、“互惠礼仪”、共享价值、社区内互助等基本问题。正如Daniel Little所指出的，波普金的观点“低估了在一个传统和相对紧密社会中，共享价值观所具有的因果作用；且这种狭隘的物质主义观点冒了此种危险——将农民单纯视为一种市场个体主义者，他们超伦理的剥夺他们的环境以达到个人目的；……在这种视角下，个人和社会之间的关系被分离，社会仅仅成为行动者挥之不去的行动场地；……如果仅仅停留在这儿，就忽略了农民行动的社会背景，也就意味着背弃一个关键性事实——农民是嵌入于一个社会和文化结构中，正是在此种社会结构里，农民得以形成他们的价值观、具体社会关系和人们在相似的行动环境下采取行动的共同模式”❶。一句话，“形式主义”观，割裂了个人与社会之间的互构关系，突现了行动者的个人地位，低估了社会结构对行动的行塑作用。按照这种观点，行动者的“理性”行动将失去其“理性文化”的社会基础；同时，具有多样性、复杂性的社会将呈现出简单、一致的“资本主义世界”的大同景象，这与历史相矛盾。这种观点具有明显的“个体主义”倾向。

---

❶ Daniel Little. Understanding Peasant China［M］. Yale Univeraity Press, 1989: 55.

"实体主义"规则相反，在关注"社会结构性因素"的同时，忽略了行动者个体的主动性和意图性，同时犯下了"结构主义"共有的功能主义理论倾向的过失。正如斯科特所说，"如果保护最低生存的需要在农民生活中是一种有力的动机，那么人们在农民社区中将可以期待能够提供这种需要的制度性模式，如社会控制和互惠等，正是在这种制度中，生存伦理发现了其社会性表达的功能需求"[1]。在斯科特那里，"生存伦理"成为决定一切的因素，在此伦理规范下，没有共同利益基础的个体将表现出一致的行动，显然，这是不符合事实的。正如波普金的批驳性论证，在农民行动中，不能发现富裕的地主阶层对贫困的小农提供的没有任何附加利益的支持行为（除非对他们有利），互惠规则主要发生在相同阶层的社会行动之间，较少表现跨阶级的特征，农民政治行动本身的出现就是个体"理性"对"生存伦理"的挑战（Popkin Samuel，1979）。社会学者 Elster 也尖锐地指出，"功能主义主张"必须解决两个问题：功能主义关系开始和再生的机制问题和微观基础问题，即，社会结构和实践如何通过个体水平的行动满足制度需求的途径。[2] 换句话说，功能主义的顽疾在于如何解决结构需求的微观基础问题。毕竟，社会结构必须通过个体行动才能达成，才能发现其功能需要，不是"因为其需要存在，它就存在"。

综合分析"形式主义"和"实体主义"两种理论视角，其共同之处在于均割裂了"个人"与"社会"之间的内在联系。前者仅突出"个体"对社会行动的形塑作用，后者只凸显"社会结构"对个体行动的约束性作用。事实上，正如任何社会行动都离不开其所处的社会环境一样，个体行动者不论有意还是无意都必须与社会结构相适应，反之个体的行动又从某种角度为社会结构的形成或变革做出自己的贡献。

客观评价"过密论"、"风险厌恶理论"以及"农场户"理论：在理论逻辑上，三者在一定程度上均超越了"结构功能主义"与"个体主义"

---

[1] 詹姆斯·C. 斯科特著. 程立显，刘建等译. 农民的道义经济学——东南亚的反判与生存［M］. 南京：译林出版社，2001：50.

[2] Daniel Little. Understanding Peasant China［M］. Yale University Press，1989：62.

的界限，但是仍旧存在相当大的局限性。

黄宗智虽在学术意识上力避落入“实体主义”与“形式主义”的窠臼，但是，在分析各阶层的经济行为时，更多地表现为对两种理论的分别运用，而非理论逻辑上对“个人与社会关系”互构上的综合。因此，多少带有“实体主义”的味道。

出自于“形式主义”的“风险厌恶理论”，优于其母体之处在于对“风险”和“不确定”等结构性因素的理论关注；来自“实体主义”的“农场户”理论，长于其母体之处在于增加了个体对“劳动力市场”的刺激性反应。因而，这两种理论相比“形式主义”与“实体主义”都更具包容性。然而，从学科角度出发，这两种理论的综合性最终都没能超越“经济学”对“个体经济理性”的情有独钟的局限性。“风险厌恶理论”所关注的风险主要是“市场价格风险”，对来自“市场之外”的结构性风险，如政策风险、就业风险、基本生活保障风险等关注较少。巴纳姆和斯奎尔的“农场户”模型，在引进“劳动力市场”的同时，引入了一个完全竞争的、完善的劳动力市场。在这种劳动力市场中，家庭内外劳动力具有完全可替代性，从而将“农场户”模型纳入了“新古典经济学”信奉的“个体主义”至上的旧理论框架中（事实上，这与许多国家的不完善市场的社会事实相矛盾）；娄引入了“市场工资比较优势”的概念，来分析劳动力市场分割，但是，其注重的仍旧是经济学层面的比较优势，忽视了隐藏于经济现象背后的更深层次的社会结构、市场分割、性别分工和不平等等结构性比较优势。所以，客观评价“风险厌恶理论”和“农场户”理论，虽然与前期农户经济理论相比，这两种理论更具综合性和解释力，但是，它们仍然沿循的是“经济人”假设的经济学思维，并坚持完全市场经济体制特有的“个体主义”的方法论逻辑。这种稳定的学科思维惯习在一定程度上限制了其理论解释力。

（2）理论边界问题

任何一种理论或明或暗均含有一定的理论假设，这些假设圈定了理论自身的适用边界，在假设条件之内，理论显现出相当解释力，而一旦越出假设条件的范围，理论的解释力也就相形见绌了。因此，在不同的时空和制度背景下，各种农户经济理论都有其自身解释优势，简单地说孰优孰劣是一种把复杂社会问题简单化的做法；而要评价任何一种理论的解释力，又必须结合其理论假设与具体的结构性背景进行考察。

“利润最大化理论”，尤其是舒尔茨的“贫穷而有效率”假设，其前提是一个完全竞争的要素市场的存在，以及不存在家庭劳动力严重过剩的社会状况。在这种社会下，行动者个体将唯一遵循“资本主义的会计簿记制度”进行利润最大化的经济理性决策，行动者个体不必考虑社会阶层地位，以及家庭劳动力过剩等因素。然而，对于前市场经济体制、转型经济体制，以及半生计半市场经济体制下的农户而言，他们面对的主要是一个不完善的要素市场，这种要素市场的不完善，不仅仅体现为部分市场性因素的缺损，更重要的表现为社会结构性因素的制约，如城乡二元劳动力市场、城乡二元社会体制，以及社会保障制度的不健全等；在这种不完善市场下，个体行动者并不具备在完善要素市场中按照市场规则自由从事经济行为的市场条件。因此，对于前市场经济体制、转型经济体制，以及其他混合经济体制中的农户经济而言，他们的经济活动的组织，必须面对不完善的要素市场和市场参与条件。如果学者们坚持用“期望效用最大化”理论，来解释这种社会结构下的农户经济行为，那也必然要面对如何阐述特定社会结构下的“特定期望效用”问题，否则，难免有削足适履之嫌，也容易落入给农民贴上“非理性”标签的老套窠臼。

恰亚诺夫明确反对在不存在完全竞争要素市场的社会中对农户经济行为进行“利润最大化”解释。他提出的“劳动消费均衡理论”有两个明确的假设前提——“农村劳动力市场的不存在”以及“农户对土地的弹性接近”。显然，在任何存在农村劳动力市场的地方，或者土地的使用权比较僵硬的地方，“劳动消费均衡理论”的推理逻辑将不再能够继续。然而，客观社会事实是，目前大部分国家都不同程度地涉及农村劳动力在城乡之间的流动和在乡村内部的雇用现象，在中国风起云涌般的“民工潮”现象更为突出；而对于土地问题，尽管在多数国家，土地存在买卖、租赁或其他形式的流转现象，但是，仍旧有相当数量国家的土地是根据固定的土地政策分配的，并非能够自由地买卖或流转，中国就是一例（流转可以依法进行，但是买卖仍旧被法律禁止）。“劳动消费均衡理论”暗含的这种假设，恰恰构成了其他理论对其批判的核心。

黄宗智在其研究中纳入了“农村劳动力市场”的因素，但是，其假定农村剩余劳动力非常小的劳动机会的存在，并以此为基础提出“边际劳动报酬递减上”的“过密化”理论。他没有想到，数十年后中国城市劳动力市场政策的松动以及农村劳动力流动政策的变革，使我国出现了难以逆转的汹涌澎湃的农民工大潮。

站在新古典经济学利润最大化的肩膀上，对“劳动消费均衡理论”的假设进行批判，并建立自己模型的“农场户”理论指出其理论假设的前提❶：一是劳动力市场的存在（在市场上，农场户能够根据既定的市场工资率雇进或雇出劳动力）；二是农户可以使用的有效土地是固定的（至少在研究阶段的生产循环期间固定不变）；三是家务活动和休闲都被同等视作效用最大化目的的消费项目；四是农户为了满足农场内可以实现的家庭消费需求要在自身消费和销售之间做出选择；五是风险和不确定下的行为忽略不计。娄的理论假设与 Barnum - Squire 模型不同的地方在于：劳动力市场上的工资率不同，尤其因性别而不同；同时，农户可以根据家庭规模灵活地接近土地（Low. A. 1986）。

显然，“农场户”模型的综合性使得其适用性更为广泛。然而，Barnum - Squire 模型假定了一个完全竞争要素市场的存在（既包括商品市场，也包括劳动力市场）。在这样的完全竞争性市场中，家务劳动可以采用市场工资标准进行评价，农户可以根据家庭意愿自由地雇入或雇出劳动力。显然，这样的市场环境仅仅存在于那些市场经济比较发达的社会中，对于前市场经济社会、转型经济社会，以及其他混合经济社会而言，农场所需劳动在家庭内外并非具有完全可替代性，农户所需消费品也并非具有可替代性。比如，在农户劳动力过剩和农村劳动力市场不发达的社会结构下，农户农场所需劳动较少具有可替代性；在半生计半商品社会和商品市

❶ Barnum, H. N. &Squire L.. A Model of an Agricultural Household: Theory and Evidence [R]. World Bank Occasional Paper, 1979 (27).

场不发达的社会结构下，农户所需基本消费品，由于货币资金的稀缺基本上不具备可替代性。学者们在对其理论不断质疑和批判中形成了农场户模型中坚持“生产和消费决策不可分”一个分支。事实上，娄关于“劳动力市场工资比较优势”的存在，就是从一个角度，尤其从社会性别角度，对 Barnum - Squire 模型关于“一致劳动力市场”假定的质疑。当然，尽管娄从市场工资“比较优势”角度，对劳动力市场中的性别分割现象有所揭示，并对 Barnum - Squire 模型关于“一致劳动力市场假定”有所修正；但是，劳动力市场中的性别分割现象常常与更加宏观的社会结构性因素结合在一起，而并非单纯表现为“市场工资比较优势”的不同，比如，在城乡二元分割的劳动力市场内，在男权制统治下的劳动力市场性别分割下，家务劳动常常是被无条件赋予女性，这些劳动分配仅仅出于使用价值、很少出自“市场交换价值”的考虑。

另外，不论是 Barnum - Squire 模型还是 Low 模型，都假定“风险和不确定因素”对农户经济行为的影响可以忽略不计；然而，“风险”与“不确定性”因素，恰恰构成了“农业经济”区别于“工业经济”的一大特色，农业经济除了需要面对与工业经济相似的“市场风险”之外，还必须面对更大的自然风险和政策风险（基于农业的国民经济基础性地位）的威胁。总之，市场环境下，大量市场风险、自然风险和社会结构性风险，是农户必须面对的基本生活风险环境，农场户模型基于完全市场经济条件，对农户经济行为所面对的“基本生活风险”的忽略，是造成其理论在非完全竞争市场环境中裹足不前的基本原因。

并非所有农户经济理论都忽视“风险”问题，风险厌恶理论假定：农户是风险厌恶者，农户的风险厌恶程度随着收入和财富的增长而下降。显然，“风险厌恶理论”长于“利润最大化”理论的地方在于其“风险假定”；然而，该理论限定的风险范围主要为市场经济下的“市场风险”，对于社会结构带来的众多潜在的、更大风险则视而不见，如，转型经济下的政策风险、不完善市场下的“就业风险”、缺少社会保障制度的生活保障风险等，这不能不说是一个很大的缺憾。

总之，前述各种农户经济行为理论和观点均有其理论假设的潜在前提，完全市场经济体制下的农户行为不同于计划经济体制下的农户行为，也不同于转型经济下的农户行为；土地自由买卖政策下的农户与土地僵硬政策下的农户行为也有明显的差距；风险结构不同，人们对“利润最大化”的目标追求也就不同。因此，研究农户经济行为的学者必须根据所研究的具体社会环境，选择适合的理论或者对多种理论进行综合性利用。

1.2.1.3 西方农户经济行为理论的本土化应用

传统农户经济行为理论为研究中国农户经济行为提供了一定的理论基础，然而，其理论逻辑、理论假设、经济学单一视角及经验研究基于区域经济社会结构的具体性所带来的理论局限性也不容忽视。当研究中国农户经济行为时，只有取其精华去其糟粕，紧密结合我国实际，才能对国内农户经济行为做出客观、合理的解释。

(1) 传统农户经济理论可资利用的理论精髓

处于社会转型加速期、社会主义市场经济体制下的我国当代农户经济行为，其所处经济社会结构与市场经济发达社会、计划经济社会，以及传统习俗社会均具有一定的相似性，又不完全相同。这就使我国农户经济行为与传统农户经济理论之间既存在一定的矛盾性，又具有一定的契合性。这种契合性表明，研究我国农户经济行为仍可以从传统经典农户经济理论中吸收丰富的营养。

第一，以西奥多·舒尔茨为代表的“利润最大化”理论，为研究正向“市场经济”转型的中国农户经济行为提供了一定的市场经济理论基础；第二，以恰亚诺夫为代表的“劳动消费均衡”理论，其理论产生的社会结构虽然与社会转型加速期的中国农村社会结构存在较大的差距，但是，其提出的“家庭劳动农场结构”，仍旧是中国农户经济活动的组织基础，自然对分析中国农户经济组织活动具有较高的借鉴意义；第三，黄宗智的“过密化”学说，虽然因为“民工潮”的出现有所偏颇，但是，“过密化”特征背后的结构性因素——劳动力相对过剩和难以转移，仍旧是社会转型加速期我国难以迅速改变的社会现实；第四，“风险厌恶理论”因其对风险因素的强调，对于社会转型加速期既面临巨大市场风险，又面临自然风险、就业风险和政策风险等社会风险的我国农户经济行为而言，无疑提供了新的理论解释视角；第五，“农场户理论”提出的“市场工资比较优势”概念，为分析我国农户劳动力配置提供了重要的理论工具。

(2) 传统农户经济理论在我国的适用局限性

传统农户经济理论均是基于特定时空和社会结构下经验研究的结果。这就使得应用传统经典农户经济理论研究我国农户经济行为时不得不考虑其时空和社会结构适用的局限性问题。

第一，时空结构差异与传统经典农户经济理论的适用性问题。时代不同，空间不同，社会背景不同，人们的行为也不相同。就空间区域而言，恰亚诺夫的研究对象是俄国革命前的小农，舒尔茨、波普金、斯科特、巴纳姆的研究对象主要是越南、印度、马来西亚等南亚和东南亚地区的小农，娄的研究对象来自南非，唯有黄宗智的研究是针对中国华北和长江三角洲地区的农民；尽管在研究时段内，上述地区的经济水平和中国一样，均处于相对落后状态。但是，生活地域的巨大差异常常带来人们生活习俗和思维方式的差异。另外，就各种农户经济理论研究的具体历史时期而言，除“风险厌恶理论”和“农场户模型”以外，多数研究集中在20世纪二三十年代；这个阶段的农村均处于前资本主义时期，具有市场经济不完善、生活水平低下、社会形态相对稳定的特征。虽然，黄宗智后来将研究推至20世纪80年代中国商品经济相对发展的长江三角洲地区，但是，总体上说，正是20世纪80年代以后，才是中国社会转型加速期。因此，对于不同时空背景下形成的差异悬殊的不同农户经济理论是否真正适用于中国，尤其是处于社会加速转型的中国社会，仍旧有待于验证。

第二，转型加速期的中国社会结构与传统经典农户经济理论的适用性问题。郑杭生在“社会转型论”中指出：自从20世纪70年代末期以来，中国社会进入转型加速期；社会转型加速引发了大规模的、急遽的结构性变迁；这种变迁不仅表现为一场“从再分配到市场”的资源配置转型过程，而且也表现为一场从农业的、乡村的、封闭半封闭的传统型社会向工业化的、后工业化的、城镇的、开放的现代型社会转变的社会转型过程。[1] 恰如郑杭生所言，目前的中国农村社会结构已经大大不同于黄宗智“过密化”理论及以前的时代：农村劳动力外出打工已经形成不可逆转的汹涌浪潮，乡村内劳动力市场已经开始萌芽并有所发展，土地已经可以依法自由流转，农业的市场化、机械化、科技化程度越来越高，同时在家庭承包经营责任制、农村劳动力流动政策、农村税费制度、社会主义新农村建设等一系列制度变革下形成的转型期农村社会结构，都直接挑战西方“农户经济理论”。恰亚诺夫的“劳动力市场不存在”以及“土地灵活接近”假设，与中国“民工潮”、“农村劳动力市场的存在”，以及耕地不可买卖的制度规定相冲突；舒尔茨的“完全竞争的劳动力市场”与中国城乡二元社会结构下的市场分割及不完善相冲突；黄宗智的“过密化”学说，形成于中国社会转型加速期以前，且当时“农村劳动力流动”还没有形成结构性现象；“风险厌恶理论”较多地关注“市场风险”，而对于中国农户来说，除了“农作物价格风险”对其行为有较大影响外，就业风险、劳动报酬风险、生活保障风险等对其行为均有显著影响；“农场户”模型关于“完全竞争市场经济的存在”与“风险和不确定下的行为忽略不计”的假定，与中国城乡劳动力市场二元分割局面、几千年的男权制统治历史下的家庭内性别劳动分割现象，以及农村社会保障制度仍不健全的社会现实极不相符。总之，由于传统农户经济理论，研究所基于的社会结构与中国社会转型加速期的社会结构存在巨大的差距，任何单一的理论解释对于中国农户经济行为均表现出一定的局限性。

第三，方法论和学科局限与理论适用。正如“方法论”部分所述，无论来自经济学的“形式主义”与“实体主义”之争，还是来自社会、人类学关于“结构主义”与“个体主义”的批判，都表明了学者们最终的方法论立场。在对农户经济进行理论解释时，保持孤立的、静止的观点，单纯从社会结构对农户的制约出发，或者纯粹从完全市场经济体制下“极端个体主义”出发解释农户经济行为，在方法论上都进入了“二元对

---

[1] 郑杭生．转型中的中国社会和中国社会的转型［M］．北京：首都师范大学出版社，1996：1.

立”的误区。对中国农户经济行为的研究应该沿着“互构论”和“关系论”的视角，既不忽视社会结构的存在，又不低估行动者对主观意图的追求。尤其是经济学学科的一贯的“经济人”的思维定式，应该为社会学和其他学科的学者所避免。对于方法论问题，由于前面阐述已经较多，这里不再赘述。

综上所述，笔者以为，运用传统经典农户经济理论研究当代中国农户经济行为时，只有紧密结合我国社会现实，坚持社会行动的“互构论”和“关系论”视角，寻找到西方“农户经济理论”与中国社会结构的契合之处，采用多学科、多视角的研究方法，才能使研究更为客观、准确。

1.2.2 中国当代农户经济行为[1]研究

改革开放以来，随着农村经济社会结构发生的重大变化以及社会各界对“三农问题”的高度关注，国内学者对我国农户经济行为领域的研究越来越丰富，并集中在农户生产经营行为和就业决策行为等方面。

1.2.2.1 关于农户生产经营行为的研究

孔祥智（1999）从区域比较的角度对不同地区农户经济行为进行分析，指出“判断经济主体的行为是否理性的标准不应该笼而统为‘效用最大化’，而应该与其所处经济形态或同一形态中不同类型主体的特点相一致”[2]，并得出“西部地区的农户行为特征是家庭成员消费和收入的最大化，东部地区的农户行为特征是利润或农产品价值增值的最大化，中部地区的农户行为特征介于二者之间”[3] 的结论。郑风田（2000）结合西蒙的“有限理性”学说和新制度经济学理论，研究了不同经济体制下我国农户经济行为，指出传统各农户经济理论“对于中国2亿多农户的泱泱大国来说，其不适用性就完全凸显出来”[4]，并提出用“制度理性假说”

---

❶ 农户经济行为这里是指农户为了获取家庭经济收入而进行的土地、劳动力与资金配置行为，既包括生产经营行为也包括就业决策行为。

❷ 孔祥智．中国农家经济审视［M］．北京：中国农业科技出版社，1999：16.

❸ 孔祥智．中国农家经济审视［M］．北京：中国农业科技出版社，1999：18.

❹ 郑风田．制度变迁与中国农民经济行为［M］．北京：中国农业科技出版社，2000：18.

解释当前我国农户经济行为，按照他的观点不同制度下农民的理性是有所变化的。在自给自足制度下，农民主要为满足家庭自身需要而生产，类似于恰亚诺夫的小农；在完全商品经济的市场制度下，追求利润最大化是农民生产的唯一目的，类似于舒尔茨的小农；而处于从完全自给自足经济向完全商品化经济转化中半自给自足经济下，小农一方面要为家庭的生计而生产，另一方面还要为社会而生产，具有双重性。[1] 岳跃（2007）则从经济因素与伦理道德因素两方面论述了我国当前农户经济行为。

还有一些学者试图将农场户模型推广并运用于我国农户生产经营行为研究中。文贯中（1989）对农户模型的基本经济含义和应用价值作了较为详细的介绍。Albert Park 和任常青（1995）建立了一个在面临价格风险和生产风险的条件下，既生产又消费粮食的农户生产决策模型。张林秀（1996）运用规划模型方法，分析了中国张家港和兴化两地农民在不同政策环境下的生产行为以及农户行为对国家政策执行效果的影响。都阳（1999，2001）从家庭时间配置模型入手，利用 1997 年对中西部六省的农户抽样调查资料，对贫困地区农户的劳动供给模式进行了实证性研究。曹轶英（2001）通过对农户粮食净销售的测定，确定影响农户行为的主要因素并推断贸易自由化对粮食安全产生影响的作用机制。陈和午（2004）对农户模型的发展和应用进行了综述。方松海（2009）摒弃闲暇效用理论和资本收益（利润）概念，采用劳动负效用和要素收益思想，构建了新的农业家庭模型（NAHM）来分析新的效用体系饱和性特点对农户生产决策产生的影响。

近年来，越来越多的学者开始对农户单项经济行为进行深入研究。例如，唐文金（2008）对农户土地流转意愿和行为进行了研究；刘洁（2010）对农户教育投资行为进行了分析；陈希敏（2011）则根据对经济落后地区 1800 多农户的调查分析了农户参与农村金融合作的意愿和偏好等金融合作行为。

综观近几十年我国学界关于农户生产经营行为领域的研究，可以看到

---

[1] 郑风田．制度变迁与中国农民经济行为［M］．北京：中国农业科技出版社，2000：15.

许多学者力图有选择地运用传统经典农户经济理论并结合中国农村实际开展多角度的研究，取得了丰富的研究成果。但是，农户生产经营行为作为“农业经济学”天然的研究对象，使得我国绝大部分研究来自于经济学科。尽管学者们有意识地力避落入传统经济学“理性人”假设的窠臼，但是仍旧难以逃脱经济学研究常有的过多沉湎于社会行动主体、忽略社会结构意识，尤其是缺乏“社会结构与社会行动者”之间的“互构性关系”意识的不足。而这种“互构性”意识的缺乏，恰恰是经济学“形式主义”与“实体主义”长期纷争、不分伯仲的原因，也是经济学研究存在的最大遗憾。

1.2.2.2 关于农户就业决策行为的研究

随着农民工规模的越来越大，作为农户经济行为主要内容之一的农村劳动力外出就业行为研究越来越多，已经发展到不胜枚举的程度。不同于农户农业生产行为研究，农户外出就业行为研究表现为多学科性和“群体—个人”二元视角的特征。“群体—个人”二元视角是指：就分析单位而言，学者们出于宏观分析或微观分析的不同需要，要么把“农民工群体”（又称作“农村流动人口”、“农村外出就业人口”、“农村外出劳动力”、“农村外来人口”等）作为分析单位，将其对农民生活、农业生产、农村发展等“三农问题”的影响，以及对城市基础设施、公共服务、社会治安等宏观影响进行研究；要么把“单个的农民工”作为分析单位，对其外出就业的动机、方式、收入、生活和工作状态、对个人和家庭生活的影响等进行微观研究；罕见有将农村外出就业劳动力的家庭载体“农户”作为分析单位，并以农户就业行为的形式对其分析，故而表现出明显的“家庭忽略”倾向。然而，这种要么“群体”要么“个体”的研究观念，在获取研究便利性的同时，失去了研究“个体与社会”作用发生机制的极佳结合点，这不能不说是一个极大的缺憾。

总之，社会转型加速期以来的中国农户经济行为研究，领域广泛，数量众多，成果丰富，也达成了很多共识。但是，研究中仍存在重描述性研究轻实证性分析，重经济学研究轻社会学及其他学科研究，以及农民外出就业行为研究上的“个体—群体”二元视角和“家庭忽略”倾向。

综合对传统经典农户经济理论和中国农户经济行为研究的文献分析，笔者以为：西方农户经济行为理论研究，存在方法论上的“个体主义”或“整体主义”二元对立，以及理论假设与中国社会转型加速期的社会现实偏离的适用局限性等问题；国内的农户经济行为研究则有待于进一步增强理论性、实证性、多学科性和农户视角。故，本研究将从社会学学科研究角度出发，坚持社会行动的“互构性”观点，紧密结合社会转型加速期我国农村的社会现实，综合吸收传统经典农户经济理论对“风险因素”、“家庭劳动结构”、“利润最大化”和“市场工资比较优势”等理论工具，以“农户”作为分析单位，对农民经济行为进行分析。希望通过本实证研究，在传统经典农户经济理论的本土化应用方面，在探索阻碍我国农户经济效率提高的影响因素及其发生机制方面进行尝试，并能够为政策制定提供些微启发。

1.3 分析对象与研究主题

1.3.1 分析单位和研究对象

本研究以“农户”为分析单位，以“农户经济行为”作为分析对象。“农户”作为农村最基本的经济组织和生产生活单元，社会各界为其赋予了众多内涵，可归纳如下：一是从产业角度出发，家庭经济以农业收入为主的户为农户，相对于非农业户；二是从户籍角度出发，家庭户主的户籍身份为“农业人口”的户为农户，相对于“市民户”；三是从居住地的社区性质出发，家庭稳定居住地在乡村的户为“农户”，相对于“城市住户”。

在本研究中，农户主要包含三层含义：首先，家庭性。它是基于婚姻、血缘或者其他法律关系组成的，收入共有、资源共享的、稳定的生产和生活共同体，农户的这种“家庭”属性[1]，使其区别于政府行政部门登

[1] 在本研究中，如果不加特殊说明，“农民家庭”与“农户”将以同义语出现。

记的“户”概念。其次，经济组织性。不同于城市家庭，它除了作为一个收入共有、资源共享的生活和消费共同体存在以外，更是一个主要由家庭成员组成的生产、经营性经济组织，家庭成员要服从这一经济组织的整体安排以获取家庭福利最大化的需求（这里不排除家庭做出经济决策时雇出或者雇入劳动力）❶。第三，与“耕地”和“农村”的关联性。以行政户籍为“农业人口”的户主为核心组成的农户，“耕地”是其家庭基本生产要素的重要组成部分，即使因为外出就业或者在当地从事非农经营，家庭劳动力完全脱离种植业，“耕地”仍旧是家庭最基本的生产要素，且户主认可的家庭稳定居住地仍旧在户主户籍所在地的农村社区。总之，本研究中的“农户”是指：由稳定居住地在农村，户主户籍为“农业人口”的成员组成的，收入共有、资源共享的生活共同体，以及以耕地和家庭劳动力作为基本生产要素的农村劳动经济组织。

农户经济行为一词使用甚广。广义上说，农户经济行为是指“农户个体或群体为了满足自身物质需要或精神需要，而表现出的一系列经济活动过程”❷；它包括农户生产行为、交换行为、分配行为、消费行为等，“范围所及几乎覆盖了农户经济活动的各个方面”❸。狭义上说，农户经济行为仅仅指“农业生产行为”（郑风田，2000；孔祥智，1999）。在本研究中，农户经济行为的外延介于“广义”和“狭义”两者之间，是指农户通过对生产要素的投入（包括资金、耕地、劳动和固定资产等），以获取货币性收入或实物性收入的行为；它既包括农户的农业生产行为、非农经营行为，又包括农户通过劳务输出获取工资性收入的行为。

1.3.2 研究区域与研究主题

作为郑杭生先生主持的社科基金重点课题“华北农村八十年社会变迁”的子课题，笔者选取具有历史研究基础的华北典型地区——定州市作为研

❶ 学者们常基于“规模化、专业化、机械化和市场化程度”，对“农户”和“家庭农场”进行区分；根据本研究所界定的“农户”的内涵，两者并没有本质性区别。

❷ 马鸿运等．中国农户经济行为研究［M］．上海：上海人民出版社，1993：3.

❸ 胡继连主编．中国农户经济行为研究［M］．北京，农业出版社，1992：332.

究地，希望通过对定州农户经济行为的剖析，探寻社会转型加速期华北地区具有类似社会经济特征的农户经济行为特征、影响因素及其形成机制。

总之，本研究以农户为分析单位，以农户生产要素配置行为为研究对象，以农户经济行为特征、影响因素及其发生机制为研究主题，旨在通过对社会转型加速期的定州农户的研究探索类似中西部地区农户经济行为的特征及机理。

1.4 理论视角的选择与解析

基于前述文献分析，客观地对现阶段我国农户经济行为进行研究，应当兼顾研究所处的时代特征、方法论上“个人——社会”辩证统一观点，以及对西方经济理论中有效分析工具的包容性三个方面。笔者从社会学角度出发，拟采用两个基本理论视角——“社会转型”视角和“场域—惯习”视角对研究对象进行理论分析。

1.4.1 社会转型视角

选择“社会转型视角”作为理论指导，主要是基于研究时代背景的考虑。改革开放以来，中国社会结构发生了深刻的、急剧的和全方位的社会变迁，其波及面之广、影响力之深使现阶段任何关于中国社会的研究如不正视将失之客观。本研究对中国现阶段农户经济行为的研究，自然也不能回避这一客观历史背景。而“社会转型理论”正是中国学术研究因应社会变迁的时代产物。社会各界对“社会转型”的提法有很多，外延和内涵也存在众多差异，比如有从广义上的“社会转型”与狭义上的“市场转型”之分等。本研究主要以郑杭生意义上的“社会转型”视角[1]为理论指导。郑杭生是国内阐述“社会转型”的社会学意义的最重要代表人物之一，他对“社会转型”进行了广泛、深入的研究，并形成了系统理

[1] 郑杭生．转型中的中国社会与成熟的中国社会学．载于《中国社会学年鉴》（1979～1989），中国大百科全书出版社，1989；中国社会大转型，载于《中国软科学》1994－1.

论概括。按照郑杭生的观点，“‘社会转型’是一个有特定含义的社会学术语，意指社会从传统型向现代型的转变，或者说由传统型社会向现代型社会转型的过程，说详细一点，就是从农业的、乡村的、封闭的半封闭的传统型社会向工业的、城镇的、开放的现代型社会的转型。在我们说社会转型时，着重强调的是社会结构的转型。在这个意义上，‘社会转型’与‘社会现代化’是重合的”[1]。中国社会转型的“速度”总体上可以分为三个阶段：以 1840 年鸦片战争为开端，1840 ~ 1949 年的慢速发展期，1949 ~ 1978 年的快速发展期，1978 年至今的加速发展期。显然，按照郑杭生的观点，“社会转型”与“经济体制转型”有很大的差距。社会转型的过程实质上是一个社会现代化的过程，包含工业化、城市化、市场化、民主化、法制化、信息化等众多方面，推动中国社会转型的重要因素有“经济体制”由“计划经济向市场经济转变的”的“市场转型”，经济形态由习俗经济或自给自足的自然经济向商品经济的转变，社会由封闭半封闭的格局向统一的、开放的、流动的社会格局的转变等。而“市场转型”仅仅是“社会转型”这一整体社会变迁的一个重要和直接的方面。

值得指出的是，考察社会转型对我国农户经济行为的影响，不得不重视中国农村更为复杂的方面。首先，农业的自然性。大多数农村的支柱产业仍是农业，农业生产的自然性是政府制定经济制度的基础，不管是“计划经济体制”抑或是“市场经济体制”都不得不遵守农作物的生长习性，在严重缺水的北方指令种植水稻，或者在洪涝易发地区指令种植棉花，都缺少政策执行的自然基础。其次，中国农业的生计性。中国是世界上人口最稠密的国家之一，截至目前，13.5 亿人仍旧有 7 亿多居住在农村。“民以食为天”，不论市场化程度如何，作为一个大国的政府首要解决的农业问题就是“生计问题”。最后，中国城乡二元社会结构。在城乡二元社会结构下，城乡家庭不同的经济支持网络使得农户经济行为更多地表现为短期行为和长期行为、经济利益和社会利益的混合性，而非城市居民以工资和利润为基本考虑的更为纯粹的就业和经营行为。换言之，当在

---

[1] 郑杭生等. 转型中的中国社会和中国社会的转型［M］. 北京：首都师范大学出版社，1996：1.

社会转型背景下考察农户经济行为时，除了关注与城市社会转型共有的特征，比如，民主化、法制化、科技化等之外，本研究尤其关注土地、劳动力、科技、资金等生产要素在经济体制转变和城乡二元社会结构的转变过程中对农户经济行为的影响。

1.4.2 “场域—惯习”视角

布迪厄（Pierre. Boudieu，1930—2002）的学术生涯目睹了社会学理论显学此起彼伏的过程，他结合哲学认识论和社会学、人类学学术思维提出，当今社会学面临的最大问题在于充满各种各样人为的、虚假的二元对立，诸如，理论主义与经验主义、主观主义与客观主义、结构主义与现象学等，并集中表现为“结构主义”和“主观主义”；这种二元对立对学术研究造成的中心问题在于割裂了“客观结构”（social structure）与“心智结构”（mental structure）之间的辩证关系，阻碍社会学的科学化。为了克服这种弊端，布迪厄提出了著名的“实践逻辑”理论，并将其概括为“结构主义的建构论”（structuralist constructivism）和“建构主义的结构论”（constructivist structuralism）或“生成性结构论”（genetic structuralism）。按照他的“结构论”，布迪厄汲取了“社会实在论”的客观“结构主义”的精华；按照他的“建构观”，布迪厄吸收了“现象学”和“符号互动论”理论精华中对“主体”和“主观能动性”的强调；而“结构主义”和“建构论”、“建构主义”和“结构论”的结合，则为布迪厄融合“主观主义”与“客观主义”、“个体主义”与“整体主义”，“结构”与“行动”等社会学理论和方法论中的二元对立，创造方法论上的“关系论”建立了桥梁。为了具体阐述他的思想，布迪厄在《实践理论大纲》和《实践感》中发展了“惯习”和“场域”这对核心概念，用于理论分析和经验研究，并与各种“实体论”决裂。

(1) 惯习（habitus，也译作习性）

布迪厄对“惯习”的界定是“持久的、可转移的秉性系统”[1]。秉性

[1] 皮埃尔·布迪厄著. 蒋梓骅译. 实践感［M］. 北京：译林出版社，2003：88.

是指以某种方式进行思维、评价、感觉、行动的倾向（行为图式），这种倾向不是天生就有的，是每个个人由于生存的客观条件、生活经历通常通过无意识的形式内化于自身的；“持久的”是指这种倾向的稳定性，它深深地扎根在人们身上，即使在经历中可以改变，也倾向于抗拒变化的性质，这样就在人的生命中表现出了某种连续性；“可转移的”是指这种秉性既可以表现在一个领域，又可以表现在其他领域；系统是指个人倾向之间趋于一致性。❶ 换句话说，“惯习”就是一系列社会历史关系积淀在个人体内，以知觉、评判、思维和行动等的倾向性表现出的各种身心图式。

“惯习”的获得是个人在社会世界中长期占据某种位置的结果，是社会历史特殊时点的函数；在惯习的改变机制上，布迪厄说，“惯习是一种历史的产物，是性情的开放系统，这个系统不断服从体验，并因此以一种加强或改变结构的方式不断受到体验的影响”；同时，“惯习”的改变主要依赖于个人在社会世界中所处位置的属性的改变。惯习既是一种个体现象，又是一种群体现象，由于处于同一阶层的人们在社会中所占据位置的相似性，他们趋向于有相似的“惯习”。

布迪厄直接指明：“我提出这个概念的主要目的是摆脱唯理智论（和理智中心主义的）行为哲学……想通过同时躲避解释行动的客观主义和主观主义倾向，来解释最低级形式的实践，客观主义倾向通常把行动理解为‘没有行动者’的机械反映，而主观主义倾向则把行动描绘成对有意识的意向性的蓄意追逐，把行动描绘成任由良心摆布自己的计划，描绘成通过理性计算来最大可能发挥工效的自由计划。”❷ 布迪厄正是通过突出“惯习”的“社会历史生成性”特征，“试图从主体的哲学中摆脱出来，但同时又不放弃行动者，既试图从结构的哲学中摆脱出来，但又不忘记思考它对行动者并通过行动者所施加的影响”❸。

“惯习”不同于“习惯”（habit）。布迪厄曾明确指出，“我使用‘惯

❶ Pierre. Bourdieu. The Logic of Practice. Stanford University Press，1977：52－66.

❷ 布迪厄著．包亚明译．文化资本与社会炼金术［M］．上海：上海人民出版社，1997：168.

❸ 布迪厄著．包亚明译．文化资本与社会炼金术［M］．上海：上海人民出版社，1997：169.

习'概念就是为了避免使用'习惯'概念,'习惯'忽略了习性的生成性能力,这种能力是被作为一种艺术铭写在性情系统中"[1]。实际上,惯习作为一种性情倾向,可以表现在多个方面,比如,思维、感情、评价、感觉等,而"习惯"则是一种重复性行为,仅表现为行为的一个方面;"惯习"表明了一种历史生成性关系和指向未来的行为倾向,而"习惯"则与客观结构之间关系表现得很迟钝,一个人的习惯与他的社会经历和生存背景并不必然相关,二者在这方面最明显的表现就是,惯习既可以是个人的,也可以是群体的、阶层的,而习惯一般表现为个人的。总之,布迪厄运用"惯习"的概念,就是为了解释"社会行动者既不是由外部起因决定的物质的粒子,也不是执行一种完全理性的、完备行动计划的、只受内部原因引导的单子。社会行动者是历史的产物,是整个社会场的历史的产物,是特别的次场内某条通道中积累的体验的历史的产物"[2]。

(2)场域(field)

布迪厄对"场域"的界定是"由不同位置之间的客观关系构成的一个网络,或一个构造"[3]。"位置"是由占据者在权力(资本)的分布结构中目前的或潜在的境遇所界定的,同时,它还取决于这些位置与其他位置之间的客观关系。而位置之间的客观关系是由不同位置所有者占有的资源(资本)数量和资源结构来型构的,位置占有的资本权重越大,位置所有者在场中越占据优势地位,反之,越占据劣势地位。而"场"就是一个占据不同客观位置的行动者按照场特有的规则,运用各种策略进行资源争夺以改善或保证他们在场域中的位置的运作空间。因此,场既是一个力量场,又是一个斗争场。布迪厄尤其强调,场域斗争的焦点在于谁能够强加一种对自身所拥有的资本最为有利的等级化原则。而在所有场中,权力场(政治场)作为"元场"(meta-field)能够对其他种类的场以及其中的权力和权力之间的交换率施加影响。区分场域的主要依据是"具体

---

[1] 布迪厄著．包亚明译．文化资本与社会炼金术[M]．上海:上海人民出版社,1997:169.

[2] 同上书,1997:183.

[3] 同上书,1997:142.

场域合法资源的资本化特殊机制”，比如：经济场遵守的规则就是“生意就是生意”或者如俗言“亲兄弟，明算账”，艺术场的规则是“摆脱功利与世俗形式的审美原则”等。“场”之所以成为一个场，是它围绕其自身特有的社会关系、实践规则与主导资源（资本）获得自治的。

需要注意的几点是：首先，布迪厄的“场”具有层级性，即，在某个具体场域之上，有更大的场域可以将其囊括其中，而在其下通常还存在次场（subfield），比如，在“艺术场”之上有“文化场”，之下有“绘画场”、“影视场”等。这些处于不同层级的场域相互影响，其中，政治场对其他场域具有普遍影响作用。第二，“场域”是投入了“惯习”的场域。也就是说，当某个人进入某一场域时，他已经无意识地投入了一种“性情倾向”，并非单纯以生理性身体进入某个场中。第三，布迪厄的“场”与人们通常所说的“社会环境”、“社会背景”、“情景”等“外在环境或条件”等概念明显不同。区别在于：其一，布迪厄的“场域”是具体的，是围绕自身特殊的规则和资源而获得自治的，不是抽象的、含混的、宏观的“社会背景”、“社会环境”或“社会结构”、“社会形势”等（布迪厄称这种宏观的抽象的背景为“社会空间”），也不是微观的面对面互动时面临的“此刻情景”。其二，布迪厄的“场”是一个力量场，充满了占据不同位置的人们相互之间对资源的争夺。布迪厄专门区别了他的“场”与卢曼（Luhman）理论中的“机构”或“体系”的分歧，他说：“首先，我强调斗争……强调历史性……反对‘机构’这个概念，它对我而言是悲观机能主义的特洛伊木马，是一部坏机器……”❶。

总之，布迪厄通过“场”这个概念意在说明，场域不是单纯的客观社会结构，而是在关系网络中占据不同位置的人们对资源争夺的一个社会空间；在场中，行动者以“惯习”的形式对资源和场域进行认知、理解和行动，积极参与到外在的社会结构中，换言之，客观结构为行动者提供了框架，也是行动者斗争的结果。

---

❶ 布迪厄著．包亚明译．文化资本与社会炼金术［M］．上海：上海人民出版社，1997：150.

(3) 场域与惯习的关系

关于场域和惯习的关系，布迪厄曾经说过："社会科学的适当对象，既不是个人，也不是作为在社会空间中处于相似地位的、由具体的个人组成的团体，而是在人的躯体和事物两方面实现的两种历史性行为之间的关系。这是惯习与场域之间的双重的、模糊的关系。从惯习的角度，可以观察到理解、欣赏和行为的纲要式的持久的、可相互置换的体系，它们产生于铭写在人的躯体中的社会制度；从场的角度可以观察到客观关系的体系，它们是铭写在事物或机制中的制度的产物，这些事物和制度具有物理学意义上的客体的准现实性。"❶ 简而言之，场域与惯习之间的关系表现在两个方面：首先，场域与惯习的相互关系主要体现为制约关系和认知关系。制约关系，即，场域形塑惯习，惯习成了某个场域固有的属性体现在身体上的产物；认知建构关系，即，惯习有助于把场域建构成一个充满意义的世界，值得人们去投入，去尽力；布迪厄指出"实践理论要同时考虑外在性的内在化和内在性的外在化的双重过程"❷。其次，在场域对惯习的形塑关系和惯习对场域的认知关系之间，场域的形塑和制约关系在前，居于优先地位。由此，布迪厄建议：在具体研究中，研究者应该首先建构各种客观结构，即，分析由各种客观位置所构成的空间中的关系，了解资源分配结构，以对具体场域中的行动者的社会行动的外在约束条件进行分析；然后，研究者再引入行动者的直接体验，从内在心智结构，也就是"性情倾向"上，对社会行为进行分析。

简言之，布迪厄通过"惯习"的概念，意在把"外在"内在化为身体的结构，通过"场域"的概念把内在外在化为物化的结构，从而达到整合主观主义与客观主义、"行动"与"结构"等多种二元对立的目的。

(4)"场域—惯习"理论的适用性说明

前述对"场域—惯习"理论的介绍意在指出其对本研究的适用性。

第一，方法论上的科学性。当代社会学界在对经典社会学理论和现代

---

❶ 布迪厄著．包亚明译．文化资本与社会炼金术［M］．上海：上海人民出版社，1997：174.

❷ 布迪厄．实践感［M］．南京：译林出版社，2003：53.

社会学理论进行反思的基础上，逐渐形成一种新的趋向，即，超越传统理论“实体论”的社会学研究方法，用“关系性”的、“过程性”的、“历史性”的、“生成性”的视角看待社会现象，解释社会行为，这种趋向在社会学大师埃里亚斯、吉登斯、瑞泽尔、哈贝马斯、福柯、特纳、亚历山大等推动下，逐渐形成了一种潮流与当代哲学、经济学、政治学思潮相吻合，并为社会学者广为接受。在这种“关系性”的学术思潮中，布迪厄无疑是最杰出的社会学代表人物之一，而“场域—惯习”理论更是他“关系社会学”和“实践社会学”学术思想的核心。

第二，与研究对象的适用性。本研究的分析对象是中国社会转型加速期的农户经济行为。社会转型加速期具有由传统计划经济和习俗经济向市场经济转变的混合型和过渡的特征，而农户又处于我国城乡二元社会结构的特殊社会场域下。而布迪厄的“惯习”观恰恰为解释农户“习俗经济”背后的“外在性”因素的作用，“场域”论为解释中国城乡二元社会结构下处于弱势地位的农户如何策略化地运用市场法则获取最大收益提供了最便利的解释视角。事实上，布迪厄已经运用该理论对前资本主义社会下的农民行为进行过成功的研究尝试，并指出，经济学理性选择理论的唯经济主义倾向，忽视了理性的经济计算和选择只是一种特殊的经济形态，如果不考虑产生这种心态的经济条件和社会条件，就难以正确地理解不同于西方现代资本主义社会的人们的经济活动。[1]

第三，学科包容性。正如前述，农户经济行为研究主要集中在经济学领域，且，已经形成众多理论流派。这些理论流派尽管存在这样或那样的局限性，但均具有一定的理论解释力，尤其是“风险”、“家庭劳动农场结构”，“市场比较优势”、“利润最大化”等概念分析工具。尽管作为社会学研究似乎应采用区别于经济学的“社会人”视角，但是，分析工具没有学科和优劣之分，一个好的社会学视角完全应该能够容纳这些分析概念，至少应该能够体现出与这些解释力较强的经济学分析概念的共通性和

[1] The Algerians, translated by Alan C. M. Ross, Boston: Beacon Press, 1962. 参见“改造经济性情倾向的经济条件”一节。

交融性。在“场域—惯习”理论中，“惯习”作为“外在内在化”的表现，恰恰将外在的客观“社会风险”等结构性因素以“习俗经济”的形式表现了出来；同时，“家庭劳动农场结构”、“农户资源构成结构”等作为行动者的“身体结构”也投入到了经济场域之中，使农户按照“市场规则”做出的行为发生策略性转变。

当然，“场域—惯习”作为一种新的理论尝试，并非完美无缺。有学者指责布迪厄的理论有“结构主义”的决定论倾向，“忽视了社会现实的建构过程中面对面互动的作用”；有人甚至批评他的理论是“结构产生惯习，惯习决定实践，实践再产生结构”。笔者以为：评价一种理论，首要需要看这种理论是否提供了一种新的、科学的思维方式，一种可行的研究视角，一种方法上的指向性。如果是，就可以借鉴这种“方法”和“思路”进行新的研究，同时注意避免其不良倾向。另外，任何一种理论总有它解释力强的领域和它解释力弱甚至不适合的领域，研究人员的任务就是要根据具体研究对象选择相对适合的理论工具，并对其不适用的地方加以修正或补充。“场域—惯习”理论确实对“面对面的互动”行为较少分析，但是本研究较少涉及“农户”与其他行为者面对面的互动，所以并无大碍。笔者以为该理论最大的不足在于忽视了行动者自身的“身体结构”对行动者行为决策的影响，对此本研究将通过对该理论的修正使其对研究更具适用性，关于此点下文将有专述。综上所述，本研究以为“场域—惯习”理论，是研究社会转型加速期的“农户经济行为”的一种较为适合的社会学理论视角。

1.5 研究方法和资料来源

本研究采用实地研究和结构式问卷调查相结合方式，以结构式访谈和深度访谈为主，以观察法和文献法为辅的方式收集资料，并对资料进行定量统计和定性分析。其中，文献资料主要来源于自1996年来的国家统计年鉴、定州市统计年鉴和政府公报、保定市和定州市档案馆内的相关文献等。结构式问卷调查主要有三次：首次是2003年春节期间，对定县Z村农民工的多阶段随机抽样调查和全村户普查，获取有效样本 401 份；第二次是 2004 年秋对定县农村的多阶段随机抽样调查，获取有效样本 320 份；第三次是在 2008 年暑假期间针对重点乡镇和村进行的补充性随机抽样问卷调查，获得有效样本 120 份。数据资料的分析主体主要来自 2004 年，该次调查的样本结构如表 1－1 和表 1－2 所示。

表 1－1　被调查户的家庭经营户型

家庭经管户型	频数（户）	频率（%）
纯粹种植户	105	32.8
纯粹非农经营户	4	1.3
种植兼养殖	4	1.3
种植兼非农经营	15	4.7
种植兼外出就业	165	51.6
种植兼稳定工作	7	2.2
其他	20	6.3
合计	320	100.0

表 1－2　被调查户的基本状况

调查内容	N	均值
你家总人口（人）	320	3.94
你家承包的责任田总面积（亩）	320	3.93
你家目前实际种地面积（亩）	320	4.39
你家一年内所种作物种类（类）	312	3.29
户人均责任田亩数（亩）	320	1.03
户人均实际种地亩数（亩）	320	1.14

实地研究采用观察法和深度访谈两种形式。其中，实地观察连续时间累计 6 个月，持续时间累计 18 个月。深度访谈采用两种方式，一种是与问卷调查同时进行，另一种采用对定点村 Z 村的实地访谈，访谈对象包括一般村民、村干部、村教师、各种经营户型的户主等，共收集深度访谈资料 80 多份；深度访谈对象的编码方式为村庄、姓氏、年龄、性别与访

谈时间依次联合组成，比如在代码 ZL30F0910 中，Z 代表村庄的首位字母，L 代表姓氏的首位字母，30 代表年龄 30 岁，F 代表性别为“Female”，0910 代表 9 月 10 日。

1.6 结构安排

第 1 章，导论。该章从问题旨趣出发，在对相关文献进行述评的基础上，提出研究主题、理论视角，界定分析对象，说明研究方法、数据来源，指出研究意义、创新与不足。

第 2 章，理论建构和研究假设。该章在对研究选取的主体理论解释框架“场域—惯习”理论具体化的基础上提出研究假设——“在社会转型加速期，‘市场规则’和‘家庭基本生活保障惯习’作为两种不同的结构性约束机制，嵌入于‘农户劳动力剩余的资源构成结构’之中，从内外两方面对农户经济行为发生影响，从而使农户在具体经济行为中主要表现出对‘家庭基本生活风险规避’、‘经济收益最大化’和‘劳动力充分化利用’等多重行为取向”，并对其操作化。

第 3 章，社会转型加速期的定州。该章主要包括对选择定州作为研究地的说明，对其在华北农村社会经济发展中的地位的回顾，及对其在社会转型加速期发生的主要社会变迁的简要描述。

第 4 章，定州农户的经济行为特征。该章主要从生产要素配置的角度出发，对农户的耕地配置行为、劳动力配置行为和资金配置行为的特征进行描述和概括，指出在社会转型加速期华北农户经济行为兼具“时代性”与“传统性”的混合性特征，为研究假设的具体化奠定基础。

第 5 章，市场化、家庭保障和农户经济行为。该章主要从三方面对研究假设进行实证分析，包括农户耕地配置的因素分析，劳动力配置的因素分析和资金配置的因素分析。分析结果表明：总体研究假设在定州市农村被证实，在社会转型加速期，农户经济行为是农户遵循“市场导向”和“家庭保障惯习”的指引，并结合“劳动力剩余的资源构成结构”，通过生产要素的策略性配置满足“家庭生活保障”需求及实现“家庭劳动充分化利用基础上的经济收益最大化”的行为。

第6章，对社会转型加速期农户经济行为的理论探讨。该章通过与传统农户经济行为理论，尤其是与解释我国农户经济行为的理论观点的历史对话指出：其一，社会转型加速期我国华北农户经济行为的内在形成机制，明显不同于传统农户经济理论下的农户行为，其“基本生活保障取向”和“劳动偏好”取向明显区别于“利润最大化理论”、“风险厌恶理论”和“农场户模型”下的农户行为，其“经济收益最大化”取向又鲜明区别于“过密论”和“劳动消费均衡理论”；其二，我国华北小农经济以“家庭小农经营”为支柱，以“家庭基本生活保障”为基石，以“阶段性就业为主、非农经营为辅的途径”构成的经济收益最大化为补充，在快速转型社会中存续并缓慢发展。

第7章，政策反思与对策建议。该章在对制度建设进行反思的基础上指出：在城乡二元社会体制的持续影响下，农村社会保障制度低效、缺失和农村剩余劳动力难以彻底转移，是阻碍我国华北农户资源配置效率提高、经济收入最大化的主要社会根源，也是导致我国“三农问题”长期难以解决的关键性因素之一；因此建议，进一步解放思想、深化改革，以城乡一体化为政策导向，促进农户基本生活保障由以家庭保障为主向以社会保障为主的转变，由剩余劳动力阶段性不彻底转移向彻底转移的转变。

1.7 研究意义、创新和不足

本研究以社会转型加速期为时代背景，以具有“实践论”色彩的“场域—惯习理论”为理论指导，以西方传统经典农户经济理论为参考，探讨我国华北农户经济行为的特征及其形成机制，力图使农户经济行为的本土化研究在理论和方法上有所创新，在结论上有些微发展，对政策实践有所启示。

本研究的理论意义和创新之处主要有以下三点：第一，在研究方法上，在对传统经典农户经济理论进行批判吸收的基础上，结合社会学的“社会人”假设和“场域—惯习”理论，对社会转型加速期我国华北农户经济行为的影响因素及其作用机制进行分析，是对既往经济学学科对我国农户经济行为研究存在的单一“经济人”假设和二元对立不足在一定程度上的修正，有助于完整、客观地理解现阶段我国农户经济行为。第二，在对社会理论的运用上，“场域—惯习”理论在我国农户经济行为研究上的运用，是对社会学新兴理论之一——布迪厄倡导的“实践论”在中国相对严密的尝试性实证研究。其中，本研究“关于‘身体结构’参与社会行为建构”的观点，是对布迪厄“场域—惯习”理论一定程度的修正和补充。第三，在研究结论上，本研究关于“在社会转型加速期，定州农户的经济行为不同于传统经典农户经济理论的概括，而是‘满足家庭基本生活保障需求基础上的、以劳动力充分化利用为途径的经济收益最大化行为”，以及“家庭保障、市场经济体制和劳动力剩余资源结构三种结构性因素，在相互支撑、相互补充下，作为总体社会结构与农户相互作用，使中国的小农经济以自身的逻辑在转型社会中存续——以‘家庭小农经营’为支柱，以‘家庭基本生活保障’为基石，以‘阶段性就业为主、非农经营为辅的途径’构成的经济收益的最大化为补充，中国的小农经济在快速转型社会中存续并缓慢发展”的经验概括，是对社会转型加速期华北农户经济行为特征及其形成机制的一种新的尝试性概括。

正如币有两面，本研究也存在一些明显的不足，主要表现为：首先，以“农户”为分析单位进行研究时假定农户家庭成员具有共同效用函数，这就必然面临一个危险——家庭成员的个人行为是否主要满足家庭整体功能的需要。对于该风险，笔者以为就数千年“男权制”和“父权制”影响下的中国社会，尤其是农村而言，这种因“女权意识”和未成年子女“独立意识”为主所造成的“家庭决策分散”现象仍属非主流现象，总体上并不影响分析的进行，当然这并不排除其影响的存在。其次，由于本研究地域仅限于华北地区的一个县级市，这就使研究结论难以在更大范围内推广，理论概括被局限于与定州市社会经济结构相似、社会经济形态相近的区域。

第2章　理论建构与研究假设

2.1　理论建构

“场域—惯习”理论只是给学术研究提供了一种普适的分析视角，在实际研究中，必然牵涉特定场域与具体惯习的理论建构问题，这也是“场域”自治性和“惯习”历史生成性的内在要求。具体到本研究，理论建构的首要问题，就是对社会转型加速期定州“农户经济行为”所处的“经济场域”及其特定“惯习”的建构。

2.1.1　对社会转型加速期我国农村经济场域的建构

皮埃尔·布迪厄曾经指出，一个场之所以成为一个场主要由具体场的特殊资本形式、对特殊资本追逐的主导行为规则和行为者之间的客观关系组成，其中，关键性因素在于前两者，最鲜明的区别性因素是“具体场域合法资源的资本化特殊机制”，也就是行动者对场内特殊资本追逐的主导行为规则。具体到“经济场域”，其之所以成为“经济场”，是因为与其他场域不同，行动者在其中追逐的特殊资本形式是“经济资本”，行动者在其中遵守的主导行为规则是“政府制定的经济资源配置规则”。当然，因为不同时空背景下政府制定的“经济资源配置方式”不同，从而导致经济场域中行动者的主导行为规则也不尽不同。比如，在计划经济体制下，经济场域的主导行为规则是“行政指令”；而在市场经济体制下，经济场域的主导行为规则就变成了围绕“市场规律”寻求利润最大化，或者说是“亲兄弟，明算账”的潜规则。按照布迪厄的观点，分析场域应该遵循三个基本步骤：首先，分析与“权力场”（政治场）相对的具体

场的位置；其次，描绘出行动者或体制所占据的位置之间的客观关系的结构；最后，分析行动者的“惯习”及其拥有的不同的性情系统[1]。本研究在建构中国农村经济场域时，主要从上述三方面进行。

2.1.1.1 在城乡二元社会结构中，农村经济场域处于边缘位置

政治场域作为元场域，相对其他所有场域处于绝对支配地位。在中国也是如此，农村经济场域相对政治场域的被支配地位也在所难免，主要表现为以下两个方面。

(1) 政治场域决定了在城乡二元经济场域中农村经济场域的次级地位

新中国成立后，迫于国内外政治经济社会形势，国家制定了优先发展重工业的经济社会发展战略。在当时物质严重短缺的时代背景下，为了保障将稀缺资源优先用于发展城市重点工业产业，政府制定了泾渭分明的城乡二元社会制度，其结果导致城乡二元社会结构的建立。此后，城乡二元社会结构不断固化，并表现在政治、经济、文化、社会等各个场域。在经济场域表现为城乡二元经济场域。农村经济场域相对城市经济场域的弱势地位主要表现为经济资源种类与获取形式的不同。

从经济资源种类看：对城市经济场域中的主要参与者——市民来说，主要是货币形式的工资、生产经营收入以及与就业和市民身份相连的一系列社会保障、社会福利和公共服务等（如，五险一金、社会救助以及住房、教育、交通补助等）。而对于农村经济场域中的主要参与者——农户而言，主要是实物形式的农产品和作为补充的部分经营性和劳务性收入，以及初步建立的、低水平的、不健全的社会保障和公共服务收益。显然，经常性的、广泛的、高水平的社会保障和社会福利资源的缺失，是农村经济场域与城市经济场域资源类别的最大差异。

从资源获得方式看：城市市民主要依靠个人稳定就业、经营以获得工资收入、经营收入及相关社会保障和福利待遇。而农村居民则主要依靠家庭劳动性质的“土地耕作”、零星经营及阶段性外出就业获取经济收入。这种城乡经济场域中“个人就业型”与“家庭集体劳作型”经济资源获

---

[1] 布迪厄著. 包亚明译. 文化资本与社会炼金术［M］. 上海：上海人民出版社，1997：150.

得方式的差异，在面对市场规则时表现出完全不同的形式，并在相当程度上型构了城乡居民不同的经济行为方式。

(2) 政治场域制定了经济场域（包括农村经济场域）内行动者的基本行为规则

在中国，党领导下的中央政府是经济场域主导行为规则的决策者。在计划经济时期，一切经济活动均按照“行政指令”行事；改革开放以后，随着社会主义市场经济体制的确立，市场法则逐渐成为经济场域中人们的基本行为规则。这对于我国城市经济场域和农村经济场域来说，虽然表现形式和作用发挥程度存在一定的差异，但是总体指导规则基本一致。在农村，随着家庭联产承包责任制的建立、统购统销制度的取消、农村税费制度的改革，以及劳动力流动政策的变革，“市场规则”逐渐成为农村经济场域的基本规则。同时，由于市场经济的不完善，城乡二元社会体制的长期存在，导致在“市场规则”之外，农民在某种程度上仍旧按照自己的“实践逻辑”从事大量经济行为。关于此点，后文在“惯习”部分将详细阐述。

综上所述，农村经济场域相对政治场域处于绝对被支配的地位，政府不仅通过城乡二元社会结构使农村经济场域相对城市经济场域处于劣势地位；而且，还制定了农村居民从事经济活动的首要规则——市场规则。这种经济规则和场域地位，在很大程度上决定了农户从事经济活动的范围和方式。

2.1.1.2 在农村经济场域中，农户处于弱势地位

场域是一种由附着不同资本的位置型构的关系网络，是一个力量场。由于场域中行动者占据的位置不同，他们的行动策略或行动惯习也趋向不同。在我国社会转型期，农村经济场域的主要参与者为农户（农民）、各级政府及其附属单位、与农民发生交换关系的城镇经营者，以及与农民发生雇佣关系的部分城市生产经营单位或家庭。其中，农民既是农村经济场域的参与主体，分别与其他参与者发生各种经济关系，又是弱势群体，相对其他参与者处于弱势地位。图 2 –1 将对农户与农村经济场域中的其他参与者之间的关系进行具体分析。

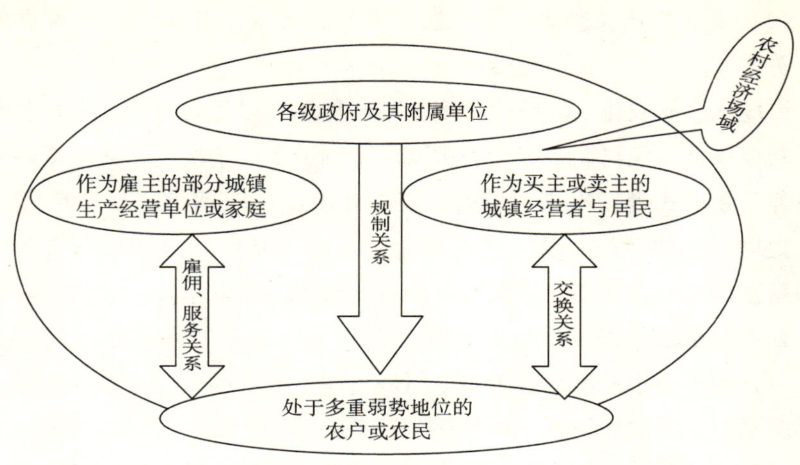

图 2-1 农村经济场域中的客观位置结构图

(1) 政府与农户之间的规制与被规制关系

政府与农户之间的关系主要表现为，政府制定制度、政策、任务和提供服务，以及农户依法依规行事、完成任务的互动过程。其中，各级政府主要制定各种经济政策、法规以规范和引导农户的经济行为，比如，税费制度规定农户上交税收的种类、形式及数额等，土地流转政策规定农户承包的耕地是否可以流转及流转途径等，劳动力流动政策规定农户剩余劳动力是否可以外出就业等；而各级政府附属机构则为经济政策的实行提供相关服务，比如，村委会直接参与对农户税费完成情况的监管，农村信贷机构为农户提供金融服务等。然而，总体上说，不论相对于政府还是其附属单位，农户均处于弱势地位，他们要么要按照政府制定的制度、政策从事活动，要么只能到政府垄断性附属机构进行稀缺资源的有偿索取，很少有有效话语权，更不用说自主选择权和拒绝权。正是在这种意义上，可以说政府与农户之间的关系是一种规制与被规制的关系。而且，农户相对政府的这种被动地位，在很大程度上只能在政府自愿调整的范围内才能得以在范围和程度上有所减缓，否则，单纯依靠农户的力量，改变的难度较大。农户所处的这种被规制地位，在一定程度上型构了农户经济行为上的内部指向性，即，调整自身的行动来适应外部限制与自身需求。

(2) 城镇生产经营单位、家庭与农村外出就业劳动力之间的雇佣或服务关系

市场化、非农化、城镇化程度的不断加深，以及农村劳动力管制政策的不断变革，为农村剩余劳动力进城就业创造了大量机会，并主要以雇佣或服务关系形式表现出来。目前，农村外出就业劳动力与城市单位（家庭）之间发生的经济关系主要表现为三类：一是以建筑业、制造业、商业和餐饮等服务业等产业工人的身份与城市生产经营单位之间产生雇佣劳动关系；二是以保姆、小时工等家政人员身份与城市家庭产生的劳务关系；三是以小商小贩等自营者身份与城市居民产生的服务关系。不论上述何种关系，究其实质均是一种雇佣、服务关系，且农村劳动力的弱势地位显而易见。这种弱势地位突出地表现为就业的不稳定性、劳动经济权益的低保障性，以及职业健康和安全的高风险性等方面，并最终影响到农户对经济行为的规划和决策。

(3) 农户在与城镇经营者或居民之间的交换关系中处于劣势地位

农户与城镇经营者或居民之间的市场交换关系，既包括农户作为买主又包括作为卖主与城镇经营者之间发生的市场交换关系。然而，不论作为何种身份，农户均处于被动地位。首先，农户出售的产品主要是初级农产品，而他们购买的产品主要是各种工业制成品。初级农产品相对工业制成品，价格、附加值和利润率均较低。这也是农民种粮积极性不高、纷纷外出进城就业，甚至抛荒土地导致政府不得不出台促进粮食种植政策的基本原因之一。其次，除了工农业产品利润率差距造成的农户与城镇经营者之间的不平衡关系以外，城镇经营者更是利用地理位置的优越性，通过“城乡产品批发与零售价格剪刀差”的形式，从农户身上赚取经济利润。总之，在农户与城镇经营者的市场交换关系中，农户处于劣势地位。

综上所述，在农村经济场域中，农户相对于其他参与者处于绝对劣势地位。在与政府及其附属单位之间的“规制—被规制”关系中，农户处于被规制的地位；在与城市生产经营单位及家庭之间的“雇佣—服务”关系中，农户不仅有随时被解除雇佣与去除服务关系的风险，且有合法权

益不能被有效保障的风险；在与城镇经营者及市民之间的市场交换关系中，农户因遭受“工农业产品利润剪刀差”及“城乡批发——零售价格剪刀差”等经济剥夺而处于弱势地位。

总之，建构农村经济场域，可以发现其鲜明的场域特征。首先，农村经济场域不仅相对政治场域处于弱势地位，而且由于城乡二元社会结构的长期存在，农村经济场域相对城市经济场域也处于劣势地位。第二，在农村经济场域内部，农户相对政府、城镇生产经营者或城市家庭均处于弱势地位。第三，在农村经济场域中，参与者主要依照“市场规则”发生经济关系并获取资源。

2.1.2　对社会转型加速期华北农户经济行为惯习的建构

按照布迪厄的观点，“惯习”是持久的、可转移的秉性系统，是一种趋于稳定的认知、行为图式，是“外在的内在化”、“心智结构”或“肉体性的结构”。多数现代社会学家也认同，“惯习”是分析具体场域中行动者行为导向的一个重要因素，是分析“习俗”行为的有效工具，是分析巨变社会中“行为滞后”现象的重要视角。正是基于这种共识，笔者以为采用“惯习”理论分析社会转型加速期处于传统型向现代型过渡阶段的农户经济行为具有较强的适合性。但是，应当指出的是，布迪厄的“惯习”理论并非十全十美。笔者以为，布迪厄的“惯习”除了“轻视面对面互动”和“即时情景下理性计算”❶以外，还忽视了“惯习”的载体——行动者自身的“身体结构”对“惯习”生成的重要影响。这种影响不仅表现在个体性载体身上，也表现在群体性载体身上。正如一个简单的事实：四川、湖南人“爱吃辣椒”的惯习，并非因为外在制度性结构施加于身，而是因为湿热的地理环境使其形成了中医上的一类特殊体质，这类体质有喜好“热性”食品的需求，久而久之就形成了一种惯习。笔者并非具有“生物论”倾向，只是认为社会行为是一个复杂的现象，其中，行动者的身体结构正如社会结构一样，也对社会行为产生不可忽视的

❶ 乔治·瑞泽尔．当代社会学理论及其古典根源［M］．北京：北京大学出版社，2005：191.

影响，尤其在特殊环境下。所以，下文在对农户经济行为“惯习”进行建构时，将把“惯习”载体的身体结构纳入整体分析框架（在研究思路一节将具体阐述），主要分析包括惯习的载体、惯习在特定场域的主要习性及惯习的生成机制等。

2.1.2.1　农户是不同于市民户的、具有劳动力相对过剩资源结构的群体

在“场域—惯习”理论框架下分析农户经济行为的惯习，首先需要厘清农户惯习的性质（个体性还是群体性）以及农户作为惯习载体的特殊性。

（1）本研究关注的“农户惯习”是与“城市市民户”相对应的群体性惯习，而非某一农户所具有的个体性惯习

关于“群体”（阶层）惯习，布迪厄曾说过，集团或阶级习性的客观一致来源于生存条件的一致性。尽管同一阶级的全部成员或者任何两个成员不可能有完全相同的生活经历，但是同一阶级的任何成员，与另一阶级的任何一个成员相比，更有可能面对本阶级成员最常见的生活境况，比如，获取财产、服务和权利的可能性或渠道的相似性等，这种相似的生活境况总是趋于一致的行为经验，由此不断地向成员灌输一种相似的估算或对未来的相似预期，正是这种相似预期作为现实感构成了群体惯习的隐秘机制。同时，基于相同生存条件和社会制约因素范围下可以观察到的同类群体惯习的同质性，使实践活动变得直接可知和可以预见，从而使对群体习性的分析有了基础。[1]

（2）农户作为一个群体，具有“劳动力相对过剩的资源构成结构”

在城乡二元社会体制下，市民户主要依靠家庭成员的“个人就业”获取家庭经济资源，而农户则在很大程度上需要依靠“家庭集体劳动”获取经济资源；“家庭集体劳动”的资源获取模式，面对我国农村人多地少的资源环境以及农村劳动力流入城市就业的巨大体制性障碍，造成了农户在家庭生产资源的构成结构上，存在明显的劳动力资源相对其他资源

[1] 皮埃尔·布迪厄著．蒋梓骅译．实践感［M］．南京：译林出版社，2003：89－92.

（主要是耕地和货币资源）过剩的状态。农户劳动力过剩的资源构成结构，使其经济活动惯习必然带有自身的痕迹。事实上，关于农户的劳动力剩余资源构成结构，与农户经济组织方式之间的关系，恰亚诺夫的“劳动消费均衡”理论和黄宗智的“过密论”均有所阐述，只是没有明确提出“身体结构”一词而已。

要之，农户作为社会行动者及其“惯习”的载体，其独特的劳动力相对过剩的资源结构，必然使其经济行为带有明显的身体结构性痕迹。

2.1.2.2 社会转型加速期我国农户的“家庭基本生活风险防范”惯习

惯习是“外在的内在化”，是行动者基于客观“生存条件”长期实践的结果。分析农户的经济行为惯习首先需要分析其基本生存条件。相对于市民户而言，农户最基本的生存条件主要表现为三方面。第一，生活和劳动与“耕地”的紧密关联性。具体而言，耕地是农民赖以取得收入的基本生产资料，是农户投入劳动的基本载体，是农户获得收入的基本来源。第二，家庭劳动的生产经营结构。改革开放以来，尤其是农村家庭联产承包责任制实施以来，家庭劳动成为我国农户生产经营的基本形式。第三，劳动力相对过剩的资源构成结构。劳动力相对耕地和资金过剩，是农户组织经济活动的资源基础，是其必须面对的基本劳动和生存环境。我国农户正是在“劳动力过剩的资源结构”制约下，依靠“家庭共同劳动”，以“土地”为谋生之本，在长期生活实践中逐渐形成了相对稳定的经济行为模式，即，“家庭基本生活风险防范倾向”。

家庭基本生活风险防范倾向是指，农户在进行经济决策或经济活动组织时，习惯性地把保障家庭基本生活安全作为首要考虑因素，即遵循“家庭基本生活保障第一”原则行事。详言之，当农户的总体经济水平不足以维持“基本生活水平”时，农户会投入家庭可能投入的资源以维持这一需求，而不考虑资源投入是否遵循经济学家们所谓的“边际收益”

原则；[1] 当农户的总体经济水平能够维持“基本生活水平”但缺少稳定性时，农户倾向于在基本生活保障安全的基础上，寻求经济收入的最大化；[2] 事实上，对于当前刚刚达到“温饱水平”的中国农户而言，其经济行为倾向更多地表现为这种“基本生活保障安全基础上的收入最大化倾向”。需要指出的是，农户“家庭基本生活风险防范倾向”存在的既定前提就是有效的、稳定可靠的、制度性的基本生活保障制度的缺失。“家庭基本生活风险防范倾向”作为农户的一种行为模式贯穿于农户经济生活的方方面面，从农业到非农业的产业安排，从生计作物到商品作物的种植结构安排，从消费、投资到储蓄的收入分配结构安排，从耕地、家庭劳动力到资金等生产要素的配置安排等。单就本研究意义上的农户经济行为而言，农户这种带有普遍性的“家庭基本生活风险防范倾向”最突出地表现为“耕地依赖倾向”和“家庭劳动偏好倾向”。

（1）“耕地依赖倾向”是“家庭基本生活风险防范倾向”的表现之一

“耕地依赖倾向”是指，农户的经济行为模式和思维方式明显带有对“耕地”的偏好性，即，依赖“耕地”作为最基本的生活安全保障的倾向。之所以出现这种倾向是因为：首先，耕地是农户最基本的、最便利的生产资源。换句话说，只要投入体力劳动基本上就可以获得种植收入（尽管诸如新技术、新耕作方式、肥料等其他生产要素的投入趋向于增加土地的产出）。其次，耕地是农户最基本的、最安全的就业载体。这意味着耕地是农户家庭劳动力可赖以依靠的最安全的、最后的就业场所，尤其在现阶段我国城乡二元劳动力市场中“非农就业的失业风险”随时可能降临的社会背景下。换言之，耕地被农民视作最基本的、最后的劳动保障，在其他就业门路不通或者不顺的情况下，农民只要拥有耕地使用权就

---

[1] 这种情况，既与美国人类学家斯科特对东南亚农民研究提出的“安全第一”原则相一致，更与俄国经济史学家恰亚诺夫对俄国革命前小农的经济行为分析得出的“劳动消费均衡”理论相一致，也与美国学者黄宗智根据对20世纪30～70年代末对中国华北和江南的农民经济行为研究得出的“过密论”相一致。

[2] 这种情况，与当前农民经济理论中较具综合性，且最有解释效力的“风险厌恶理论”相一致，更与中国当代经济学者们，对中国转型期农户经济行为研究所得的“求高求稳”结论相一致。

可以找到谋生之道。再次，耕地是农民最低生活保障的载体。耕地作为粮食产出的天然场所和劳动投入的基础载体，至少能够为其提供“吃饱”程度的最低生活保障，这对于缺少制度性基本生活保障来源的中国农户来说更是如此。正是上述因素导致我国农户强烈的耕地依赖倾向。这用农民自己的话说就是土地是农民的“衣食父母”、“命根子”，“丢什么都不能丢土地”。农民对“土地”的这种依赖倾向，费孝通称为“乡土性”、“安土重迁”性，普通人称为“土气”，对农民生存境况不甚了解的一些人称为“保守性”和“宿命性”。而浩浩荡荡的“农民工”大潮已有30多年的历史，农村外出就业劳动力已经高达1.5亿人，举家外出就业劳动力也已有几千万人的规模，而愿意退出自家承包的耕地的农民仍旧较少。这正是农户在“最低生活保障”和“就业保障”等基本生活风险防范方面所表现出的“耕地依赖倾向”的最强有力的证明。“耕地依赖倾向”构成了农户“基本生活风险防范倾向”的一个基本方面。

(2)“家庭劳动偏好倾向”是农户基本生活风险防范倾向的另一个重要表现

“家庭劳动偏好惯习”有两层含义：首层含义是指农户在利用劳动力时，有专注于家庭内劳动力、忽略考虑家庭外劳动力的倾向，即，家庭劳动力偏好倾向；另一层含义是指，农户在进行资源配置时，有优先使用家庭劳动资本、而不是优先考虑经济资本的倾向，即，家庭劳动资本偏好倾向。农户的劳动力偏好倾向，可以避免雇佣劳动所带来的收入不确定风险。因为雇佣劳动主要遵循“市场效益”规则，这就使现阶段经济实力仅仅达到“温饱”水平、经济风险承受能力较弱、具有明显风险厌恶倾向的农民对“雇佣劳动”有了一种潜意识的排斥。这种排斥既建立在对“经济效益”的衡量之上，用农民的话说就是“种地不挣钱，雇人不合算”，又建立在对经济亏损的风险恐惧之上（万一亏损，不仅谈不上利润问题，而且会损及基本生活需求的满足和家庭经济再生产的恢复）。家庭劳动资本偏好倾向可以确保以下几点：首先，在没有意外发生的正常生产经营下，家庭可以获得常态经济效益；其次，即使遇到无法预料的风险，损失的也仅仅是无须付出工资的家庭内部劳动（这种损失对于还没有明确的“机会成本”意识的农民来说应该算是最容易承担的风险）。

显然，在由“耕地依赖倾向”和“家庭劳动偏好倾向”支撑的、“家庭基本生活风险防范倾向”下，农户经济活动的组织，首先考虑通过充分利用“耕地”和“家庭劳动力”来保障家庭基本生活需求，然后，才会考虑其他生活需求的满足。在两者的相互关系中，“家庭劳动偏好倾向”是主要的方面，是“耕地依赖倾向”转变为现实的前提，甚至可以看做是另一种形式的耕地依赖倾向；“耕地依赖倾向”是“家庭劳动偏好倾向”形成的重要支撑。农户的“基本生活风险防范倾向”，主要形成于当前我国农民的基本生活水平相对较低和基本生活安全缺少制度性保障的背景之下。首先，尽管当前我国农民的生活水平已由缺衣少食的赤贫状态普遍提高到“温饱状态”，但是，这种生活水平仍处于一种较低层次。其次，当前我国农民的温饱生活水平仍旧处于自我保障状态，缺少稳定的、高效的、制度性的生活风险社会防范机制。这意味着一旦遇到无法预期的、较大的生活风险，如果农户不在平常就建立可靠的自我生活风险防范机制，他们将会轻易重返家庭基本生活需求无法满足的“贫困”生活境地。而这种贫困生活境况是农民的前辈们日常生活的常态，也是深深埋藏在农民意识深处的生活风险噩梦。总之，较低的生活水平、缺少健全的生活安全保障制度，加上历史上形成的对“贫困生活风险”的潜意识恐惧，逐渐造就了社会转型加速期我国农户特有的经济行为上的“基本生活风险防范倾向”；这种行为倾向使农民在从事经济行为时，即使面对的是“市场经济”环境，首先考虑的仍然是“基本生活安全”问题，然后才会顾及“利润”问题。

2.1.3 对农村经济场域和农户经济行为惯习理论建构的小结

基于前述理论建构，本研究视角下农户经济行为的具体“场域”与“惯习”的总体特征如下。

关于农户经济活动的场域。农户经济活动的主要场域是农村经济场域；农村经济场域相对政治场域处于弱势地位，这既表现为资源配置方式

上关于“市场规则”的制定，又表现为“城乡二元经济场域”的区隔及农村经济场域相对城市经济场域的次级地位上。农村经济场域的相对弱势地位，既间接地、稳定地、长期地以行为倾向或者说“惯习”的方式作用于农户，又即时地、直接地以场域内主导行为规则下的策略化方式作用于农户。

关于农户经济行为的惯习。农户不同于市民户的生存条件除了所处经济场域的不同地位外，还明显表现为三方面：与“土地”的紧密关联性、“家庭集体劳作性”和“劳动力相对剩余的资源构成结构”。而“土地”的低受益性、高自然风险性，在“家庭集体劳作”和缺乏健全的基本生活风险防范制度下，共同型构了社会转型加速期农户的“家庭基本生活风险防范倾向”。这种惯习使农户在从事经济行为时，明显显露出对“家庭基本生活保障”优先考虑的行为模式，并突出表现为“耕地依赖倾向”和“家庭劳动偏好”惯习。在这种惯习下，“家庭劳动的充分化利用”甚至是最大化利用，成为农户经济活动组织的基本特征。

2.2　研究思路与研究假设

2.2.1　研究思路

“场域—惯习”理论为农户经济行为研究提供了理论视角。按照该理论，社会行动是处于具体场域中、占据一定客观关系位置并具有稳定行为惯习的行为者，按照具体场域中的主导行为规则，努力争夺场域特殊资本以确保或改善自身在场域中的位置的行为活动。更具体地说，它主要是具体场域的主导行为规则、行动者在场域中的客观位置、行为者基于生存条件和社会化经历形成的行为惯习三方面因素的综合结果；其中，行动者在场域中的客观位置，既与行动者的资本占有情况相关，又与该场域相对于元场域（政治场域）的相对位置相关。根据该理论，只要对具体社会行动所处的“具体场域”及行动者的行为惯习进行理论建构，就可以对该具体行为以社会互构性视角的合理解释。基于理论建构，社会转型加速期的农户经济行为，就是在农村经济场域中处于绝对弱势地位的农户群体，在遵循市场经济体制下农村经济场域的主导行为规则和自身经济行为惯习的引导下，策略性地谋求利益最大化的行为。

值得指出的是，“场域—惯习”理论作为一种普适性的理论视角，涉及具体经验研究，必然遇到一个适用性与本土化的问题。

2.2.1.1 对“场域—惯习”理论的适切性改造问题

本研究在第1章理论视角的选择部分，已经对“场域—惯习”理论对中国社会转型加速期农户经济行为解释的相对适用性给予充分肯定。但是，这里仍需指出的是，布迪厄为了克服社会研究中普遍存在的“结构”与“行动”二元对立的局限性，理论上从“作为场域的外在结构”与“作为惯习的内在结构”两方面对社会行动进行分析，这种方法固然突出了“社会结构”对社会行动的内在和外在两方面的影响，并在一定程度上实现了“行动与结构”的互构；但也显露出对社会结构的过度关注倾向及其带来的不足，其表现之一就是忽视了行动者自身的一些特征，尤其是身体结构特征。笔者以为，行动者的身体结构也是社会行动建构不可忽视的基本要素之一，尤其当研究对象作为某一阶层或群体出现时，这种生理结构使其行为模式显现独特的群体性特征。这是因为：首先，行动者的身体结构是惯习的宿主、是场域内资源的载体，是将“惯习”规则与“场域主导行动规则”策略性地融为一体的主观能动者；换句话说，无论“场域”内的行动规则多么制度化，均需要嵌入于行动者的身体结构中，为行动者的生理结构所接受，与行动者的心智模式相融合，才能转化为实际行动。布迪厄虽然在对“场域”的阐述中，以“内在外在化”的方式阐述了“主体”对社会行动的建构，但是他所指涉的“主体参与”方式主要是规则认同、资源争夺及意义建构等，鲜见其对行动者的“身体结构”对社会行动的作用方面的阐述。事实上，在布迪厄理论中，行动者的生理结构处于社会行动机制的暗箱之中，并没有被给予一个明确的位置。其次，具体到本研究中，农户作为一个不同于市民户的群体，其独特的身体结构特征——“家庭劳动力剩余的资源构成结构”作为一个基本因素，显而易见地参与了农户经济行为的构建，这是任何研究中国问题的

学者都难以回避的不争事实，自然也是应用布迪厄的“场域—惯习”理论对社会转型加速期的中国农户经济行为研究时需要补充和完善的地方。所以，在本研究中，笔者欲把行动者的生理结构从社会行动机制的暗箱中拉出来，并给予一个明确的位置。

按照前述对农户经济行为“场域”和“惯习”的理论建构，以及笔者对布迪厄理论的补充，下文是本研究对社会转型加速期中国农户经济行为的理论建构，见图2－2。

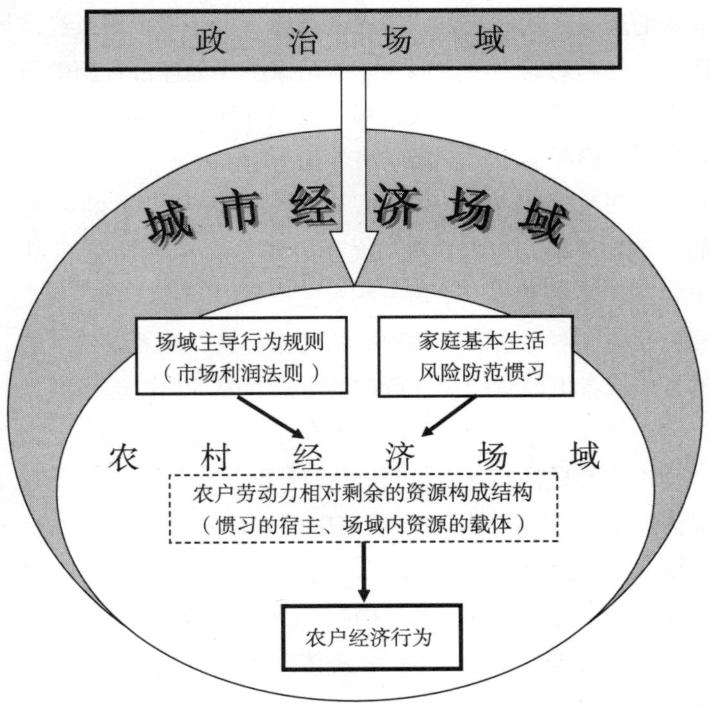

图2－2　关于农户经济行为的理论构建图

图2－2表明：按照布迪厄的理论，在社会转型加速期，农户经济行为是在农村经济场域中处于劣势地位的农户，一方面按照农村经济场域的主导行为规则——市场规则，另一方面遵循其在农村经济场域中的生存条件与客观关系位置所形成的内在行为惯习——家庭基本生活风险防范倾

向，采取的策略性获取经济效益的行为。它是农村经济场域与农户经济行为惯习共同作用的结果，其中，农村经济场域作为结构性因素既为行动者提供了主导行为规则，又以“惯习”的方式历史性地参与到社会行动的建构过程中，惯习表现为对场域中客观关系位置认同基础上的行为倾向性。另外，在农村经济场域之外，另有两个主要场域间接参与了农户的行为建构——政治场域和城市经济场域，政治场域既通过对农村经济场域的资源配置规则的制定，又通过城乡二元社会结构的区隔将农村经济场域置于经济场域的底层，从而对农户的经济行为发生作用；城市经济场域作为农村经济场域的相对面，一方面参与对国家主导的经济资源的争夺，另一方面在历史形成的城乡二元社会格局下在整个经济场域中占据优势地位，从而以更广阔和隐秘的方式，向农户施加影响。

同时，按照前述笔者对布迪厄“场域—惯习”理论的补充，农村经济场域的“市场规则”与农户的“家庭基本生活风险防范惯习”并非直接作用于农户，而是通过与“惯习的宿主”和“场域的参与者”，即，农户的家庭劳动力相对剩余的资源构成结构相结合，或者以长期的、稳定行为倾向的方式或者以即时的理性策略的方式，表现出社会实践中的具体农户经济行为。所以，在本研究中，笔者在布迪厄的“场域＋惯习 ＝ 社会行为”的理论推导之间增加了一个中间环节——“农户的劳动力相对剩余的资源构成结构”。笔者以为，当前中国农户“家庭劳动力相对剩余的资源构成结构”，是长期社会转型积累的历史产物，它在一定程度上导致农户在面临“市场法则”时所采取的行动可能会发生变异，或许展现出不同于经济学理论或西方发达市场经济体制下的“利润最大化”行为。

总之，本研究认为，在运用布迪厄的“场域—惯习”理论对中国农户经济行为进行研究时，应该结合我国社会转型加速期的特殊历史时代背景和城乡二元社会结构，以及农户劳动力相对剩余的群体性结构特征，在对其理论进行补充和完善的基础上，使之更为有效地解释当前我国农户经济活动实践。

2.2.1.2　对“场域—惯习”理论的本土化运用问题

任何理论分析视角具体到实证研究中，都需要面对本土化和具体化问题，“场域”和“惯习”理论也是如此。由于场域作用于行动者的最直接方式就是场域内主导行为规则，这种作用形式相对显性，所以操作起来相对简单。在本研究中，农村经济场域作用于农户的主导行为规则就是市场导向规则，或者说利润法则，其操作化直接涉及与“经济收益”相关的“单位面积成本、就业比较地位”等指标。然而，“惯习”作为一种“性情倾向系统”、认知和行为图式，其作用方式相对“内隐”。这就使经验研究必须面对一个实际问题——如何把内隐形式的“惯习”用显性的形式有效地表现出来，也就是具体化的问题。对于该问题，布迪厄指出，“基于相同生存条件和社会制约因素范围内可以观察到的惯习的同质性，使实践活动变得直接可知和可以预见，从而使对群体习性的分析有了基础”❶。换言之，在经验研究中，由于“惯习”的“稳定性”和“可预知性”，研究可以采用“行为者的经常性行为模式”对群体惯习进行替代性分析，这就为惯习的经验研究指明了一条道路。本研究正是借由对农户“家庭生活保障”经常性行为模式的概括完成对农户的经济行为“惯习”的转化。

根据长期观察和深度访谈，参考国内外学者对正式与非正式“生活保障”的理论与经验研究，比较“基本生活风险防范机制”在农户和市民户之间的差异，本研究对农户在“家庭基本生活风险防范惯习”下指向的“家庭基本生活保障实践”进行归纳，主要概括为下述三个具有层序性的方面：以吃饱为基本标准的最低生活保障，以家庭老弱病残幼为主要照顾对象的家庭生活照顾保障，以子代住房费用、教育费用、医疗费用、养老（包括安葬）费用、生育费用等基本生活风险预备为基础的家庭基本生活风险保障；其中，“最低生活保障”是基础，主要依托耕地的配置来保障。“家庭生活照顾”是必不可少的项目，主要依托农户家庭内具有照顾能力的成员来保障。“基本生活风险预备”是农户维持家庭基本生活、健康、经济生产和人口再生产所必不可少的项目，也是比“最低生活保障”与“家庭照顾”层次稍高的方面，主要依靠家庭“风险预防

---

❶ 皮埃尔·布迪厄著．蒋梓骅译．实践感［M］．南京：译林出版社，2003：89－92.

项目”来实现。

总之，根据本研究对农户经济行为的“场域—惯习”式理论建构，“市场规则”是农村经济场域内的主导行为规则，“家庭生活保障惯习”是农户的基本经济行为惯习，两者作为关键性因素，与农户的劳动力剩余资源结构相结合，共同参与了对农户经济行为的建构。

2.2.2 研究假设及其操作化

2.2.2.1 研究假设的提出

按照前述对农户经济行为的“场域—惯习”式理论建构，社会转型加速期，农户经济行为就是在农村经济场域内，具有“劳动力剩余资源构成结构”的农户，按照市场经济体制下的“市场导向规则”和“家庭基本生活风险防范惯习”，从事的配置生产要素以获取利益最大化的行为。显然，对于农户而言，影响其经济行为的关键结构性因素有三类。第一，市场规则。在社会转型加速期，市场经济已经渗透到我国农村的角角落落，处于市场经济社会中，农村居民在从事经济活动时不得不按照市场规则进行各种交易，否则将寸步难行。第二，农户在长期生产和生活环境下逐渐形成的内在经济行为模式——“家庭基本生活风险防范倾向”或“家庭基本生活保障惯习”。不同于“市场规则”的强制性、外在制度作用形式，“家庭基本生活保障惯习”以一种内在的行为倾向性渗透于农户思维、认知与行动的各方面，并以不同的形式表现出来，比如，作物种植上的“生计性”与“商品性”安排，家庭收入上的消费、投资与积蓄的分配，劳动力分工上的农业与非农业、在家与外出的决策等。第三，上述两大因素作为内外两种结构性约束机制对农户施加影响时，农户根据自身的特殊生理结构——“劳动力剩余的资源构成结构”，灵活地与之结合，或者以“惯习”的形式表现出来，或者使“利润最大化”行为发生某种形式的偏转。

基于上述理论建构，本研究建立研究假设：在社会转型加速期，“市场规则”和“家庭基本生活保障惯习”作为两种不同的结构性约束机制，嵌入于“农户劳动力剩余的资源构成结构”之中，从内外两方面对农户经济行为发生影响，从而使农户在具体经济行为中主要表现出对“家庭基本生活风险规避”、“经济收益最大化”❶ 和“劳动力充分化利用”等多重行为取向。

2.2.2.2 研究假设的操作化

对研究假设进行经验验证，首先需要解决操作化的问题，这里既涉及变量的操作化，又涉及研究假设的操作化。

(1) 变量的操作化

对变量的操作化，主要涉及对因变量——“农户经济行为”、自变量——“市场利润法则”与“家庭生活保障模式”，以及控制变量——农户劳动力相对剩余的资源构成结构的操作化。

关于“农户经济行为”的操作化。根据第1章关于农户经济行为是农户配置生产要素以获取经济收入的行为的界定，结合当前我国农户生产要素主要包括耕地、劳动力（包括家庭自有劳动力和雇佣劳动力）和资金（这里将农用机械、农用牲畜、肥料等可以用资金购买并具有所有权的生产要素统统归结为资金类要素）三类生产要素，本研究中农户经济行为具体指涉农户通过对耕地、劳动力和资金的配置谋求利益最大化的行为。

关于“市场利润法则”的操作化。本研究纳入经济学常用指标，如单位面积成本、单位面积利润、边际成本、边际利润、市场就业比较地位、融资能力等来测量“市场规则”对农户经济行为的影响；具体指标的选用，将结合具体研究假设的陈述在下文中进一步说明。

关于“家庭基本生活风险防范惯习”的操作化。本研究根据社会转型加速期我国华北农户在日常生活中最担心的基本生活风险问题与生活实践中采取的最常见的、最稳定的“家庭生活风险预防”的基本模式，结

---

❶ 这里之所以使用“经济收益最大化”一词，而非“经济效益最大化”一词，在于：以笔者之见，农户经济行为由于“家庭劳动偏好惯习”的存在，倾向于通过“最大化家庭劳动投入”的方式，获取毛经济收入的增长，这种经济收入的增长不是建立在“产出—投入（包括资金投入和活劳动投入）”的“利润分析”基础上，而是建立在“不计算劳动投入”的“总经济收入”增长上；关于此点，将贯穿于整个实证分析。

合国际、国内关于农民家庭生活保障的理论与经验研究，将“农户的基本生活风险防范惯习”下的家庭“基本生活保障”行为实践归纳为一个由下述几方面构成的家庭自发生活保障系统，它主要包括三大方面。一是以吃饱为基本标准的最低生活保障，主要依托耕地的配置来实现。二是以家庭老弱病残幼为主要照顾对象的家庭生活照顾保障，主要依靠家庭劳动力的配置来实现。三是以家庭基本生活风险为主要目标的项目，主要包括子代建房费用预备、教育费用预备、医疗费用预备、生育费用预备、养老（包括安葬）费用预备等，从功能上看相当于社会保障中的“社会保险”，主要依托农户对资金的配置来实现。在上述三个方面中，最低生活保障❶属于最基础的保障层次，家庭生活照顾保障属于农户特有的、无法逃避的、必不可少的家庭保障项目（因为不同于市民户，其家庭成员的生活照顾问题可以托付给城市社区看护机构、教育机构，或者采用雇佣照顾服务的方式来解决，农村的家庭集体劳作性、货币资源相对稀缺性，以及农村社会服务设施和项目的欠缺，都迫使农户依靠家庭内生活照顾方式来解决成员所需生活照顾问题）。基本生活风险预防属于稍高层次的家庭保障项目，但是与城市社会保险项目本质上存在明显的差异。这种差异不仅表现在农户的自发性、家庭性上，还表现在“风险防范”的主要内容上：第一，农户通常把“子代建房预备”作为一项与“医疗预防”、“生育预防”同等重要的基本生活风险预防项目来对待。这是因为对于农村男性未婚青年来说，如果他们没有新建的、使用权属于自己的新房，将被有女待嫁的农户藉由“住房标准”贴上“贫困家庭”或“问题家庭”的标签，并导致其婚姻面临着潜在的被耽误风险，而这也是当前我国农村一些大龄和超龄未婚男青年未能及时成家的一个重要原因。而在城市，购房风险则因为有相对完善的住房补贴、住房公积金、购房分期付款及保障性住房制度而大大化解。笔者以为，“建房预备”实际上是农户理性的、非常

---

❶ 农户自发的“最低生活保障”，与城市社会救助在目的上相似，都为保障居民最低限度的生活水平，避免他们落入贫困生活境地；差异之处在于社会救助属于制度性的、由政府承担经济支持的社会保障。

明确的一种主要生活风险防范行为，农民对其重视程度甚至超过了对“医疗风险”的预防，因为在经济实力不强的农民看来，“疾病”是不确定的，而“子代缺少适宜的、可靠的住房”所带来的婚姻风险几乎是确定无疑的。所以，农户将“子代的建房预备”作为最基本的生活风险预防项目之一从不怠慢，甚至在家中的男孩子不过10周岁时，就开始省吃俭用、竭力积蓄、为儿子的建房作经济准备（有学者将其称为农民的“建房情结”）。由此，“住房预备”在本研究中成为农户家庭基本生活风险防范的一个重要方面。第二，“教育费用预备”。本研究之所以纳入这一指标在于，对于经济实力不强、积蓄不多的农户来说，孩子的教育费用是一项较大的日常开销，尤其当孩子进入高中教育阶段之后，教育费用的压力更大，许多家庭甚至因为不能担负较高的教育费用而将还有望进入大学的孩子辍学在家。同时，农业劳动的艰苦、农村生活水平的相对低下，农民向上流动机制的狭窄、农户相对市民户更多的子女个数，又加深了农户普遍希图通过教育促成子女跳“农门”的期望，这也促使农户采取积累资金预备子代受教育的高额费用风险的行为。

关于“农户劳动力相对剩余的资源构成结构”的操作化。笔者认为，这种结构对农户经济行为的最直接作用形式就是生产要素配置上的“劳动资本偏好”行为，也就是说，越能吸纳劳动力的生产要素，农户越习惯于使用。所以，本研究选用“劳动容纳”程度作为对“农户劳动力剩余的资源构成结构”的测量指标，具体形式因生产要素配置的不同而相异，将结合具体研究假设在下文中阐述。

根据上述对变量的操作化，可以发现因变量与自变量关系中一些显而易见的事实。第一，因变量“农户经济行为”涉及农户对耕地、劳动力与资金三种主要生产要素的配置行为。第二，自变量之一——“农户基本生活风险防范惯习”或者说农户的“家庭生活保障”行为模式，涉及最低生活保障、家庭生活照顾与家庭基本生活风险预防三个层次，每一个层次的“生活保障项目”又分别嵌入农户的三种生产要素配置中发生现实作用，比如，最低生活保障项目明显与耕地的配置相结合以保障“口粮”，家庭生活照顾项目直接与劳动力配置相结合以保障“家庭生活照顾需求”的有效实现，家庭基本生活风险预防项目则直接与资金配置项目相结合以满足生活风险预备金的需要。第三，“市场规则”和“农户劳动力相对剩余的资源构成结构”作为外在社会结构和农户内在身体结构参与农户经济行为的各个方面。为了将上述自变量与因变量之间的复杂关系明晰化，笔者将总体研究假设分解为若干次级研究假设。基于农户经济行为主要表现为对耕地、劳动力与资金三种生产要素的配置行为，为便于研究，本研究将对农户“耕地配置”、“劳动力配置”与“资金配置”行为分别建立三个次级研究假设，经验验证也将围绕三个次级研究假设来进行，三个次级假设的总和形成了对总体研究假设的内容分析。下文将对三个次级研究假设及其与总体研究假设之间的关系进行说明。

(2) 研究假设的操作化

本研究的总体研究假设为：在社会转型加速期，“市场规则”和“家庭基本生活保障惯习”作为两种不同的结构性约束机制，嵌入于“农户家庭劳动力剩余的资源构成结构”之中，从内外两方面对农户经济行为发生影响；从而使农户表现出对“家庭生活风险规避”、“家庭劳动力充分化利用”和“经济收益最大化”追求等多重行为取向。

根据上述对因变量——农户经济行为包含耕地、劳动力与资金三种主要生产要素的配置，以及三种生产要素与影响变量“家庭生活保障”、“市场法则”和“农户劳动力相对剩余的资源构成结构”三者之间的关系，本研究建立三个次级研究假设，具体如下。

研究假设之一：“耕地配置假设”。在耕地配置上，农户非经济作物的种植面积与家庭最低生活保障需求程度相关，经济作物的种植面积比则与该类作物的经济收益和劳动投入程度相关。

在“耕地配置假设”中，结果变量为“农户的耕地配置行为”。由于在中国社会转型加速期，农户的耕地配置行为明显表现出“非经济作物”与“商品型作物”的分化特征（具体特征将在第4章专文论述），本研究将“农户的耕地配置行为”操作化为“非经济作物种植面积”和“经济作物种植面积比”两个方面，并假设这两个方面的影响因素不同，前者主要与“家庭最低生活保障需求程度”相关，后者主要与“经济收益和劳动投入程度”相关。所以，耕地配置假设实际上由两个次级研究假设组成：“非经济作物种植面积假设”——“农户非经济作物的种植面积与家庭最低生活保障需求程度相关”，以及“经济作物种植面积假设”——“经济作物的种植面积比与该类作物的经济收益和劳动投入程度相关”。

在“非经济作物种植面积”假设中，因变量为“非经济作物种植面积”，自变量为“家庭最低生活保障需求程度”，其界定标准为“吃饱”，操作化指标为“家庭年需消费粮油量”（家庭一年总计需要食用小麦和花生油的斤数）和“家庭总人口”，前一个指标从“实际消费粮油”的角度直接对“口粮”进行度量，后一个指标是从“人口”数量角度对“口粮”进行间接度量。

在“经济作物种植面积假设”中，因变量为“经济作物种植面积比例”，自变量为“市场利润法则”和“劳动力相对剩余的资源结构”。其中，“利润法则”的测量指标为“作物的亩纯收入”（成本计算不包括劳动投入）。关于“农户劳动力相对剩余的资源结构”对农户耕地配置的影响，笔者认为，在农户“货币资本”相对“劳动资本”不足，以及农户“劳动力”相对“耕地”剩余的生产条件下，农户对经济作物的种植行为将倾向于“劳动密集型”而不是“资金密集型”，也就是说，农户将依靠种植那种建立在“劳动密集”基础上的“价格高昂”的经济作物来获取经济效益最大化。由此，本研究纳入“劳动用工程度”和“户实投劳地比”两个指标来测量农户的劳动力剩余状况对耕地配置的影响。前一个指标是对“单位面积劳动用工”的测量，后一个指标是对农户种植业实际投入劳动力相对耕地比例的测量，两者从不同侧面揭示农户劳动力剩余状况对农户经济行为的影响。

为了测量“非经济作物种植面积”与“最低生活保障”之间的关系，以及“经济作物的种植面积比”与“经济收益”和“劳动用工程度”之间的关系，本研究拟建立两组回归模型进行实证分析。

研究假设之二：劳动力配置假设。在劳动力配置上，农户是否配置劳动力外出就业与家庭照顾指数和家庭劳动力的整体市场就业比较地位相关，农户内具体劳动力是否外出则与该劳动力的市场就业比较地位相关。

在“劳动力配置假设”中，因变量为“农户的劳动力配置行为”。值得指出的是，本研究对农户劳动力配置行为的操作化，所考虑的最关键因素是社会转型加速期中国农户所表现出的鲜明时代特征，即，农户劳动力离开自家耕地和所在村庄“外出就业”的行为。将“农村劳动力外出就业现象”置于“农户劳动力配置”的视野下进行分析，需要考虑两个方面，即，农户作为整体配置家庭劳动力“外出与否”的问题以及农户内部如何配置具体劳动力的外出与否问题。前一个问题涉及“农户是否有劳动力外出就业”，后一个问题涉及“农户劳动力中由谁外出就业”。所以，本研究将“农户劳动力配置”操作化为“农户是否配置成员外出”与“由谁外出”两个方面。

对于这两方面，本研究假定其影响因素不同。“农户是否有劳动力外出就业”主要与该农户的“家庭照顾指数”和“家庭劳动力的整体市场就业比较地位”有关。农户内“具体劳动力是否外出就业”主要与该劳动力的“市场就业比较地位”相关。换言之，劳动力配置假设由两个次级研究假设组成：“农户劳动力是否外出就业”假设——“农户是否有劳动力外出就业[1]与家庭照顾指数和家庭劳动力的整体市场就业比较地位相关”，以及“农户内某具体劳动力是否外出就业”假设——“农户内具体劳动力是否外出与该劳动力的市场就业比较地位相关”。

在上述两个具体研究假设中，自变量为“家庭照顾保障”和“市场利润法则”。“家庭照顾保障”是一种特殊的家庭生活保障项目，它是指由于家庭中有“老弱病残幼、入学儿童等”需要他人提供饮食起居、护

---

[1] 本研究所说的“外出就业”是指在农户劳动力到所属乡镇以外的社区劳动获取经济收入、连续外出时间或者持续时间外出时间超过3个月以上的行为；从劳动地域上看，农户已经超出了自己所属的乡镇范围，因此劳动期间的饮食起居不能在自己的稳定居住地的家庭内解决；从劳动范围上看，外出农民劳动所属的行业可以是工业、农业、服务业等任何行业；劳动的性质可以是提供雇佣服务，从事商业服务，或者是作为雇佣工人的身份出现；从劳动时间上看，连续外出时间或者持续外出时间超过3个月以上。总之，只要农民是在户口所在乡镇之外从事的投入劳动资本或货币资本或其他资本获取收入的长期行为，统称为外出就业行为。

理、安全等生活需求的成员，以及房舍和家具需要照看，而产生的一种家庭生活照顾和资产安全保障。对于这种家庭生活保障需求，一个家庭一般仅需一个成年人就可以满足，因为一个人一般足以完成照顾包括在家吃住的上学儿童、生活起居需要他人帮助的孕育人员、病人、老人等成员，同时完成照看家庭固定资产安全和种植耕地的任务。当然，该成人必须具备生活照顾能力（也就是说，本身不能是需要生活照顾的成员，且具有承担家庭照顾的能力），由于农村家庭的核心化和小型化，通常符合这样条件的成员只能是家庭劳动力❶。所以，在本研究中，测量“家庭生活照顾保障能力”的指标——“家庭照顾指数”的操作化用数学公式“家庭劳动力数量 $-1>0$”表示，以判断某户在排除一个担当生活照顾任务的劳动力后，是否仍旧有剩余劳动力。如果其结果“大于0”表明该家庭生活照顾需求相对低，如果其结果“小于或等于0”表明该家庭生活照顾需求相对较高。本研究假定，如果某个家庭的劳动力仅仅足够承担生活照顾的能力（也就是上述算式的结果小于或等于0），该家庭将没有能力配置人员外出就业，也就是说，该家庭将不会有外出就业人员。

关于“市场利润法则”对劳动力配置的影响，笔者以为，在当前中国劳动力市场存在城乡分割、社会性别分割的不完善市场经济社会结构下，突出地表现为劳动力的“市场就业比较优劣地位”。如果某具体劳动力在城市劳动力市场中占据“就业比较优势地位”，其劳动报酬、就业成本等组合而成的综合劳动收益将较高，否则，该劳动力的综合劳动收益将相对较低。而劳动力外出就业与否的决策在很大程度上正是农户或者其家庭劳动力基于对自身所占“市场就业比较优劣地位”的判断。根据中国

❶　家庭劳动力，在本研究中采用广义内涵，不分“整半”，不分“性别”，除了年龄标准之外，更注重家庭成员对某成员为“劳动力”的认同。认定标准有两点：1. 年龄是否在16岁到60岁之间；2. 是否具有劳动能力并被作为主要成员经常参加家庭劳动，该标准在问卷设计为“该成员是否可算作家庭实际劳动力?”。笔者以为，这样的标准相比通用的年龄标准，效度更高。因为随着人们健康程度的提高，以及生育政策带来的家庭孩子数量的减少，许多超过18岁且刚刚下学的年轻人未必被作为家庭劳动力使用；同时，年过50岁的农村老人，实际上仍旧在作为家庭劳动力中流砥柱使用的现象相当普遍，尤其在当前“农民工”现象蔚然成风的情况下，更是如此。

当前劳动力市场的“城乡分割”及“性别分割”格局，结合农村劳动力就业的行业、职业结构特征，本研究假定“性别”、“年龄”、“文化程度”、“专业技术能力”是决定农村劳动力外出时的“市场就业比较地位”的关键因素，可以作为测量“劳动就业比较地位”的指标使用。关于此点，对“农户是否有劳动力外出就业”和“具体劳动力是否外出”同样适用，操作时的些微不同将在实证分析部分具体阐述。

上述研究假设中，对于“农户是否配置劳动力外出就业”与“家庭生活照顾指数”和“劳动力整体市场就业比较地位”之间的关系，以及“农户内具体某劳动力是否外出就业与该劳动力市场就业比较地位之间的关系”，本研究将分别建立 Logistic 回归模型进行实证分析。

研究假设之三：资金配置假设。在资金配置上，农户的投资意愿强弱与家庭基本生活风险防范需求程度相关，投资的行业取向则与农户的融资能力相关。

在资金配置假设中，因变量为农户的资金配置行为，它表现为“投资意愿”与“投资行业取向”两个方面。“投资意愿”涉及农户所拥有的货币资金是否愿意用于投资以扩大再生产的行为，操作化指标为“请根据优先顺序回答，最近五年内，你家的经济花销最可能用于的五个方面”，对该问题回答的前三项中有“投资”选项的被假定为“强投资意愿”，赋值为“1”，前三项选择中没有“投资”选项的被假定为“弱投资意愿”，赋值为“0”。“投资行业取向”涉及农户所拥有的货币资金实际被用于投资的行业问题，由于农户资金主要投资于农业，在种植业之外的规模性养殖业和其他非农经营行业相对较少[1]，故，在本研究中，投资的行业主要指向农业[2]和非农行业（包括规模养殖业，也包括商业、制造

[1] 本研究以为：外出就业行为虽然也需要投入家庭资金，但是，该种行为对农户来说，更主要表现为劳动力投入行为，且，农村劳动力外出就业形式主要表现为个体劳动者的单独劳动，而不是采用农户家庭经营形式，所以，在本研究中，农户的投资行业不包括农民外出就业行业。

[2] “农业”一词的定义有狭义与广义之分：从广义上看，农业包括人们通常所说的“农林牧副渔”五大类；从狭义上看，农业仅仅指上述五类中的“农业”，即，“种植业”。在本研究中，与农户“投资行业”相关的部分，农业均采用狭义外延，被定位于“种植业”；而在其他部分，农业均采用广义外延，包含“农林牧副渔”五大类别。

业、运输业及餐饮等其他服务业在内的非农行业）。在本研究中，资金配置假设由两个次级假设组成——“投资意愿”假设和“投资行业取向”假设，对资金配置假设的分析也将从两个次级假设开始。

在“投资意愿”假设中，因变量为“投资意愿强弱”，自变量为“家庭基本生活风险防范需求”。“投资意愿强弱”的操作化上文已作说明。“家庭基本生活风险防范需求”被操作化为几个大的方面，包括“子代建房预备”、“教育费用预备”、“养老（包括安葬）预备”、“生育预备”、“医疗预备”。具体操作化指标依次分别为：你家是否在为建房做经济准备？你家现在是否要为孩子上学做经济准备？你家目前是否需要为老人做经济准备？你家最近两年是否准备生育孩子？你家是否有需要经常吃药的病人？本研究假定：农户的家庭基本生活风险防范需求直接影响农户投资意愿的强弱。

在“投资行业取向”假设中，因变量为“投资行业取向”，具体操作化上文也已作说明；自变量为“市场利润法则”，其操作化指标为“融资能力”。笔者之所以选择该指标测量“市场利润法则”对农户投资行业取向的影响，是因为尽管“市场”作为资源配置的主导原则体现在经济生活的各个方面，但是，这并不意味着“利润法则”对所有资源而言表现形式完全相同。就农户资金配置的行业取向而言，“利润法则”吸引农户资金向优势产业倾斜，由于中国农户所面对的行业领域基本上局限于“农业”和“非农行业”之间，“经济利润高”的优势产业自然属于非种植业，关于此点，对农业经济效益性最具有发言权的农民自然了然于心。然而，行业的进入并非没有条件，非农行业的相对高利润有其建立的基础，其中之一就是高投资；换言之，农户在谋求进入“高利润”的非农行业时，必然面临一个最基本的问题——行业进入门槛问题，即，行业最低投资额。只有农户的“融资能力”足以达到经营最小规模的非农行业的程度的时候，他们才能在“非农行业”中占据一席之地，也才具备谋取高利润的可能性。所以，在本研究中，关于“市场体制”对农户资金配置的行业影响，笔者仅仅选取了最基本的指标——“融资能力”。

“融资能力”是指农户调用家庭内外资金进行投资的能力，且对于农户而言，“家庭内外可调用经济资本”主要包括家庭积累性资金和社会支持性资金两种形式。通常而言，民众的社会支持性资金来源主要包括非正式的“亲朋”支持、非政府性社会组织经济支持和政府财政金融支持三个方面。具体到我国农户则要具体分析：首先，非正式性“亲朋”经济支持网是农户最常用、最可靠的支持网络，它主要由血缘、亲缘、婚缘和邻居圈组成，但是，农民社交网络成员的同质性，也限制了农户“亲朋网”经济支持能力的范围和程度。其次，由于非政府性社会组织的经济支持网在中国农村非常匮乏（在定州农村基本上处于空白状态），所以，对于农户而言，其作用基本上可以忽略不计。最后，政府性金融财政机构的有限性支持。之所以说政府性金融财政类经济支持属于“有限”的，主要在于该类机构的有效支持大多附加诸如“抵押、担保、经济偿还能力”等相当多的条件，且这些结构提供的经济支持度与“可质抵押物的市场价值”成正比关系。换句话说，只有当该类机构认为农户有可信的、足够偿付其提供的借贷的能力时，他们才可能提供有效的经济支持。另外，信息的不对称性和程序的繁琐性也阻碍农户对该类经济机构的使用。综上分析，农户的“融资能力”主要表现在三个方面——“家庭资金积累程度”、“亲朋的经济可支持程度”和“政府金融机构的可支持度”。针对这三个方面，本研究分别采用三个指标进行测量——“家庭积蓄额”、“如果你家在搞经济投资时需要借贷，亲朋能发挥多大作用?”、“除了住房外，你家可变卖的最值钱物件或资产现值多少钱?”。

农户“资金配置假设”中，对于“投资意愿”与“农户基本生活风险需求程度”之间的关系，以及“投资行业取向”与“农户融资能力”之间的关系，本研究将分别建立 LOGISTIC 回归模型进行分析。

值得指出的是，上文对农户经济行为在“耕地”、“劳动力”和“资金”三方面的配置行为的具体操作化，主要建立在社会转型加速期制度转型下农户表现出的具体行为特征之上。关于农户在社会转型加速期的行为特征本研究第 4 章将详述。

综上所述，“耕地配置行为”、“劳动力配置行为”和“资金配置行为”是总体研究假设的因变量——“农户经济行为”的三个不同方面，三者的总和近似构成了“农户经济行为”的整体面貌。自变量“农户家庭基本生活保障惯习”通过“最低生活保障”、“农户家庭生活照顾”与“农户家庭基本生活风险预备”三方面，分别包含于“耕地配置假设”、“劳动力配置假设”和“资金配置假设”之中，对农户的“耕地配置”、“劳动力配置”和“资金配置”行为产生影响；同时，“市场利润法则”与“农户的劳动力剩余人口结构”两个影响变量，在农户的“耕地配置”、“劳动力配置”与“资金配置”三方面又以不同的形式发生作用。总之，本研究希望通过对“耕地配置假设”、“劳动力配置假设”和“资金配置假设”这三个次级研究假设的验证，实现对总体研究假设——“社会转型加速期，农户经济行为一定程度上是‘市场机制’、‘农户生活保障惯习’两大主要因素与‘农户劳动力剩余的资源构成结构’相结合作用于农户的综合结果”的经验验证与理论分析的研究目的。

图2－3是对总体研究思路具体研究假设之间的结构关系的具体展示。

图2－3展示了总体研究框架与对其具体操作化的三个次级研究假设之间的结构关系。从横向方向上看，本研究的总体理论框架为：——“场域内主导行为规则和内在惯习”，嵌入于“身体结构”，共同型构了人们的社会行动。从纵向方向上看，总体研究框架由三个次级研究假设构成：“耕地配置假设”、“劳动力配置假设”和“资金配置假设”。其中，“耕地配置假设”由“市场机制”和“最低生活保障”通过“家庭劳动力剩余结构”，作用于农户对“粮食作物”与“商品作物”的耕地配置行为上。“劳动力配置假设”由农户按照“市场就业比较地位”和“家庭生活照顾”保障，作用于农户对“是否外出就业”和“由谁外出就业”的劳动力配置行为上。“资金配置假设”作用于农户按照家庭生活风险预备需求和融资能力所反映的“投资意愿”与“投资取向”行为上。也就是说，三个次级研究假设又分别由两个更次级的具体假设组成。

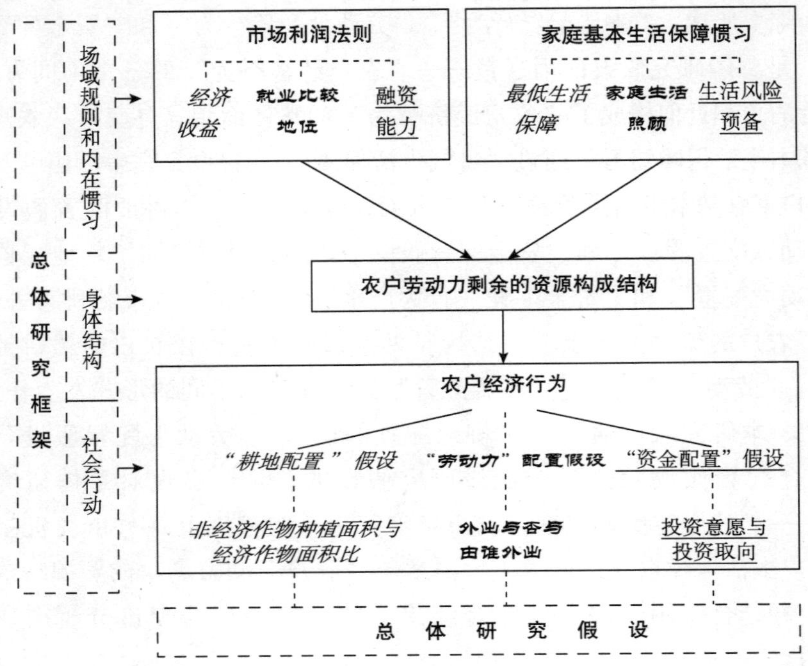

图 2－3　总体研究思路与具体研究假设之间的结构关系图

注：上图中，“耕地配置假设”由斜体文字部分构成，“劳动力配置假设”由隶书文字部分构成，“资金配置假设”由画横线部分构成。

第 3 章　社会转型加速期的定州农村

3.1　定州市概况

定州市，原名定县，位于太行山东侧，华北平原西部，隶属河北省保定市，居于京津之翼、保石之间。它濒临都市，地理位置优越，居北京西南 196 公里、石家庄东北 68 公里、保定西南 56 公里、天津西南 220 公里处，处于都市发展的辐射带内。

图 3－1　定州市地理区位图❶

❶　该图摘自定州市政府门户网站，（2008－3－1）http：//www.bddz.heagri.gov.cn.

定州市交通通达，自古就因地居南北通衢而成为兵家必争之地，有“天下要冲之最”的称号，京广铁路、107国道、京深高速公路纵贯南北，朔黄铁路横穿东西，距石家庄河北国际机场38公里，距黄骅港165公里，是华北地区重要的交通枢纽（见图3－2）。

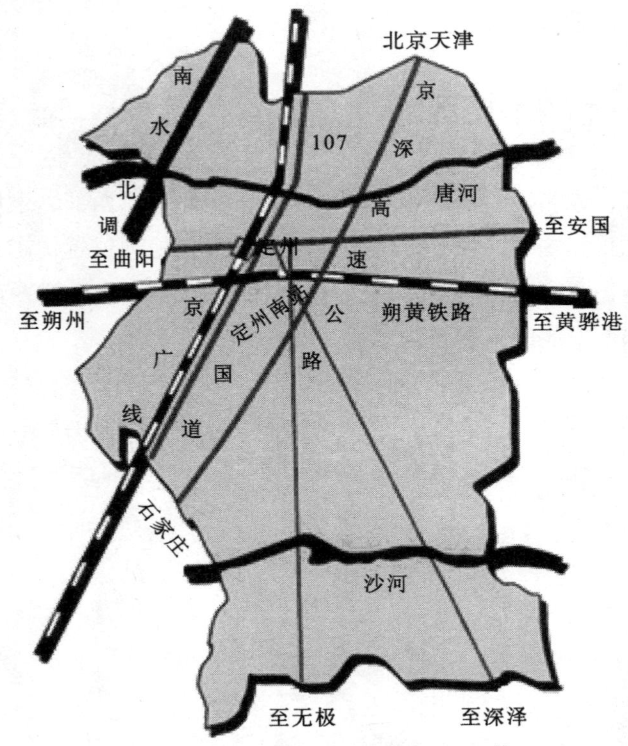

图3－2　定州市交通状况图❶

定州市地势平坦，土壤肥沃，属于温带暖温带、半湿润半干旱大陆性季风气候，适合小麦、玉米、棉花、花生、大豆、甘薯、芝麻等农作物的生长，是粮、棉、油、菜、果高产区，属于国家和河北省确定的小麦、棉花、花生、草莓、蔬菜、瘦肉型猪、速生丰产林七大商品基地，粮油作物总产已跨入全国百强，是一个以粮、油、蔬菜为主要特色的农业县。

❶ 该图摘自定州市政府门户网站，（2008－3－1）http：//www. bddz. heagri. gov. cn.

2007年，定州市辖25个乡镇（其中，乡镇22个）、517个村和社区（其中村486个），总面积1274平方公里，耕地面积115.5万亩，总人口118万，人均耕地面积0.98亩，是河北省人口最多的县级市。定州市的第一、第二、第三产业比重为31.6∶47.3∶21.1，人均地区生产总值为10223元，处于保定市的中游水平。定州市有乡村从业人员60.4万人，其中，第一产业从业人员占58.8%，第二产业从业人员占28.8%（其中，工业从业人员55946人，建筑业从业人员117894人），第三产业从业人员占12.4%。

定州市不仅占据自然优势，还是一个重要的历史文化名地，古称中山国，历代都设州置府，市内人文荟萃，名胜众多。定州不仅是历代古国的都市、华北的重镇，还因其在中国历史上的“平民教育”活动而闻名全国乃至世界。民国时期，平民教育家晏阳初先生在全国倡导并发起平民教育运动，并将定州（时称定县）设立为全国县级平民教育试验研究中心，在那里开展了大量实地调查，并出版了著名的《定县社会概况调查》、《定县经济调查》、《定县赋税调查报告书》、《定县高利贷调查》、《定县农村借贷调查》、《定县土地调查》、《定县农村工业调查报告》等系列专著与报告，使该县成为中国历史上首次以县为单位的实证调查地，而在中国社会调查史上具有举足轻重的历史和学术研究地位（李景汉等，民国二十三年）。

3.2 定州市作为调查地的选择

本研究之所以选择定州作为调查地，是因为该地拥有研究所需的难得的历史比较基础、农村调查基础及较高的代表性。

首先，该地具有难得的历史研究比较基础。本研究是郑杭生先生主持的课题“华北农村八十年社会变迁”的一部分。社会变迁研究最难得的就是“历史比较基础”，定州市恰恰具备这一难得的条件。在民国时期，“平教会”成员按照科学方法对定县农村各个方面进行了全方位的大量调查，并收集到系列调查资料，使“定县调查”成为中国历史上首次以县级为单位的较完备的实证调查，这些资料为研究“中国农村 80 年来的社会变迁”提供了宝贵的历史比较基础。另外，中国历史上著名的农户经济行为理论——黄宗智先生提出的“过密论”的研究基础也是建立在华北地区，河北是其重要调研地之一，这也为华北地区农村研究提供了一定的历史比较基础。

第二，该地具有较好的农村社会调查基础。“平教会”运动虽然因其局限性而在历史上昙花一现，但是，其后续影响却极为深远，一批又一批的中外学者来到定州，对农村进行各种调查研究，使村民们了解“社会调查”、“调查研究”这些在普通百姓中极其容易引起误解的学术用语的真正内涵，为调查研究提供了极为重要的智力支持，使实证研究更为高效和简便易行。

第三，该地在华北地区具有较高代表性。定州市地处华北平原腹部，既不远离大城市，又不属于都市郊区；地形、土质适合粮、棉、油、果蔬作物的生长，在整个华北地区较具代表性；农村支柱产业以农业为主，非农收入以农民外出就业为主，非农就业行业以建筑业和制造业为主，经济水平在华北地区处于中等水平。这就使关于定州农村研究具有较高的代表性。

总之，定州市在学术研究中的历史地位，及其自然和社会经济形态在华北地区的普遍性，使本研究以“定州市”为调查地，既具有较好的历史比较基础，又具有相当的典型意义。

3.3　社会转型加速期定州农村的社会变迁

近临都市、交通便达、平原沃野，为定州的发展奠定了良好的自然和社会经济基础。随着改革开放的不断深入，定州与整个中国同步发生着巨大的历史变迁。这种巨变突出地表现为农业的市场化、产业化和机械化，农村劳动力的大规模流动，农民思想意识的变化，以及农村劳动力市场的出现等方面。

第一，农业的市场化、产业化、机械化程度不断加深。目前定州农业已经形成奶牛、生猪、蔬菜、花木四大特色产业。2000年被联合国工发组织确定为国际绿色产业示范区，2001年被农业部确定为全国创建无公害农产品生产示范基地县（市）之一，2002年被命名为河北省“蔬菜之乡”、全国“鸭梨之乡”，2003年和2005年被评为全国粮食生产先进市，2006年被评为河北省农产品加工示范基地县和全国农业科技入户示范工程示范县，肉类和油料总产入围全国百强。同时，伴随农业产业化、科技化程度的提高，以及农村劳动力外出就业规模的不断扩大，农业机械化程度日益增高。农户从购置家庭小型农用机械开始，到逐渐购置大中型农用机械开始市场化运作，农业机械化程度得到突飞猛进的提高。2005年，全市大中型农业机械保有量达到7981台，小型农业机械保有量达到91951台，农机总动力达到115万千瓦，机具配套比为1∶2.3，设施农业、林果业、畜牧业、农副产品加工业等机械达到10577台。目前，全市主要粮食作物机耕水平近100%，小麦机播水平和机收水平近100%，玉米机播水平也将近100%，化肥深施、机械铺膜、秸秆还田、小麦精量播种、保护性耕作等机械化水平均有很大提高。

第二，农村劳动力市场开始萌芽并不断发展壮大。农村劳动力的大规模流动、作物商品化程度的提高、农民商品意识的增强，以及定州农业产业化的快速发展，使得农村内部的劳动力市场萌芽并不断发展。首先，大量农村劳动力，尤其是年轻、男性劳动力长期外出就业，大大降低了农户劳动力剩余程度，也使得“386150”成员（妇女、儿童和老人）成为驻守农村和农业的主要劳动力，导致农忙时节农户经常面临人手不足的问题，尤其是那些家庭外出主要劳动力不能及时返乡的农户，劳动力季节性短缺更为突出；其次，农作物商品化程度的提高，尤其是大量耗时、费工的高收入经济作物的种植，如，大棚蔬菜、人工授粉作物等，使原来仅依靠家庭劳动力就能解决的作物种植问题难以解决，只能依赖家庭外劳动力的帮助才能解决。另外，农村劳动力大量外出使得传统建立在“换工”和相互帮助基础上的亲朋邻里间农活社会支持网络受到极大的冲击，加上农民商品意识的增强，使农村劳动力市场得以萌芽。

同时，定州作为农业大市更为农村劳动力市场的发展提供了较好的市场基础。定州是农业大县，农产品资源丰富，农业产业化程度相对较高。不仅有诸如花生、蔬菜等类的传统经济作物，而且，还引进、发展了诸如辣椒、授粉棉花、籽种作物、苗木花卉等新兴经济作物，以及规模性养猪、养鸡、养殖奶牛等畜牧业。这就使劳动力需求从种植业的栽种、管理、采摘、包装、运输等环节，到养殖业的饲养、管理、销售、加工等环节都需要投入大量劳动力。在这种情况下，由农村劳动力自发组成的“蔬菜家政”市场、“果木家政”市场、“养殖家政”市场等定州农业家政市场出现。在“农业家政”市场上，家里不忙又愿意“挣俩钱”的男女村民们，自带简单工具，少则几十人多则上百人聚集在村民们熟知的固定场所或待在家里，与前来“找人”的雇主或老主顾交流，从事从作物种植到动物饲养、农产品加工、运输等多种行业的工作，雇佣形式有钟点工、日工、月工、季工、年工到长期工等多种。总之，尽管定州市农村劳动力市场由于自发性、初期性和农村劳动力需求的季节性仍处于不成熟阶段，但是，作为一种客观存在及其不断发展的大势所趋，必然对定州农户经济行为产生重要的影响。

第三，农村劳动力流动程度不断提高。随着城镇化、非农化、农业机械化、城市劳动力市场开放程度的不断提高，以及户籍制度改革的不断推进，农村劳动力外出就业的便利程度越来越高。历史上就具有较高流动性，即使计划经济时期的刚硬封闭体制也难以遏止外出就业的定州市农民，抓住制度转型的千载难逢时机，利用紧邻保定、石家庄、北京、天津等大、中型城市的先天地理优势，顺东西南北铁路，沿省道、国道和高速公路，开始大规模外出就业。他们根据自身的劳动资本优势和城市的劳动市场需求状况，聚集到城市的建筑、制造和服务等行业就业。据2003年非典期间定州市“非典办”所作的精确统计（在全定州市外出人员中，仅有8人具体外出地点与原因不详），截至2003年4月20日，定州市各乡镇有90043人外出（不包括在4月20日前已经返乡的外出人员，不包括城镇外出的811人）。他们主要分布在北京、石家庄、保定、天津、山西、内蒙古、广东等地，从事建筑业、制造业、煤矿业、餐饮服务业、家政业、商业等工作，年初外出，年末返乡，过着季节性的候鸟式流动生活。另据本研究对定州市的抽样调查数据，在全部调查的320户中，占49.4%的农户有劳动力外出就业；在外出就业人员中，最长外出就业时间长达30年之久，平均外出就业时间也长达8年有余；在外出劳动力从事的行业分布中，从事建筑行业的人员最多，占74.1%，其次是工厂制造业，占5.7%，从事服务业、商业、运输业的人员均占3.2%，见表3－1。总之，定州市农村劳动力的流动已经形成经常性、规模性局面，且定州市外出就业人员以“建筑业”为重的行业分布格局，与华北地区其他地方外出就业行业相近，迥异于中国南方和中部地区农民工的就业行业分布特色。

表3－1 定州市外出人员就业行业表

	频数（n）	频率（%）
建筑业	117	74.1
服务业	5	3.2
商业	5	3.2
工厂制造业	9	5.7
运输业	5	3.2
其他	17	10.8
总体	158	100.0

综上所述，在社会转型加速期，定州农村在制度转型的推动下，正在产生巨大的社会变迁，市场化程度在不断加深，农业产业化和机械化程度在迅速提高，农村劳动力的流动性在不断增强，非农化水平在快速增长。定州市农村的社会变迁，作为一种宏观社会结构背景，必然对定州农民的社会经济行为产生巨大的影响。

第 4 章　现阶段定州农户的经济行为特征

制度转型影响到中国城乡的角角落落，在定州市农村也是如此。经济体制的转变，城市劳动力市场的逐步放开，农村劳动力市场的萌芽，城镇化、非农化、农业机械化和科技化程度的提高，对定州农村形成极大的冲击。制度转型不仅潜在地腐蚀着定州农村的传统社会结构，且正催生着新型社会结构的形成。面对社会结构从传统向现代的转型，定州农民的行为既表现出与制度转型前社会的亲和性，又表现出对转型社会的适应性。这种分化性或者说混合性特征，具体到经济行为上又表现为对生产要素的耕地配置、劳动力配置和资金配置的独特性。

4.1　社会转型加速期农户耕地配置行为的特征

耕地作为农户最基本的生产资料和劳动载体，决定了其在农户经济活动中的重要地位。在新中国成立前的传统中国，耕地的产出率较低、人均耕地面积较少，这使得耕地仅能为农户提供勉强够吃、甚至不足以抵挡饥饿的口粮。这时的农户耕地配置行为的目的就相对较为单一，主要是投入尽可能多的劳动以获取足以养活全家的粮食。新中国成立后很长一段时期，耕地由农村村集体按计划配置，也无从谈农户的耕地配置行为。农村家庭承包责任制的实行，使农户获得了对家庭所承包耕地一定程度的经营配置权，但是，“统购统销”和“合同订购”等国家粮食政策的实行，使农户对耕地的配置权仅仅停留在表面上，因为除了完成粮油作物上交任务和家庭口粮所需耕地，农户基本上没有可供配置的空余耕地。社会转型加速期以来，尤其是农村税费交付形式由“实物形式”向“货币形式”改革以来，中国农户对家庭经营耕地的配置权才大大提高。耕地配置权利的

获得和提高、市场利润的刺激、粮食产量的提高，必然影响到定州农户的耕地配置行为，使其表现出不同于以往的新特征。

4.1.1　农户耕地配置的功能分化

农户耕地配置行为就是农户对经营权利范围内的耕地进行作物种植安排来满足家庭期望的行为。考察农户的耕地配置行为，一个基本角度就是分析农户对不同作物种植的目的。根据实地访谈、长期观察和相关统计，定州农村常种农作物主要有小麦、玉米、花生、棉花、豆类、油菜、小辣椒、蔬菜水果，以及花卉苗木类等十几类，其中，小麦、玉米、花生属于定州历史上就有的主要传统粮油作物，辣椒、苗木、棉花和籽种类作物属于随市场经济的发展由其他地区引进的新作物，蔬菜瓜果类虽然在定州历史上并非罕见，但以主要农作物的身份出现仍属新鲜事物。这些作物按照种植目的又可以分为四大目的："完全消费"类、"完全销售"类、"轮作兼其他"❶、"消费兼销售"。根据抽样调查数据，定州市农户种植各类农作物的主要目的大致如表 4－1 所示。

表 4－1　定州农户种植各类农作物的主要目的分类（户）

	完全消费	完全销售	轮作兼其他	消费兼销售	合计
小麦	245	1	1	30	277
玉米	22	2	239	6	269
春花生	83	4	3	22	112
秋花生	25	1	109	2	137
辣椒、苗木、籽种类	1	110	2	1	114
蔬菜、水果类	1	100	5	1	107
		X = 27.99　Sig. = .000			

表 4－1 显示：

第一，农户种植小麦的主要目的是为了家庭消费。在实际种有小麦的

❶　轮作是指在同一块耕地上，按照作物的生长季节，轮换种植不同作物的耕种方式，在华北农村，最经常的轮作形式为"小麦－玉米"或者是"小麦－秋花生"轮作。

277个被调查农户中，高达88%的农户完全是为了家庭消费，另有11%既为消费又为销售，出于销售或轮作考虑种植小麦的农户几乎可以忽略不计。显然，在农户看来，小麦属于典型的“生计型作物”。

第二，农户种植玉米的主要目的是基于作物季节性接茬的轮作需要。在实际种有玉米的269个农户中，89%是出于作物的轮作需要，8%是考虑到家庭消费需求，完全为了“消费”或“销售”的农户较为少见。由于玉米属于夏秋作物，在一年两季的华北传统耕作习惯中，玉米所接上茬主要作物是小麦。所以，农户对小麦的家庭生计需求成为农户种植玉米的决定性因素。可见，尽管在新中国成立前和计划经济时期，由于小麦等细粮的不足，玉米一度成为人们消费的主粮。但是，现阶段小麦面积的扩大和丰产，使玉米的地位从历史舞台上的主要粮食作物退居到当前的轮作性混合作物。

第三，春花生和秋花生本来属于同一种农作物，但是，由于生长季节不同、出油率不同，农户并非在同一目的上进行耕作安排，所以本研究将其单独分开研究。表4-1清楚地显示了农户种植春秋季花生的不同考虑。农户种植春花生的主要目的是为了家庭消费，在种植春花生的112户中，有74%完全为了家庭消费（在华北农村，花生油是最主要的家庭日常食用油，不同于中部和南方农户以动物食用油为主，兼食用植物油），另有20%既为家庭消费又为市场销售，而在种植秋花生的137户中，仅18%是为了家庭消费，80%是出于轮作的考虑。春秋季花生的种植功用比较说明，春花生是属于“生计型作物”，而秋花生则属于主要满足轮作需求的“混合性作物”。春秋季花生种植功用的不同主要在于两者的生长期与果实质量的差异。春花生属于春季作物，生长期基本上需要一年，籽粒相对饱满，出油率较高；秋花生属于夏季作物，一般接种在春节收获作物之后，生长期与玉米相近，出油率较春花生略差。这种生长期和果实质量的不同，决定了农户对春秋季花生的不同种植安排。

第四，辣椒、苗木籽种类作物和蔬菜水果类作物功用相同，属于典型的商品型作物。在种植有辣椒类作物的114个农户中，高达110户是出于销售的考虑。与其相似，在种有蔬菜水果类作物的107个农户中，有100

户是为了市场销售。不同于前述其他类作物大小不一程度上的混合功用，这两类农作物的种植功用几乎纯粹为销售。

定州市农户作物种植的目的倾向性可以用一张对应分析图清楚地展示出来，见图 4－1。

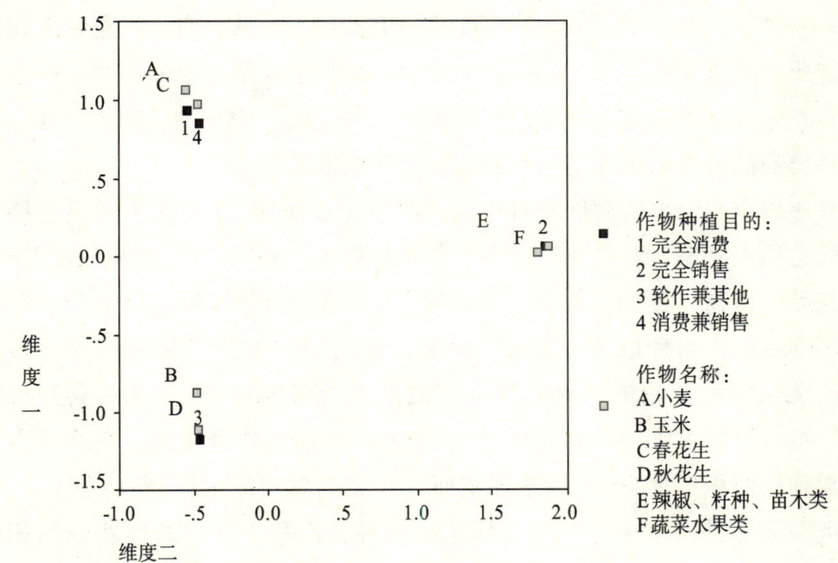

图 4－1　作物与种植目的对应分析图

在对应分析图中，种植目的相同的作物集聚在一起，而种植功用不同的作物则产生分化效应。具体而言，定州市农作物由于主要功用的不同聚集为三个群落："完全消费"型和"消费兼销售"型的作物小麦和春花生（A、C）集中在一起；"轮作兼其他"型的作物玉米和秋花生（B、D）集中在一块[1]；"完全销售"型商品作物辣椒类和蔬菜水果类（E、F）积聚在一起。上图表明，定州市农户的耕地配置显现出聚集结构，主要集中为三大类别——生计型作物、商品型作物和轮作型作物，考虑到轮作型作

[1] 单季作物的年经济收益主要是单一作物的经济收益，轮作作物的年收益由前茬作物与接茬作物的总经济收益的总和构成。在华北地区，通常，由于小麦和"春花生"的市场利润较低，"小麦－玉米"或"小麦－秋花生"轮作式作物的总经济收益，小于一年生单季经济作物的效益，如蔬菜、水果或辣椒等。

物的较大自然性因素，可以说，定州市农户在配置耕地时主要出于双重考虑——“生计性”和“经济效益性”。

总之，综合分析定州农户的作物种植功用，撇开由自然和土地因素引起的“轮作”型作物不谈，农户耕地配置上表现出明显的双重目的性——“生计性”和“经济效益性”（$P<0.05$，说明抽样调查结果在整个定州市具有普遍性）。一方面，农户种植家庭必需的粮油作物——小麦和春花生以满足家庭内基本消费需求；另一方面，农户种植辣椒类和蔬菜水果类商品型作物来满足经济效益最大化的需求。

比较定州农户的耕地配置行为，尽管早在民国20年代李景汉主持定州社会调查时期，农户在种植生计性粮食作物之外，也将部分耕地用于种植商品型作物（比如，棉花、豆类等），但是，当时较低的粮食产出率决定了商品型作物种植面积的较小份额，是与当前农户作物种植的“经济性”无法相提并论的（李景汉等，民国二十三年）。按照《定县经济调查》的统计数据❶，民国二十二年，定县主要经济作物棉花、芝麻等占总作物种植面积不足5%；而根据本研究对定州农村的抽样调查资料，“辣椒类”和“蔬菜水果类”经济作物的总种植面积占农户总体耕地面积的比例已经高达20%。换句话说，在李景汉定县调查时期，由于经济作物的种植面积比例较小，耕地配置总体上仍旧表现出生计作物的单一结构性。然而，在当前的社会转型期，大面积、高比例经济性作物的种植，已经使定州农户耕地配置表现出不同于传统的新特征——“生计性”与“经济效益性”的分化结构。

4.1.2 农户耕地配置的差序结构

正如前述，定州农户的作物种植倾向，按照研究的“理想型”分类，可以分为三大类别：由小麦和春花生等构成的“生计型作物”，由秋花生和玉米等构成的“轮作性混合作物”，由蔬菜水果和辣椒、籽种苗木等作

❶ 李景汉等．定县经济调查部分报告书［R］．河北省县政建设研究院印行，民国二十三年：3.

物构成的“商品型作物”。其中，生计型作物主要满足家庭的消费需求；轮作型作物主要用于接种小麦收获后的空地，同时提高耕地的产出效益；商品型作物则纯粹是为了市场出售。三类作物对农户的功用不同，农户在耕地配置上是否同等视之、平均分配耕地呢？换言之，农户的耕地配置行为是否具有某种差序性呢？本研究在对三类作物的耕种面积进行方差分析的基础上发现[1]：作物功用不同，农户对其配置的耕地面积也不相同，见表 4－2。

表 4－2　定州农户作物种植面积的均值比较（亩）

(I) 作物编号（均值）	(J) 作物编号（均值）	均值差（I－J）	Sig.
生计型作物（3.2816）	纯商品型作物（.8766）	2.4050（＊）	.000
轮作性混合作物（2.6934）	纯商品型作物（.8766）	1.8169（＊）	.000
粮食作物（2.6431）	轮作型作物（2.6934）	.0503	.747

＊ The mean difference is significant at the .05 level.

表 4－2 表明，生计型作物的平均种植面积为 3.28 亩，几乎是商品型作物的 4 倍，两类作物的耕种面积差异悬殊，且这种差异在整个定州市很具普遍性（P＜0.05）；轮作型作物与商品型作物的种植面积也有显著差距，两者相差为 1.82 亩（P＜0.05）；然而，粮食作物——这里指的是小麦，与轮作作物之间面积差异则较小，仅相差 0.05 亩，且在整个定州市并不具有普遍性（P＞0.05）。上述数据差异表明，农户在耕地配置上对于不同类型的作物并非同等视之。生计型作物与商品型作物种植面积的巨大差距说明：两者比较，农户优先考虑生计型作物，只有在耕地面积能够满足家庭消费需求的基础上，农户才会将剩余耕地配置给商品型作物。此点在轮作型作物与纯商品型作物的种植面积比较上表现得更为明显。在定州市仅仅接种小麦、不包括接种春花生种植面积的轮作型作物种植面积也明显超过了商品型作物所占耕地面积，且平均超出 1.81 亩，这说明即使

[1] 这里之所以把粮食作物——小麦从生计性作物中单独列出进行比较，原因在于生计性作物既包括小麦又包括春花生，而轮作性作物——秋花生和玉米仅仅接种小麦，故，比较只能在轮作性作物与小麦间进行。

作为油料类生计作物的春花生的种植面积忽略不计，仅仅作为粮食作物的小麦的平均种植面积仍远超过商品型作物。而轮作型作物由于直接接种粮食作物的下茬，其种植面积自然与粮食作物相差无几。这说明定州市农户对“生计型作物”的耕地配置优于“纯商品型作物”。综上所述，定州市农户耕地配置行为明显表现出分化差序结构，即，一方面表现出作物种植的“生计倾向”与“经济效益倾向”的分化性；另一方面又表现出“生计作物”相对“商品型作物”的优先性。这种分化差序结构既因为“生计优先性”的存在而具有典型的传统特征，又因“商品型作物”的突出位置而具有鲜明的时代特征。

4.2 社会转型加速期农户劳动力配置行为的特征

劳动力作为农户最可靠的、唯一富余的资本，决定了其配置在家庭经济活动中的关键性地位。影响农户劳动力配置的因素众多，比如，劳动力相对其他资本的稀缺程度，劳动力在市场中的比较优势，劳动力配置的外部制度环境等。在社会转型加速期，非农化、市场化、城镇化、农业现代化程度的不断加深，农村劳动力市场的萌芽和发展，城市劳动力市场的逐步开放等，为农户劳动力资源配置创造了更多机会和更大空间，使得他们可以冲破家庭、村庄、耕地的束缚，在城镇和非农产业更加充分地利用家庭剩余劳动力。

4.2.1 农户劳动力配置的地域分化特征

定州市农户与全国其他地区的农户相同，在权衡耕地种植和家庭成员生活照顾需求、家庭劳动力外出就业成本——收益比较等基础上，对家庭劳动力进行地域性配置。农户留守部分劳动力在村庄照顾家庭老弱幼成员和耕地、房舍等，外出部分劳动力到城镇最大限度地挣取非农收入，其结果就是农户劳动力的“外出—留守”分化。根据本研究对定州市农户的抽样调查数据，定州市农户劳动力地域配置的“留守—外出”分化情况见表4－3所示。

表 4－3　定州市农户劳动力“外出—留守”配置表

	N	最小值	最大值	均值
户实际劳动力人数（人）	320	1.00	5.00	2.4344
户外出就业劳动力人数（人）	320	.00	3.00	.6812
户干农活劳动力数（人）	311	.00	4.00	1.6141
干农活劳动力占户劳动力比例（%）	320	.00	1.00	.6966
外出劳动力占户劳动力比例（%）	320	.00	1.00	.2774

表 4－3 显示：定州市户均劳动力 2.4 个。其中，1.6 个在从事农业，占家庭总劳动力的比例为 69.7%；0.7 个外出就业，占家庭总劳动力的 27.7%；另外约 3% 的劳动力属于留守劳动力中干非农行业的成员。数据说明，当前定州市农户的家庭劳动力已经表现出明显的分化现象，尽管农户劳动力的主体仍旧“留守”在家乡的村庄和耕地上从事农业，却有近三分之一的劳动力“外出”流入城镇和非农行业。考虑到“外出就业”的劳动力主要为男性，而按照劳动力的性别比，男性劳动力仅占总劳动力的一半左右，也就是说，在农户男性劳动力中，约有三分之二外出就业，再虑及男性劳动力的年龄和健康因素，可以推断在定州市农村，农户中能够外出就业的男性劳动力基本上都走上了外出就业的道路。如果把当前定州农户劳动力地域配置状况与民国二十年代相比，可以发现其明显的时代特征：根据《定县经济调查》，在民国二十二年，定县共计出外谋生男女劳动力 7849 人，占全县人口的百分比为 1.96%，民国二十三年，共计出外谋生人数为 15084 人，占全县人口百分比为 3.77%[1]；然而，根据本研究对定州农户的抽样调查数据，农户外出劳动力占家庭总人口的平均百分比为 17.17%。两个历史时期农村劳动力配置的极大差距说明：在社会转型加速期，定州市农户劳动力配置已经明显表现出“外出—留守”的地域分化特征。

进一步从农户整体角度考察劳动力配置，可以发现农户劳动力地域配

[1] 李景汉等. 定县经济调查部分报告书［R］. 河北省县政建设研究院印行，民国二十三年：99.

置不仅具有分化性且带有普遍性。根据访谈问卷对“一年来你家有人长期外出就业过吗”的统计，在全部调查的320户中，占57.8%的农户回答为“有”，仅42.2%的农户回答“没有”，数据统计结果如表4－4所示。统计数据说明：在定州农村，“外出就业”或者说农户对劳动力进行地域性配置已经成为非常普遍的事实，农村中近三分之二的农户存在劳动力的地域配置行为。

表4－4　一年来你家有人长期外出就业过吗

	频数（n）	频率（%）
有	185	57.8
没有	135	42.2
合计	320	100.0

总之，在社会转型加速时期，定州农户劳动力的地域配置已经呈现明显的“外出—留守”的“三—七”分化格局，且这种分化现象已经极为普遍。可以预测，随着城镇化、非农化、市场化、农业现代化程度的加深，农民外出就业的规模将越来越大，农户劳动力外出就业所占的比重也将逐渐升高，农户劳动力地域配置的分化性将更加明显。

4.2.2　农户劳动力配置的行业分化特征

农村劳动力大规模流向城镇，必须面对的一个基本问题就是行业适应性问题。在农村，劳动力的主要依托资本为耕地，农民所从事的主要行业是以种植业和养殖业为主的农业。而在城市，工业和服务业却是劳动力投入的基本行业。农村劳动力由农村流向城镇，也不得不与城镇的行业需求相适应。同时，市场经济使农民在耕地之外，在农村也有了更多可以自由施展技能的空间。农户面对城镇非农产业需求和市场经济体制下农村的新行业需求，在家庭劳动力配置上必然适应新的社会环境，突破原有的“农业和家庭手工业”一统天下的格局，表现出新的行为特征。根据本研究的抽样调查资料，定州市农户的劳动力行业配置情况如表4－5所示。

表4－5　定州农户劳动力配置行业表

	频数（n）	频率（%）
农业	516	65.1
建筑业	166	20.9
工厂制造业	17	2.1
商业、运输业	26	3.3
餐饮服务业	20	2.5
其他	48	6.1
合计	793	100.0

表4－5显示：当前定州市农村劳动力所从事的行业整体上仍旧以农业为主，占调查劳动力的65.1%，但是，行业分化势头已经显露。建筑业——作为河北农村历史上常见的一项家庭副业已经异军突起，在整体行业比重中占20.9%，其他行业，比如制造业、餐饮服务业、批发零售业、运输业等也有所发展，几项合计所占份额达到14%。换句话说，定州农村劳动力行业配置以“农业”为主，以“建筑业”为辅，以“制造业、商业、服务业”等新兴行业为重要组成部分的分配框架已经基本显现。如果以“农业”和“非农业”划分，“非农行业”所占比重已经达到34.9%，超过整体行业比重的三分之一，这在定州历史上是绝无仅有的。可以推测，随着市场化和非农化程度的加深，社会主义新农村建设步伐的加快，以及中国劳动力流动政策的进一步完善，农户劳动力就业的非农趋势将越来越明显。要之，在社会转型加速期，定州市农户劳动力的行业配置呈现以农业为主、以建筑业为主要支撑、以其他非农行业为辅的分布格局，且呈现出农业劳动力比重渐少、非农劳动力渐多的趋势。

需要指出的是，与中国其他地区的农村劳动力配置行业特征略微不同，定州市农村劳动力从事“建筑业”的比重相对偏高[1]，这与华北地区

[1] 参见“最新调查：去年农村劳动力外出就业超过9400万人”，人民日报，2003－01－16，江夏。据全国农村固定观察点办公室对遍布全国319个观察点村、2万多个农户2002年劳动力外出就业的情况的典型调查：外出劳动力在工业行业中就业的最多，占28.3%，其次是建筑业，占20.5%，餐饮、服务业占20.1%，商贸占6.9%，运输和农业分别为5.5%和4.9%，其他行业占13.9%。

农村劳动力外出就业的行业历史性[1]、农民外出的亲朋近邻“拉、帮、带”路径模式，以及定州农民外出地区的劳动力行业需求性相关[2]。

如果把定州市农户劳动力配置的行业分布特征置于其历史背景下，可以发现社会转型加速期定州市农户劳动力配置的新特点。根据农村经济史学家黄宗智对华北小农经济的研究，在新中国成立前，华北小农经济是以“家庭小农业”为基石，建立在“商业性手工业”和“佣工”的支撑上的，他说，小农经济是拄着“佣工和商业性手工业”这两个拐杖，才得以在内卷化和分化的联合压力下站立不倒。[3] 黄宗智的概括在定县很有说明性，根据《定县社会概况调查》资料，“在民国二十年，定县第一区71村，农业之外，尚有各种手工业，主要者为织布和纺线”[4]，且第一区纺线织布的村数在全县所有区中仅属于中等水平。也就是说，在新中国成立前，华北地区农户劳动力的行业配置是一种以农业为主、以商业性手工业为辅的分布格局（尽管佣工收入也是农户的家庭基本经济来源之一，但是，在新中国成立前，农户的佣工行业仍旧是以农业为主，只不过所耕作的土地是地主或者富农的土地），更准确地说，定州农户劳动力的行业配置是一种以耕地为主、以纺织为辅的典型传统模式。然而，当前定州市农户的劳动力行业配置虽然仍旧以“农业”为主；但是，“农业”的主要支撑已经由“商业性手工业”转移为由外出阶段性就业带动的“建筑业”，“商业性手工业”仅占较少的份额。显然，定州市农户劳动力行业配置的“以农业为主、以建筑业为辅”的状况，是社会转型加速期定州农村的时代新特征。

综上所述，在社会转型加速期，定州市农户的劳动力配置行为呈现出

---

[1] 根据李景汉等人民国二十三年编撰的《定县经济调查——部分报告书》，在民国二十三年的“定县出外谋生的职业”一项调查结果为，在1338个外出谋生者中，有910个是在干“建筑、工事、筑路等苦力”，占被调查者的68%。

[2] 据2003年定州市非典办统计，定州市外出民工主要外出地依次为北京、保定、天津和山西，这些地区对农村劳动力的需求主要在重工业和服务业方面，不同于长江三角洲地区对农村劳动力的需求主要在以私营、个体企业为主的轻工业行业。

[3] 黄宗智．华北的小农经济与社会变迁［M］．北京：中华书局，2000：193.

[4] 李景汉编．定县社会概况调查［M］．北京：中国人民大学出版社，1986：703.

明显的兼具传统性与时代性的混合性特征。其时代性体现在，在劳动力的地域配置上，农户劳动力的“留守—外出”分化格局逐渐明显，且在整个农户中具有普遍性；在劳动力的行业配置上，定州农户突破了传统的“以农业为主、以家庭手工业为辅”的配置结构，形成了“以农业为主、以建筑业为重要支撑、以制造业和服务业为辅”的新特征。其传统性体现在，在劳动力的地域配置上，“留守”在村庄的劳动力仍旧是农户劳动力的主体，即使是“外出劳动力”也仅表现为阶段性外出，很少实现在外出就业地定居的真正迁徙；在劳动力的行业配置上，“农业”仍旧是农户劳动力劳动的最主要行业。

4.3　社会转型加速期农户资金配置的行为特征

研究农户资金配置行为是分析农户经济活动特征的一个重要方面。本研究对农户资金配置行为的分析集中在“投资意愿”和“投资行为倾向”两方面。

4.3.1　农户的投资意愿较弱

投资意愿是投资行为的基础。在高投资意愿下，人们趋向于将资金配置向扩大再生产倾斜，同时抑制消费和储蓄需求；在低投资意愿下，行为者趋向于资金配置向消费性或储蓄性行为倾斜，同时抑制生产或者扩大再生产需求。而投资意愿的高低又取决于人们的收入水平、生活水平、市场意识、投资能力、资金拥有程度、资金预期收益高低、风险厌恶态度等众多因素。

本研究根据定州市相关统计资料和实地访谈资料，把定州农民资金配置去向分为十个方面和六大类：十个方面分别为建房、婚嫁、生育子女、教育、医疗、养老和安葬、扩大再生产或从事生产经营、储蓄、还债；六大类分别为消费类、风险预备类、投资类、储蓄类、还债类和其他；其中，扩大生产投资或从事生产经营为投资类。并通过指标“今后五年内，你家花钱最可能的三个方面依次是什么”对投资意愿进行测量，根据对调查所得答案前三项中是否含有“扩大再生产或从事生产经营”，进行整理后，对定州农户的投资意愿进行分析，数据结果如表4-6所示。

表4-6 定州农户投资意愿表

	频数（n）	频率（%）
没有	253	79.1
有	67	20.9
合计	320	100.0

数据表明，定州市农户虽然具有一定的投资意愿，但是总体意愿较低。在五年的时间跨度内，农户资金准备投入“扩大生产投资或经营”方面的户数仅占总调查户数的20.9%，刚过五分之一。如果把农户最可能花钱的前三个选项按照第一、第二、第三的先后顺序分别赋值于“3分”、“2分”和“1分”，综合农户日常生活十个方面各项的得分，农户资金投入去向所得分数高低排序依次为：教育（579分）、医疗（343分）、建房（243分）、婚嫁（174分）、养老安葬（158分）、储蓄（134分）、扩大投资经营（114分）等。按照得分高低，扩大投资经营排在第七位，倒数第四位，按照顺数位置不仅居于消费性支出项目（教育、建房、婚嫁）之后，而且还居于风险预防性项目（医疗、养老、安葬）和“储蓄”项目之后。农户的资金去向项目得分状况充分说明了农户在资金安排上优先考虑“消费”和“风险预防”的倾向性。

综上所述，在社会转型加速期，尽管相当一部分农户具有投资意愿，但是，整体上看农户的投资意愿仍旧较低，相对于“消费性”需求和“风险预备”需求，农户仅仅把“投资需求”放在次属地位。

4.3.2 农户的投资行业取向以农业为主

投资意愿仅仅是一种行为倾向性，是一种潜在可能性；投资行为才是现实中的具体行动。在社会转型加速期，市场经济对农村的全方位渗透、农户收入水平的提高、非农行业高利润的示范效应，以及农户剩余劳动力的凸现，使农户在非农行业（更准确地说在传统种植业之外）投资有了更大的可能性和可行性。社会转型加速期的定州市农户在投资的行业性上，是否像耕地配置和劳动力配置行为一样，有较大的突破呢？

按照行业分类，本研究把农户的家庭经营性投资行为主要分为“农业”❶和“非农行业”两大类别，其中非农行业包括规模养殖、加工制造、建筑采掘、餐饮服务、交通运输、批发零售等种植业以外的其他行业（不包括仅以个体劳动力投入为主要特征的劳动力外出就业行为），行业分布情况见表 4－7。

表 4－7 定州农户投资行业取向表

	频数（n）	频率（%）
农业	277	86.6
非农行业	43	13.4
总体	320	100.0

表 4－7 显示，在接受调查农户中，有 86.6% 属于纯粹经营农业户，仅有 13.4% 在经营种植业的同时兼营非农行业。这说明在社会转型加速期，定州市农户的资金配置，虽然显露出一定的非农投资迹象，但是并非如同耕地配置行为和劳动力配置行为表现出明显的分化性，而是仍旧以“种植业”为主，其他行业发展相对迟缓。

总括定州市农户的投资意愿和投资行为可见：首先，在社会转型加速期，定州市农户的投资意愿较低，绝大部分农户准备把资金投入消费性支出、风险预防性支出或者用于储蓄，“投资生产经营”被放在次属地位。其次，定州市农户的投资行业行为具有典型的传统性，仍旧表现出对种植业的偏重倾向。与农户经济行为的耕地配置和劳动力配置相比，应该说农户的资金配置行为表现出更多的传统性；从投资意愿和投资行为两个角度，农户的资金配置行为都较少实现对农户传统“低投资”和“重农倾向”的突破。

❶ 本研究在实证分析中涉及的“农业”，均采用狭义概念，仅仅指种植业；在其他地方所说的农业，是指涵盖人们通常所说的“农林牧副渔”的广义农业；下文不再具体说明。

4.4 对社会转型加速期定州农户经济行为特征的小结

农户经济行为就是农户投入耕地、劳动力和资金等生产要素以获取经济收益的行为。本研究把农户经济活动分为耕地配置、劳动力配置和资金配置三个方面，并通过分析农户在三种生产要素配置上的行为表现，发现在社会转型加速期，农户经济行为整体上表现出明显的“传统性”与“时代性”相结合的混合性特征。

首先，农户耕地配置的分化差序结构表现出的传统性与时代性。一方面，农户的作物耕种集聚为“生计性”和“经济效益性”两大类型（排除主要由自然因素引起的轮作作物种植），另一方面，在生计型作物与商品型作物的耕地面积安排上，农户又表现出“生计型作物”优先、“商品型作物”排后的显著差序性。农户耕地配置的生计型作物优先表明，不论当前制度转型的性质和程度，农户固守以“生计型作物”种植为主的基本行为，与中国几千年流传下来的历史传统一脉相承，并没有发生根本性的变化，仍具有典型的传统性。然而，从“经济效益性”作物对耕地面积的侵蚀而言，尤其考虑到农户户均耕地面积在“口粮地”之外几乎所剩无几的状况，说明农户几乎用口粮之外的全部耕地面积来种植经济性作物，也就是说，农户在尽最大的努力从耕地面积中挤出尽可能多的部分用于商品型作物的种植。显然，“经济效益性”作物在农户耕地配置中的突出位置，是农户耕地配置的历史传统上所不具有的行为特征，是社会转型加速期制度转型的时代产物。

其次，由农户劳动力配置行为表现出的分化性和混合性特征。其分化性表现为：其一，在劳动力的地域配置上，农户劳动力的“外出—留守”的“三—七”分化格局已经比较明显。其二，在劳动力的行业配置上，农户劳动力表现出以“农业”为主、以“建筑业”为主要支撑、以“其他非农行业”为辅的分布结构。其混合性表现为：一方面，劳动力地域

配置的普遍“外出就业”行为，以及劳动力行业配置的以“建筑业”代替“商业性手工业”为家庭经济主要支撑的行为，是定州农村历史上所没有的、农户适应制度转型的结果；另一方面，劳动力地域配置的“外出占三、本地留守占七”的格局，劳动力行业配置中“以农为本”的性质，均暴露出农业、农村在农户劳动力配置上根深蒂固的重要地位的传统性。

第三，农户资金配置上的传统性。如果说，农户的耕地配置和劳动力配置均明显呈现制度转型带来的时代特征的话，农户在资金配置行为上则更多地表现出传统性。农户虽然具有一定的投资意愿并表现出一定的非农投资行为，但是，投资意愿仍然较低，且非农投资行为更低，种植业投资倾斜明显。换言之，在制度转型的强烈冲击下，农户家庭经营活动仍旧集中在耕地上，而并非转向非农行业。农户的这种低度投资意愿与种植业偏重的投资行为仍具有典型的传统特征。

综合上述三方面的分析，本研究认为，社会转型期定州农户的经济行为，虽然仍旧表现出“生计型作物”偏重的耕地配置结构、“以农为本”的劳动力配置结构，以及低投资意愿和“种植业偏重”的资金配置结构等典型的传统特征，但是一定程度上已经突破了固有的传统性，显露出不同于以往的时代性特征，是一种兼具时代性特征和传统性特征的混合性行为。

对于定州农户在社会转型加速期的混合性行为特征，本研究更感兴趣的问题是，在中国社会经历了三十多年的急遽制度转型，尤其在市场规则已经成为经济活动的主导规则之下，定州市农户为何仍旧表现出“生计型作物”偏重、种植业偏重、以农耕为本的行为？或者说，阻碍制度转型对农户经济行为影响的主要因素是什么？

第 5 章　市场化、家庭保障与农户经济行为

第 4 章描述了社会转型加速期定州农户兼具时代性与传统性的混合特征。那么，这种混合性特征源于何处？为何在市场经济已经渗透到农村生活的各个层面，农户的耕地配置行为仍旧表现出浓厚的“生计性”特征？为何在农村劳动力外出就业已经蔚然成风的情况下，仍旧有近半数的农户坚守在薄利的耕地上并没有派人外出就业？为何农民放弃种植省时省力的机械耕作性作物而选择手工劳作性作物？这正是本研究致力于揭示的一些深层次基本问题，也是研究假设旨在验证的问题——在社会转型加速期，“市场规则”和“家庭基本生活保障惯习”作为两种不同的结构性约束机制，嵌入“农户的劳动力相对剩余的资源构成结构”之中，从内外两方面对农户经济行为发生作用，从而使农户经济行为表现出多重取向。该整体研究假设由三个次级研究假设组成，分别是“耕地配置假设”、“劳动力配置假设”和“资金配置假设”。这一章力图在对上述假设进行验证的基础上对农户经济行为的影响因素及其作用机制进行分析。

5.1　农户耕地配置行为的因素分析

“耕地配置假设”：在耕地配置上，农户非经济作物的种植面积与家庭最低生活保障需求程度相关；经济作物的种植面积占比则与该作物的经济收益[1]

---

[1] 这里之所以用“经济收益”而非“经济效益”，是根据农户的家庭经营损益计算方法——“总产出 - 总货币投入 = 净收入”，“劳动投入”不被算入“总成本”中；显然，按照这种逻辑计算出的“净收入”近似于“经济收益”，不能视为基于“利润”分析基础上的“经济效益”。农户的这种计算逻辑，与中国农户经济活动组织的“家庭劳动”方式相关，与恰亚诺夫所称的“家庭劳动农场”逻辑相似。本研究设计的农户家庭经营损益计算方式，与农户计算逻辑保持一致；所以，这里使用“经济收益”一词。关于“经济收益”的涵义，如无特殊说明，本研究整体一致，下文不再赘述。

和劳动投入程度相关。

在该假设中，因变量为农户耕地配置行为，它被界定为“农户根据家庭需要对实际经营的土地，在非经济作物与经济作物的种植面积上，分配以不同规模的行为”。本研究假定，非经济作物和经济作物的功用不同，影响其规模配置的因素也相异。故，耕地配置假设也分为两个部分：“非经济作物种植面积”假设——“农户非经济作物的种植面积与家庭的最低生活保障需求程度相关”，以及“经济作物种植面积”假设——“经济作物的种植面积比例与该作物的经济收益和劳动投入程度相关”。

对于耕地配置假设，由于“耕地”与农业行业的特殊关联性，在统计分析之前，需要对本研究关于“因变量”和“自变量”的一些处理进行特别说明。

首先，关于非经济作物与经济作物的规模配置。非经济作物包括生计型作物和轮作型作物，其种植面积主要采用绝对性指标“作物种植面积”来测量；经济作物是指第 3 章所指的商品型作物（包括蔬菜水果类和辣椒籽种类两类作物），其种植面积采用相对性指标“作物种植面积比”来测量。尽管如果对两类作物的规模配置都采用相对性指标“面积比”的形式，对比较性研究可能更为便利，但是，考虑到研究的适用性和可行性，这里仍旧对两类作物的面积配置采用不同的单位（一个采用绝对面积单位，一个采用相对面积单位）。这是因为：一则，本研究的主要目的意在对影响两类作物耕地面积配置的因素进行分析，而不是分析两类作物耕地面积之间的关系；二则，本研究假定吃饱程度的家庭最低生活保障——“家庭口粮数”将与生计作物的绝对种植面积、而非相对面积呈现直线性对应关系（调查数据的散点图显示确实如此）；三则，根据直线回归模型的要求，数据中各自变量与因变量之间必须是直线关系。所以，本研究在采用直线回归模型对两类作物的种植面积进行因素分析时，根据研究需要和模型统计分析的数据要求，采用绝对种植面积来衡量非经济作物的种植面积，而对经济作物种植面积的测量仍旧采用相对性指标——面积比的形式。

其次，在测量非经济作物与家庭最低生活保障需求之间的关系时，之所以把“生计型作物”（小麦和春花生）与“轮作型作物”（玉米和秋花生）放在一起测量，而不是仅仅测量“生计作物”的种植面积与家庭最低生活保障之间的关系，主要考虑到两种因素。其一，本研究尽管意在研究生计型作物与家庭最低生活保障需求之间的关系，但是，根据实地访谈和观察，农户考虑经济收益的实际逻辑为：[（生计型作物 + 轮作型作物）的总毛收入－两者的总成本] /两类作物种植面积＝两者的亩纯收入；然后基于“亩年纯收入”衡量非经济作物的收益大小，并与商品型作物的单位面积年纯收入进行比较，而不是单独衡量生计型作物或者轮作型作物的单位面积纯收入。农户这样计算的原因在于经济效益型作物通常为一年生单季作物，而生计型作物与轮作型作物则为双季作物，不可能把双季作物的季收入与单季作物的年纯收入做比较；再者，一般而言轮作型作物由于属于接茬作物，上季作物的肥料仍旧在持续发生效力，其种植成本相对较低，也不能将其与生计型作物单独比较。所以，从现实上很难有效地把生计型作物单独分开，客观地测量其与家庭最低生活保障之间的关系。当然，将其放在一块并非没有影响，那就是非经济作物种植面积与家庭最低生活保障之间的关系在统计上将趋于减弱。其二，由于生计型作物与轮作型作物的复种性，也就是在一年内，轮作型作物与生计型作物在同样面积的耕地上轮流播种，两者实际占有耕地面积也就是非经济作物的种植面积，基本上相当于生计型作物的种植面积。所以，可以用它来对生计型作物的最低生活保障性进行测量。

两个次级假设的自变量涉及“家庭最低生活保障需求”和“市场规则”，控制变量为“劳动投入程度”。

家庭最低生活保障需求的操作化指标为“家庭年需消费粮油量”（家庭一年需要食用小麦和花生油的总斤数）和“家庭总人口”，前者是从“实际消费粮油”的角度直接对“口粮”进行度量，后者是从“家庭人口”数量角度间接对“口粮”进行度量，两个指标互相补充。

测量“市场利润法则”对农户影响的指标为“单位面积纯收入”[1]，即

[1] 这里的“单位面积纯收入“，是指采用“（总产出－总货币成本）/种植面积”的计算方式所得的纯收入；由于这种“纯收入”中仍旧包含“劳动投入”成本，或者说“劳动机会成本”在内，它不能视作“单位面积利润”，更近似于“单位面积经济收益”。

"亩纯收入"，同时，模型中纳入了一个"单位面积成本"[1] 或者说"亩成本"的指标，意在测量控制了单位成本的情况下，"经济收益"与作物种植面积的净相关程度。

衡量家庭劳动力剩余状况的变量为"作物的劳动投入度"，操作化指标有两个：一个是"单位面积作物所需要投入的劳动程度"，问卷中的问题是"在你所熟悉的作物中，如果种植起来最麻烦、用工程度最多的作物打15分，种植起来最省事、用工最少的作物打1分，请根据你家种植作物的麻烦或省事程度，给你家种植的作物打分"（根据要素配置规律，在资本总量一定的情况下，投资者总是倾向于使用富余资本获得经济收益，作物的劳动用工程度恰好是反映农户劳动资本富余程度的指标，由此，可以用来测量农户的劳动力剩余程度）；另一个指标是"户实投劳地比"，农户实际投入种植业的劳动力与耕地面积的比例，这是个反映农户实际在种植业投入劳动程度的指标，也是反映农户实际农业劳动力相对耕地富余程度的指标。"作物的劳动用工程度"和"户实投劳地比"两个指标相互补充，共同对"劳动投入程度"进行测量。

对于耕地配置假设的两个组成部分，本研究拟分别对"非经济作物的耕地种植面积"假设和"经济作物的种植面积比"假设建立直线回归模型，并分别对其进行分析。

5.1.1 非经济作物种植面积与家庭最低生活保障需求紧密相关

"耕地配置假设"关于"非经济作物种植面积"部分的假设为：非经济作物的种植面积与农户的家庭最低生活保障需求程度相关。

在该假设中，因变量为"非经济作物的种植面积"，自变量为农户的家庭最低生活保障需求，它由"家庭年需消费粮油量"（家庭一年总计需要食用小麦和花生油的斤数）和"家庭总人口"两个测量指标构成。考虑到社会转型加速期"市场"已经成为农村资源配置主要方式，劳动力

[1] 这里的"成本"，仅仅包括"货币成本"，不包括"活劳动成本"（也就是劳动投入）。

相对剩余的资源结构仍在制约着农户经济行为的各方面，为了进一步考察在控制“市场规则”和“劳动力剩余资源结构”影响下，农户的家庭最低生活保障需求对其耕地配置的影响。本研究对非经济作物种植面积的影响因素分析模型中，将纳入测量“市场规则”影响程度的指标“亩纯收入”、“亩成本”，以及测量“劳动力剩余资源结构”对农户行为影响的指标“作物的劳动用工程度”，并以上述两大变量为控制变量，分析“家庭最低生活保障需求”对农户非经济作物种植面积的影响。为此，对“非经济作物种植面积的假设”检验，本研究拟采用三步回归方式：首先纳入“亩纯收入”，然后纳入“亩成本”和“作物的劳动用工程度”，最后纳入“家庭最低生活保障需求”进行直线回归分析，以求测量在社会转型加速期“家庭最低生活保障需求”对非经济作物种植的影响程度。三步回归的因变量相同，区别仅在于模型的简约与复杂之分，总体模型如下。

$$Y_j = a_j + \sum_{i=1}^{k} \beta_i X_i$$

k 满足下列条件：当 $j=1$ 时，$k=1$；当 $j=2$ 时，$k=3$；当 $j=3$ 时，$k=5$。

在回归模型中，Y 为因变量的估计值，X 为自变量，a 为模型的常数项，β 为自变量的非标准化回归系数，j 为模型的序号，i 为自变量的序号，k 为每个模型中使用的自变量的个数。

三步回归的统计结果归纳后，如表 5－1 所示。

表 5－1　非经济作物种植面积的回归模型比较

Mode		回归系数		t	Sig.
		B	Beta		
1	(Constant)	3. 531		9. 899	. 000
	非经济作物亩纯收入	－. 001	－. 083	－1. 381	. 169
2	(Constant)	3. 460		5. 332	. 000
	非经济作物亩纯收入	－. 001	－. 107	－1. 750	. 081
	非经济作物亩成本	－. 001	－. 060	－. 976	. 330
	非经济作物劳动用工程度	. 095	. 117	1. 928	. 055

续表

Mode		回归系数		t	Sig.
		B	Beta		
3	(Constant)	1. 242		1. 902	. 058
	非经济作物亩纯收入	. 000	–. 051	–. 902	. 368
	非经济作物亩成本	–. 001	–. 053	–. 946	. 345
	非经济作物劳动用工程度	. 073	. 089	1. 597	. 111
	家庭年需食用小麦和花生油斤数	. 001 *	. 252 *	3. 049	. 003
	总人口	. 250 *	. 210 *	2. 561	. 011
1	R = . 083 (a)	R^2 = . 007	F = 1. 906	Sig. = . 169	
2	R = . 159 (a)	R^2 = . 025	F = 2. 324	Sig. = . 075	
3	R = . 455 (a)	R^2 = . 207	F = 13. 90 *	Sig. = . 000	

注：a 因变量为非经济作物的种植面积。

* P < 0. 05。

由表 5 – 1 可知以下几点。

首先，“经济利润”不是农户种植非经济作物的主要目的。原因是：第一，模型 1 的总体相关分析表明非经济作物的“亩纯收入”与农户种植该类作物的种植面积总体无关（相关系数不足 0. 1，P > 0. 1），也就是说“亩纯收入”或者说“经济利润”不是农户安排非经济作物种植面积的主要考虑因素。其二，在模型 2 和模型 3 控制了亩成本、劳动用工程度、家庭消耗粮油量等操作性变量之后，考察“亩纯收入”对农户非经济作物的种植面积的影响，两者之间关系仍旧不明显（P > 0. 05）。因此，“经济收益”不是影响农户安排非经济作物种植面积的基本因素，市场经济的“利润法则”并没有刺激或者阻碍农户对非经济作物的种植面积安排。换言之，在定州农村，“市场体制”遵循的“经济效益”规则对农户非经济作物的种植面积安排没有显著影响。

其次，“经济成本”和“劳动投入程度”也不是影响农户非经济作物种植面积的显著因素。模型 2 纳入了“亩成本”和“劳动用工程度”两个变量，以求证它们对非经济作物种植面积的影响。然而，结果表明，

“亩成本”和“劳动用工程度”两个变量在模型2中对因变量均没有显著影响（P＞0.05），且，即使纳入这两个变量后，加上“亩收入”，三个变量对因变量的解释力仍旧较小，仅仅为2.5%，且整个模型的显著度水平不高（P＞0.05）。在模型3中，两个变量作用的显著性水平更低。这就是说，对于非经济作物种植面积的安排，“经济成本”和“劳动成本”都不是农户的主要考虑因素。

第三，“家庭最低生活保障需求”程度是影响农户非经济作物种植面积的主要原因，两者具有明显的正相关关系。比较模型3与模型2的统计结果可以发现：模型3在纳入了反映“家庭最低生活保障需求”的两个操作性指标“家庭总人口”和“家庭年需食用粮油量”之后，整体解释力达到了20.7%[1]且作用显著（P＜0.5）。同时，在模型3中，其他变量的显著度均较低，而两个新添加的反映最低生活保障需求的变量对模型的贡献都呈现较高的显著度水平，家庭所需粮油量的标准回归系数为0.252（sig. =0.003），家庭总人口的标准回归系数为0.210（sig. =0.011），也就是说，家庭所需粮油量每增加一个标准单位，非经济作物的种植面积将增加0.252个标准单位，家庭总人口每增加一个标准单位，非经济作物的种植面积将增加0.210个标准单位，在两个操作性指标中，直接测量家庭最低生活保障需求程度的指标“家庭年实际所需食用粮油量”，比间接性指标“总人口”对模型的贡献更大，两者相互补充构成了对家庭最低生活保障需求整体水平的测量。要之，由上述分析可以得出结论，家庭最低生活保障需求程度是影响农户非经济作物种植面积的显著性因素。

综上所述，在社会转型加速期，尽管“市场利润法则”已经成为人们经济行为的基本规则，但是，就农户关于非经济作物种植而言，“利润法则”并没有真正发挥作用——农户并没有根据“非经济作物”的边际

---

[1] 鉴于下述原因：第一，非经济作物包括生计型作物与轮作型作物，而轮作型作物的种植很大程度上受季节性因素和土壤休耕因素的影响；第二，生计型作物，尤其是小麦的种植面积一定程度上还与农户的存粮多少相关。笔者认为：模型3显示的“家庭最低生活保障需求程度”对非经济作物种植面积的20.7%的净统计解释力，在社会生活实践中已经达到了相当高的实质解释力。

收益而增加种植面积或者减少种植规模；农户对非经济作物种植规模的安排，首先基于“家庭年需最低生活保障需求程度”的考虑——家庭总人口越多，家庭年需消费粮油数量越大，农户对非经济作物的种植就分配以越大的规模。简而言之，在社会转型加速期，农户关于非经济作物种植规模的决策，遵循的是家庭生活保障惯习的导引，而非市场导向规则。

5.1.2 经济作物的种植面积比与“家庭劳动利用程度”紧密相关

耕地配置假设关于“经济作物”部分的假设是，“经济作物的种植面积比例与该作物的经济收益和劳动投入程度相关”。

在该具体研究假设中，经济作物所占面积比例为因变量，“经济收益”和“劳动投入程度”为自变量，前者的测量指标为“亩纯收入”，后者的测量指标为“作物劳动用工程度”和“户实投劳地比”。本研究拟采用直线回归模型对“经济作物种植面积比与经济收益和劳动投入程度”之间的关系进行分析。如同对非经济作物种植面积的因素分析，本研究对经济作物的种植面积的因素分析，也采用三步回归方式，首先纳入反映“经济收益”的指标“亩纯收入”，然后纳入“亩成本”，最后纳入反映“劳动投入程度”的指标——“作物的劳动用工程度”和“户实投劳地比”。通过三个回归模型的统计结果比较，意在分析影响农户经济作物种植面积的作用因素及其作用机制。

$$Y_j = a_j + \sum_{i=1}^{k} \beta_i X_i$$

k满足下列条件：当$j=1$时，$k=1$；当$j=2$时，$k=2$；当$j=3$时，$k=4$。

在回归模型中，Y为因变量的估计值，X为自变量，a为模型的常数项，β为自变量的非标准化回归系数，j为模型的序号，i为自变量的序号，k为每个模型中使用的自变量的个数。

三步回归的统计结果归纳如表5－2所示。

表 5－2　经济作物种植面积比回归分析的模型比较

模型	模型中的自变量和参数	回归系数		t	Sig.
		B	Beta		
1	(Constant)	.354		9.042	.000
	经济作物的亩纯收入	6.589E－05	.242*	2.892	.004
2	(Constant)	.358		9.114	.000
	经济作物的亩成本	5.125E－05	.114	1.100	.273
	经济作物的亩纯收入	4.766E－05	.175	1.693	.093
3	(Constant)	－.207		－2.012	.046
	户实投劳地比	.391	.527*	7.099	.000
	经济作物的亩成本	－1.706E－05	－.038	－.435	.664
	经济作物的亩纯收入	1.765E－06	.007	.074	.941
	经济作物劳动用工程度	.042	.366*	4.933	.000
1	R＝.242	R^2＝.058	F＝8.366*	Sig.＝.004	
2	R＝.258	R^2＝.067	F＝4.795**	Sig.＝.010	
3	R＝.612	R^2＝.375	F＝19.505*	Sig.＝.000	

注：a 因变量为经济作物所占面积比。

*为 P＜0.05；**为 P≤0.10。

表 5－2 表明以下几点。

第一，“经济收益”对经济作物的种植面积比有一定的影响，但是，其影响建立在其他因素之上。

模型 1 首先仅仅纳入“亩纯收入”对经济作物的种植面积比进行测量，结果表明“经济收益”对经济作物的种植面积比有 5.8% 的微弱解释力（模型的确定系数为 0.058）。在模型 2 纳入了经济成本因素，尤其是模型 3 相继纳入“劳动投入程度”的指标之后，“经济收益”（“亩纯收入”）对经济作物的种植面积比例的影响越来越小且逐渐失去显著意义。这既表现在标准回归系数的变化上，又表现在回归系数的显著度水平上。在模型 1 中，“亩纯收入”的标准回归系数为 0.242，然而，在模型 2 和模型 3 中，其标准回归系数则分别降为 0.175 和 0.007，也就是说，在控制了其他变量对经济作物种植面积比的影响之后，“亩纯收入”的净贡献力由边际贡献0.242（Sig. =.004）下降到了0.007（Sig. =.941），已经降到可以忽略不计的程度。“亩纯收入”的标准回归系数及其显著度水平的变化说明：“亩纯收入”对经济作物种植面积比产生的影响属于表面现象，其实质是其他因素以其为中介变量在发生作用，或者说，经济作物的高经济收益确实带来了种植面积的扩大，但是，这种高经济收益以其他因素的介入为基础。那么这其中的其他因素或背后推手是什么呢？

第二，“劳动投入程度”是影响农户经济作物种植面积的显著性因素。这是因为：其一，当模型3纳入反映“劳动投入程度”的两个指标——作物的“劳动用工程度”和“户实投劳地比”后，模型3的解释力增加到37.5%，远远高于模型1（为5.8%）和模型2（为6.7%）。且，在模型3所纳入的解释变量中，只有测量“劳动投入程度”的两个变量对模型的贡献显著。其二，尽管随着“成本因素”的纳入，经济收入对经济作物种植面积的影响开始降低，但是，“亩成本”本身在模型2和模型3中的影响均不明显。其三，比较模型3中各自变量的贡献力可知，亩纯收入每增加一个标准单位，经济作物种植面积比仅增加0.007个标准单位，而劳动投入程度的两个指标的边际贡献分别为0.527和0.366。由此，潜藏在“经济收益”背后的“劳动投入程度”对模型的作用显露。由此可以认为，模型3的解释力主要来源于“劳动投入程度”，尽管模型1显示“经济收益”也对农户经济作物的种植面积产生一定的影响，但是，那种影响是在缺乏控制变量的基础上产生的，或者说是部分通过“劳动投入”间接发生的作用。比较“劳动投入程度”两个指标的作用力，“户实投劳地比”的标准回归系数为0.527，“作物劳动用工程度”的标准回归系数为0.366，也就是说，“户实投劳地比”每增加一个标准单位，经济作物的种植面积比将增加0.527个标准单位，“作物劳动用工程度”每增加一个标准单位，经济作物的种植面积比将增加0.366个标准单位；显然，“户实投劳地比”对经济作物种植面积比的影响更大。由于“户实投劳地比”直接反映耕地的劳动力投入程度，“劳动用工程度”直接测量单位面积作物的劳动耗费程度，所以，农户的劳动力投入程度比作物的劳动密集程度对经济作物种植面积比的影响更大。要之，比较经济作物种植面积比的三个回归模型，可以得出结论：“劳动力投入程度”是影响经济作物种植面积的最主要因素之一。

综合上述对经济作物种植面积影响因素的实证分析，本研究得出结论：“经济作物的种植面积”主要与该作物的“劳动投入程度”密切相关，与“亩纯收入”（经济收益）呈现虚假相关。该结论与人们通常的看法有所不同。人们通常认为，农户种植经济作物是由于该类作物的“经济利润较高”、较为“赚钱”。然而，统计结果显示：经济作物的种植规模与该类作物的“单位面积收入”确实存在一定程度的复相关，但是，这种相关关系在控制了“边际经济成本”，尤其是“劳动投入程度”之后，便消失得无影无踪。这说明一个问题——“劳动投入程度”高而非“经济利润”高是农户对经济作物较为青睐的根本原因。那么，为何“劳动投入程度高”的费事作物反而会对农户有较大吸引力呢？其中原因在于“价值规律的作用”。根据价值规律，商品的市场价值与社会劳动耗费程度成正比关系；也就是说，社会平均劳动耗费越多的商品，其市场价值越高，市场价格也越高。农户正是通过种植“高劳动投入性”作物，进而通过作物的高市场价格，实现了“家庭劳动”向“货币收入”的转换。

由此可见，“高劳动耗费”经济作物背后的“高经济收益”（而不是高经济利润），才是其吸引农户的原因所在。显然，人们平常所持的“经济作物的高利润观”，是在忽略了“劳动投入”，尤其是忽略了“劳动”的“机会成本”之后所得的结论；如果把经济作物的“劳动机会成本”加入“总经济成本”之内，经济作物的“利润优势”也就不复存在了。那么，农户为何会忽略“劳动投入”这个概念，或者说为何会忽略“劳动的机会成本”呢？其关键原因在于：长期以来，农户劳动力严重过剩及耕地外就业机会的不充分，造成其劳动机会成本的极其低下甚至低到可以忽略不计的地步；目前，尽管随着城乡内外劳动力市场中劳动机会的增多，农村劳动力的劳动机会成本已经有明显提高，但是，人们的思维惯性仍旧在发生作用。这正是人们平素关于经济作物种植规模的影响因素与本研究所得结论相左的原因所在。

总之，笔者认为：农户对经济作物青睐，与其说是基于“经济利润”的考虑，不如说是基于“充分利用家庭劳动力”以换取“经济收益最大化”的考虑。

5.1.3 耕地配置假设的结果与讨论

总结前述对耕地配置假设的验证，可以得出如下结论。

第一，“经济收益”、“经济成本”、“作物的劳动用工程度”都不是影响农户非经济作物种植面积的显著因素，农户对非经济作物种植面积的安排，很大程度上是基于对家庭最低生活保障需求——也就是家庭年需消费粮油量的考虑。换句话说，对于非经济作物的种植，农户并非因其低“经济收益”性而减少其绝对种植面积，他们更多考虑的是其对家庭基本生活保障的功用性——为家庭提供吃饱程度的最低生活保障。

农户非经济作物的“家庭最低生活保障”性，是由农户的基本生活保障需求、农户生活保障的支持结构和农户的资本占有结构共同决定的。首先，根据马斯洛的“需求层次理论”，人们的需求具有一定的层次结构，人们总是最先满足最低层次的需求，然后再逐步满足更高层次的需求；而人的最低层次的需求就是安全需求，也就是吃饱穿暖程度的“生存安全”需求；所以，“满足家庭基本年需口粮”是任何个人和家庭必须面对的首要问题。其次，对于农户来说，面对家庭最低生活保障需求，他们缺少家庭之外稳定的、社会性的、制度性的基本生活保障机制，只有依靠对家庭经济组织活动的安排来确保基本生活的安全。再次，在中国现阶段农户占有的资本结构中，仅仅劳动资本相对富裕，耕地和货币资本都处于短缺状态，尤其是货币资本；考虑到市场风险因素，意在获得家庭最低生活保障的农户，自然采取风险规避的资本组合方式——通过粮食作物的种植以确保家庭最低生活资料的安全，而不是采用通过“扩大经济作物的种植规模以市场购买途径”满足家庭的最低生活保障需求。可见，农户非经济作物种植的“最低生活保障性”，是农户衡量客观条件和自身状况后理性行动的产物。

第二，经济作物种植面积与该类作物所需的“劳动投入程度”密切相关，而与“经济收益”弱相关，且即使这种弱相关相当程度上也是通过“劳动投入”发生的。对经济作物的回归分析比较可以发现：经济作物的种植面积，从表面上看，与该类作物的高经济收益性有一定的相关性（这正如人们通常的假定），但是，控制了其他指标之后，其相关性消失；而反映“劳动投入程度”的“劳动用工程度”和“户实投劳地比”的相关性则凸现出来。换言之，经济作物的种植面积主要与作物的劳动耗费程度相关，而并非如人们平素所认为的与“经济利润相关”。人们之所以认为“经济作物的种植规模”与“经济利润”相关，原因在于忽视了“劳动机会成本的存在”；如果把“劳动投入的机会成本”计算入经济作物种植的总经济成本之内，农户经济作物种植面积的增加，与其说是“经济利润”对农户的刺激作用，不如说是“家庭劳动最大化利用上的高劳动回报对农户的吸引”。实质上，经济作物的种植是农户通过充分利用家庭剩余劳动力，以换取更多劳动收益的行为。关于此点，农户最为清楚。当笔者询问定州农户种植较多的经济作物之一“朝天椒”的种植“是否合算”时，一个58岁、持续种植五年辣椒的妇女的回答是这样的：

“说它合算，它就合算，（种一亩尖椒）比种粮食挣钱；说它不合算，（它）也不合算，那（从耕种到收获、出售）需要投多少（个）工啊！一年到头除了在地里忙，在家里还要忙（把辣椒从树上摘下来），从栽上（苗）一直忙到过罢春节（摘下来卖出去）；哪里有出去（外出打工）挣钱（多）啊！转过来说，这老百姓不种点儿能忙活儿的东西，平时也没事干！”——ZL58F0910

用定州庄稼人的话说就是“经济作物挣的是工夫钱”。可见，经济作物的种植是农户意图通过充分化利用家庭劳动获取较高经济收益的行为。

总括对“耕地配置假设”的实证分析，可以得出以下结论：“家庭最低生活保障需求”和“劳动投入程度”是影响农户耕地配置行为的两个显著因素，其中，前者主要作用于非经济作物的种植面积，后者则相当程度上通过经济作物的“高经济收益”间接表现出来。由此可以认为，农户的耕地配置行为，一定程度上是“家庭最低生活保障基础上的、以充分化利用家庭劳动获取经济收益最大化的行为”。

5.2 农户劳动力配置行为的因素分析

劳动力配置假设：在劳动力配置上，农户是否配置劳动力外出就业与家庭照顾指数和家庭劳动力的整体就业比较地位相关；农户内具体劳动力是否外出就业与该劳动力的就业比较地位相关。

在该假设中，因变量为农户的劳动力配置行为，它分为两个方面：从家庭整体角度，农户是否安排劳动力外出就业；从劳动力个体角度，农户具体安排哪个劳动力外出就业。对于这两种不同情况，本研究给予不同假设。由此，劳动力配置假设由两部分构成：整体劳动力配置假设——“农户是否有劳动力外出就业与家庭照顾指数和家庭劳动力的整体市场就业比较地位相关”，以及具体劳动力配置假设——“农户内具体劳动力是否外出就业与该劳动力的市场就业比较地位相关”。

在“整体劳动力配置”假设中，自变量为“家庭生活照顾保障”和“劳动力市场规则”；在“具体劳动力配置假设”中，自变量为“劳动力市场规则”。

其中，“家庭生活照顾保障”是家庭基本生活保障的一个重要组成部分，其测量指标为“生活照顾指数”，该指标的操作化公式为“家庭劳动力 - 1 > 0”（该指标之所以减去“1”是因为家庭成员日常生活的照顾责任，通常一个劳动力就足以承担），公式的意思为“家庭劳动力中排除一个担负生活照顾职责的成员外是否仍有富余劳动力”，如果公式满足“结果大于 0”的条件，则该户“生活照顾指数为低”（生活照顾需求程度相对较低，因为家庭劳动力中排除一个担负生活照顾职责的成员外，仍有富余劳动力）；反之，则“生活照顾指数为高”（生活照顾需求程度相对较高，因为家庭劳动力中排除一个担负生活照顾职责的成员外，没有富余劳动力），该指标是一个二分变量。本研究假设，生活照顾指数低的农户，劳动力外出就业的可能性相对较高。

“劳动力市场规则”对农户配置劳动力的影响，主要借助“劳动力的市场就业比较地位”发生，即在劳动力市场中，由于市场自身的不完善、市场规则的不健全、市场中的分割现象、人力资本的差异等造成一些求职者处于优势地位（表现为：在劳动力市场中，就业难度更小、劳动待遇更高、劳动权益保障更充分等），而另一些求职者处于劣势地位（表现为：在劳动力市场中，就业难度更大、劳动待遇更低、劳动权益实现更差等），农户和农村剩余劳动力很大程度上正是基于自身在城市劳动力市场中的就业比较优劣状态，作出“外出与否”的决策。所以，本研究采用“就业比较地位”来测量“市场体制”对劳动力外出与否的影响。

关于“就业比较地位”的测量问题，根据市场转型理论与劳动力市场分割理论，在社会转型加速期，影响劳动力在市场中就业地位的主要因素为户籍、性别、年龄、人力资本（包括受教育程度和专业技术掌握情况）等；鉴于本研究是对农村劳动力“就业比较地位”的测量，所以仅引入“性别”、“年龄”、“受教育程度”与“是否掌握专业技术”（这里的专业技术是指需要经过专门学习、并得到行业认同的、能够运用于实践的技术）四个指标。测量“家庭整体劳动力”和“家庭具体劳动力”的“就业比较地位”的差别，主要有三点：首先，前者不纳入“性别”指标；其次，前者对“年龄”、“受教育程度”的测量指标均属于家庭劳动力平均水平；第三，前者对“是否掌握专业技术”的测量也是采用“家庭所有劳动力中是否有人掌握专业技术”这一能够反映家庭劳动力总体特性的指标。

对于自变量“家庭生活照顾保障”对劳动力配置的影响，本研究假设：如果某个家庭的劳动力仅仅足够承担生活照顾的能力（“家庭生活照顾指数如果小于0”），该家庭将没有能力配置劳动力外出就业，换言之，该家庭将不会有外出就业人员。所以，研究假设“农户是否有劳动力外出就业与家庭照顾指数相关”得以产生。

对于自变量“市场就业比较地位”对劳动力配置的影响，本研究假设：在城市劳动力市场中，占据“就业比较优势地位”的农村劳动力外出的可能性将高于占据就业比较劣势地位的劳动力；所以，劳动力配置假设有“农户是否有劳动力外出就业与家庭劳动力的整体市场就业比较地位相关；农户内具体劳动力是否外出就业则与该劳动力的市场就业比较地位相关”。

对于劳动力配置假设的两个部分，鉴于因变量均属于“是否外出”的二分变量，本研究拟分别建立两个二分 LOGISTIC 回归模型进行实证分析。

5.2.1 “农户是否配置劳动力外出就业”的因素分析

“整体劳动力配置”的假设为“农户是否配置劳动力外出就业与家庭照顾指数和家庭劳动力的整体市场就业比较地位相关”。在该假设中，“农户是否有劳动力外出就业”为因变量，“家庭照顾指数”和“家庭劳动力的整体市场就业比较地位”为自变量。

以“农户是否有劳动力外出就业”为因变量，采用两步二项 LOGISTIC 回归分析法，先纳入“家庭照顾指数”测量“家庭生活照顾需求程度”对因变量的影响，再纳入家庭劳动力的“平均年龄”、“平均受教育程度”和“整体掌握专业技术情况”，测量“农户劳动力整体就业比较地位”对因变量的影响，两步回归模型如下。

$$\ln\left(\frac{p_j}{1-p_j}\right) = a_i + \sum_{i=1}^{k}\beta_i X_i$$

k 满足下列条件：当 $j=1$ 时，$k=1$；当 $j=2$ 时，$k=4$。

上述模型中，p 为农户家中有劳动力外出就业的概率，“$1-p$”为农户家中没有劳动力外出就业的概率，β 为自变量的非标准化回归系数，X 为模型中的自变量，j 为模型回归的步数，i 为自变量的序号，k 为每个模型中使用的自变量的个数。根据对定州市农村的抽样调查数据，统计结果如表 5－3 所示。

表 5－3 “农户是否有劳动力外出就业”的 LOGISTIC 回归分析

	B	S. E.	Wald	df	Beta	Sig.	Exp (B)	
Step1	家庭照顾指数（大于 0）	3. 593	1. 029	12. 181	1	0. 51	. 000	36. 339 *
	Constant	－3. 091	1. 022	9. 139	1		. 003	. 045
N＝320	－2LL＝416. 334Chi－square Improvement ＝ 33. 298 * Sig. ＝. 000 Percentage Correct Predicted ＝64. 7%							

续表

	B	S. E.	Wald	df	Beta	Sig.	Exp (B)	
Step2	家庭照顾指数（大于0）	3.837	1.204	10.164	1	.55	.001	46.388 *
	户劳动力平均受教育年限	-.316	.099	10.154	1	-.31	.001	.729 *
	户劳动力掌握专业技术情况（有）	3.008	.334	81.224	1	.81	.000	20.243 *
	户劳动力平均年龄	-.080	.021	14.142	1	-.41	.000	.923 *
	Constant	-.015	1.496	.000	1		.992	.985
N = 320	-2LL = 269.006 Chi - square Improvement = 147.328 * Sig. = .000 Percentage Correct Predicted = 82.2%							

注：因变量为一年来你家有劳动力长期外出就业过吗（基准：有）

Step1 自变量为家庭照顾指数

Step2 自变量为家庭照顾指数，户劳动力平均受教育年限，户劳动力掌握专业技术情况（基准：有），户劳动力平均年龄

Beta (i) = Bi * Si/1.8138，其中，Beta 为自变量的标准化回归系数，B 为自变量的非标准化回归系数，S 为自变量的标准差，下标 i 为自变量标号，分别对应上表中的各自变量。

* 为 P<0.05。

由表 5-3 可知以下几点。

第一，“家庭生活照顾指数”和“农户劳动力整体就业比较地位”两大自变量对因变量“农户是否配置劳动力外出就业”均有显著影响。

统计分析的第一步仅纳入反映家庭生活照顾需求程度的指标“生活照顾指数”，所得卡方增量为 33.298，卡方改变量显著，且仅仅用这一个指标预测农户劳动力是否外出就业的行为，模型的整体预测概率就达到了 64.7%；在统计分析的第二步，模型在纳入反映“农户劳动力的整体市场就业比较地位”的指标组——家庭劳动力的“平均年龄、平均受教育年限、劳动力整体掌握专业技术”之后，模型的卡方又显著增加了

147.328，模型的预测正确率也由第一步的64.7%增加到82.2%，也就是说，用模型中两类因素预测农户是否安排劳动力外出就业这一行为时，正确率达到了82.2%的较高水平。由上述两步回归分析可知：农户的“家庭生活照顾需求程度”和“劳动力整体就业比较地位”是影响农户配置劳动力外出行为的重要影响因素。

第二，模型中各自变量与因变量均有明显相关，但作用方向和作用力不同。

单独分析具体自变量与因变量的关系时，可以发现模型中具体指标对因变量的影响在方向上和程度上存在明显差异。

“家庭照顾指数”和“农户劳动力整体掌握专业技术情况”这两个指标，与“农户是否有劳动力外出就业”均呈明显正相关关系（B值均为正数，显著度均小于0.05）。具体而言，家庭照顾指数低（劳动力人数减去1人结果大于0）的农户，劳动力外出就业的发生比是家庭照顾指数高（劳动力人数减去1人结果小于或等于0）的农户的46.388倍；换句话说，农户在排除担当家庭生活照顾任务的劳动力以后，如果家中仍旧有富余劳动力，那么，该农户配置劳动力外出就业的发生比将是那种“家中劳动力仅仅足够承担生活照顾责任的家庭”的46倍（在控制其他因素影响的情况下）。而根据“户劳动力掌握专业技术情况”的B值和Exp（B）值：农户中如果有劳动力掌握专业技术，该农户中有劳动力外出就业的发生比将是那种“家庭中没有劳动力掌握专业技术”的农户的20倍（在控制其他因素影响的情况下）。对于上述两个指标与因变量的关系，简言之，即农户的家庭生活照顾负担越低，农户配置劳动力外出就业的可能性就越大，反之，则越小；如果农户中有劳动力掌握专业技术，农户劳动力外出的可能性相对就高，反之，则越低。

与农户劳动力“掌握专业技术情况”和“农户生活照顾指数”相反，“户劳动力平均受教育年限”和“户劳动力平均年龄”与因变量均呈现明显负相关关系（B值均为负数，显著度均小于0.05）。更详细地说，在控制其他变量的情况下，“户劳动力平均受教育年限”每增加一年，农户劳动力外出的发生比将下降为原来的72.9%，“户劳动力平均年龄”每增加一岁，农户劳动力外出的发生比率也将下降为原来的92.3%。总之，农户劳动力的“平均文化程度”和“平均年龄”，对“农户配置劳动力外出”的行为具有明显负面影响，随着家庭劳动力的平均文化程度的升高，农户外出的可能性将降低，随着农户劳动力平均年龄的增长，农户劳动力外出的概率也将趋于下降。

观察模型中各指标的标准回归系数，可以发现各指标对因变量的净影响显著不同，“户劳动力掌握专业技术情况”的标准回归系数绝对值最大（0.81），其次是“家庭照顾指数”（0.55），然后是农户的“劳动力平均年龄”和“劳动力平均受教育年限”。换句话说，就模型而言，在控制了其他变量对因变量的影响之后，农户家庭劳动力是否掌握专业技术对该农户配置劳动力外出行为影响最大，其次是家庭生活照顾需求程度和户劳动力平均年龄，作用最小的是户劳动力平均受教育程度。

总之，“家庭生活照顾保障”和“农户劳动力整体市场就业比较地位”，是影响“农户是否配置劳动力外出就业”行为的两类不可忽视的关键因素，其中家庭生活照顾需求的影响更为关键。

5.2.2 “农户是否安排具体劳动力外出就业”的因素分析

“具体劳动力配置假设”为“农户内具体劳动力是否外出就业与该劳动力的市场就业比较地位相关”。在该假设中，“农户具体劳动力是否外出就业”为结果变量，“该劳动力的市场就业比较地位”为影响变量，影响变量的操作化指标为该劳动力的“性别”、“年龄”、“受教育程度”和“是否掌握专业技术”。由于因变量“农户具体劳动力是否外出就业”为二分变量，测量具体劳动力的就业比较优势对其作用关系，拟采用二项选择的LOGISTIC回归模型进行分析。

$$\ln\left(\frac{p}{1-p}\right) = a + \sum_{i=1}^{k}\beta_k X_k$$

在模型中，p为农户某具体劳动外出就业的概率，“$1-p$”为某具体劳动力不外出就业的概率，a为常数项，β为自变量的非标准化回归系数，X为模型中的自变量，K为自变量的序号，分别对应某具体劳动力的

“性别”、“年龄”、“受教育程度” 和 “是否掌握专业技术”。

本研究将定州农村抽样调查数据运用到模型，所得结果如表5－4所示。

表5－4 “具体劳动力是否外出就业”的LOGISTIC回归分析

	B	S. E.	Wald	df	Beta	Sig.	Exp（B）
年龄	－. 078	. 011	52. 448	1	－. 55	. 000	. 925 *
性别（男）	1. 456	. 275	28. 114	1	. 40	. 000	4. 288 *
受教育年限	－. 066	. 060	1. 183	1	－. 08	. 277	. 937
掌握专业情况（是）	2. 838	. 248	130. 678	1	. 70	. 000	17. 090 *
Constant	. 038	. 614	. 004	1		. 951	1. 039

N＝812 －2LL＝508. 924 Chi－square Improvement＝404. 308 * Df. ＝4 Sig. ＝. 000

TotalPercentage Correct Predicted＝87. 9%

注：因变量为你一年来长期外出就业过吗（基准：是）。

自变量为年龄，性别，受教育年限，掌握专业情况。

Beta（i）＝Bi＊Si/1. 8138，其中，Beta为自变量的标准化回归系数，B为自变量的非标准化回归系数，S为自变量的标准差，下标i为自变量标号，分别对应上表中的各自变量。

＊为P<0. 001。

由表5－4可知以下几点。

首先，劳动力的市场就业比较地位对该劳动力是否外出就业行为有显著影响，且模型预测正确率总体达到87. 9%的较高水平。

其次，在测量具体劳动力就业比较优势的指标中，除了“劳动力的受教育程度”与因变量不具有明显相关性外（Sig. ＝0 . 277），模型中的其他各自变量对“劳动力是否外出”行为都有显著影响。

第三，模型中各自变量的作用效果不同。劳动力的“年龄”与其外出行为呈负相关性，更具体地说，劳动力的年龄每增加一岁，该劳动力外出的发生比将降为原来的92. 5%；男性劳动力外出就业的概率远高于女性，其外出发生比是女性的4. 288倍；劳动力的“受教育程度”与该劳动力外出与否并没有明显的关系（P > 0. 05）；劳动力是否掌握专业技术对其外出与否的影响很大，如果某劳动力掌握有某专业技术，其外出就业的发生比将是那种不掌握专业技术劳动力的17. 090倍。总体上看，在反映具体劳动力就业比较优势的指标中，“劳动力掌握专业技术情况”对该劳动力外出与否的影响最大（标准回归系数的绝对值为0.70），其次是年龄和性别（标准回归系数的绝对值分别为0.55和0.40）。

总之，由对“农户具体劳动力外出与否”的LOGISTIC回归分析可知，具体劳动力的市场就业比较地位对该劳动力外出与否有显著影响，且，在反映劳动力市场就业比较地位的指标中，劳动力掌握专业技术情况对该劳动力影响最大，教育程度则不具有明显的相关性。

5.2.3 劳动力配置假设的结果与讨论

对劳动力配置假设的统计验证表明：农户的“家庭生活照顾需求程度”与“农户劳动力的整体市场就业比较地位”是影响该农户整体劳动力配置行为的两个重要因素；“具体劳动力的市场就业比较地位”是影响农户安排该劳动力外出与留守的重要因素。劳动力配置假设在定州市农村得到了数据支撑。

考察“家庭生活照顾需求程度”和“劳动力市场就业比较地位”对“劳动力外出与否行为”的相关关系，在定州市农村的社会生活环境中，可以轻易得到解释。

其一，关于“家庭生活照顾需求程度”对农户劳动力整体配置的影响。

这可以从两方面解释。首先，在定州市农村，社会性的“生活照顾设施”基本上处于空白状态，高龄老人、残疾人和婴幼儿等成员的生活照顾需求只能依靠家庭其他成员来满足（尽管在某些乡镇也存在有养老院或者敬老院，但是，这些养老机构里的老人和儿童主要是无依无靠的孤寡老人和孤儿，对于农村大部分需要他人提供生活照顾的人口而言，不具可能性）；其次，虽然幼儿园和小学在定州农村人口较大的村庄基本上已经普及，但是，入学儿童放学后需要回到家里吃住，这就要求有中小学生和幼儿园儿童的农户必须解决孩子的食宿、入学和路途安全等生活照顾问题，虽然部分农户依靠把留守子女放在祖父母辈或其他亲戚家中解决，但是对于大多数农户来说，依靠家庭成员解决照顾问题仍然是首要选择。所以，对于那些家中有“老弱病残幼和入学儿童”等需要他人提供生活照顾的家庭来说，他们家庭活动首要面临的问题就是保障“家庭生活照顾需求”得到满足，只有解决了这个最基本的问题，农户的劳动力配置的其他需求才有考虑的可能性（也就是说，农户在排除担当生活照顾责任的劳动力后，如果仍旧有剩余劳动力，才会存在外出就业获取经济收入的可能性）。所以，“家庭生活照顾需求程度”成为影响农户配置劳动力外出与否的关键性因素之一，“家庭生活照顾需求高”的农户（生活照顾指数高的农户），其劳动力外出就业的发生比自然远远低于“家庭生活照顾需求低”的农户。

其二，关于“劳动力的市场就业比较地位”与农户劳动力配置的关系。

本研究认为：在市场经济社会中，“经济效益”原则是人们行为决策遵循的基本规则之一，这对个体决策者和集体决策者而言均不例外。就农户对家庭具体劳动力外出与留守的配置而言，首要考虑的问题就是具体劳动力“外出—留守”的“成本收益比较”（这里的成本既包括即期经济成本，也包括远期经济成本，以及其他社会成本等），而“市场就业比较地位”则是对影响“成本—收益”因素的综合衡量。

在测量“劳动力市场就业比较地位”的指标中，“劳动力掌握专业技术情况”是相对作用最大的指标，这是由“专业技术”对农民外出就业的“经济收益的重要性”所决定的。“专业技术”与“经济收益”的关系通过两个渠道发生。首先，“专业技术”与“边际劳动报酬”密切相关。这是由农民工所从事的行业属性决定的。对于定州市农村劳动力来说，他们所从事的行业主要是体力密集型行业，比如建筑业、采掘业等。体力密集型行业的工资水平整体相对较低，但是，行业内工资却存在明显的分层，工资分层的最主要标准就是岗位的技术含量程度，技术含量越高的岗位，工资水平就越高，技术含量越低的岗位，工资水平也越低。以定州市农民工就业最为集中的行业“建筑业”为例，根据技术分工和岗位职责，工作被分为包工头、领班、木工、瓦工、钢筋工、管道工、学徒、壮工等许多工种，上述工种又可以归为四大类别——包工头、领班、技工和壮工（其中，仅仅“壮工”可以不掌握“熟练的、为同行所认可的专业技术”）；由于四种岗位技术含量不同、所司职责不同，工资也存在明显区别（包工头获取的是工程利润，其他岗位获取的均是工资性收入），根据抽样调查数据对壮工、技工和建筑领班的日工资所作的方差分析：在调查时间的“日均工资”❶，壮工为26元、技工为39元、领班为50元，三种工种工资差距显著（$P<0.05$）；如果按月计算（每月按28天计算），仅仅技工与壮工之间的月工资就相差364元❷（且不提壮工更多的体力付出）。其他行业与建筑业也大同小异。可见，“是否掌握专业技术”是决定农民工“边际劳动报酬”的主要因素。其次，“专业技术”与就业难度密切相关。掌握有某种专业技术的农村劳动力，就业相对容易，阶段性就业持续时间也相对较长；而不掌握任何专业技术、仅仅靠体力劳动挣钱的劳动力，就业难度相对更大，且单项工作一般持续时间相对更短（从“路边短工”的半个、一个小时到建筑工程的几个月时间不等），由于频繁更换工作所带来的时间成本则更多。总之，“掌握专业技术与否”对“具体农村劳动力外出”的经济效益产生直接影响，而农户具体劳动力外出的经济收益又与该户整体经济收益紧密相连，并最终对农户劳动力整体配置行为产生影响。所以，“专业技术”通过“市场就业比较地位”，直接影响农户的劳动力配置行为。

“年龄”是影响“劳动力外出与否”的另一个重要因素。两者之间的密切的关系可以从农民工从事的行业属性角度进行分析。具体言之，由于农村劳动力的文化和技能资本相对匮乏，他们在城市中从事行业主要是体力密集型行业（这种行业虽然也需要一定的专业技术，但是即使是技术人员，总体上仍旧需要投入相对其他行业更多的体力劳动）。“体力密集型”行业自然有对“身强力壮”和“年轻”的体质要求，这尤其具体表现在“年龄”与外出就业的“经济效益”的递减效应上。用某张姓55岁

---

❶ 在建筑行业，农民工的工资计算方式，主要采用“日工资”形式。

❷ 领班一般是在掌握多种建筑技术，且具有多年从事建筑业的经验和管理经验之后才能担当；由于该岗位对技术要求较高、所承担的岗位职责较大，其工资水平远远高于一般建筑工人，更非壮工所能比。

“退役农民工”❶ 的话说：

“别人（包工头）也不想要了，（自己）干活手脚也跟不上了，身体也呛不住了，不如回来种好地，活轻点儿，钱也不少挣。”——ZZ55M0915

总之，“年轻就是资本”在农村劳动力外出就业上表现得尤为突出。随着年龄逐年增加，当农村劳动力逐渐丧失外出就业的年龄优势的时候，这些所谓“上了年龄”的农村劳动力也就开始自动调整劳动方向——大多选择“回流”而不是继续“外出就业”。具体劳动力的年龄对其外出与否的影响如此，农户劳动力的“平均年龄”对农户整体劳动力配置行为也存在类似影响。这是因为：现阶段的农村家庭结构主要以核心家庭为主，家庭劳动力的平均年龄，实质上反映的是家庭主要劳动力，尤其是家庭户主夫妇的年龄大小；当具体劳动力随着年龄增长，市场就业比较优势地位逐渐丧失时，农户也随之丧失“外出兼业型”劳动力配置模式的经济收益比较优势，农户自然会调整劳动力配置方式，并转向“非外出模式”以获取家庭经营收入的最大化。

关于“性别”与具体劳动力是否外出就业的关系。只要略微考察一下中国男权社会和劳动力市场分割体制下，农村男女劳动力在城市劳动市场中的就业的比较地位，就可以轻易找到答案。首先，数千年中国男权制社会下形成的性别分工模式为男女两性规制了不同的位置。在中国，“男外女内、男主女从”的性别角色观念一直根深蒂固，尽管随着社会的变迁，这种性别角色观念有了某种程度的转变。但是，“男外女内、男主女从”仍旧是两性性别分工的基本定位。在自给自足的自然经济时代，这种性别分工模式主要表现为“男耕女织”，在劳动力加速流动的现阶段，它转而以“男工女耕”的形式出现（家庭男劳动力外出打工或者从事非农经营，女劳动力则负责耕地种植和料理家务），这一点在华北地区表现得更为明显；尽管女性在结婚之前不乏“外出就业”的劳动力，但是，一旦达到“婚育期”，她们大多退居家中，成为家庭劳动力中的“留守成员”，担当着照顾老弱病残幼、料理家务和耕种土地的任务。同时，“男

❶ 即那些曾经外出就业，后来，由于各种原因不再外出就业的农村劳动力。

外女内”的性别分工模式，相遇中国劳动力市场上城乡二元分割格局，使农村女性劳动力在城市劳动力市场上处于双重劣势地位，这种就业劣势地位，使农村女劳动力无论在劳动力市场进入上，还是在就业领域、就业岗位、劳动报酬上，相比男性均处于被动地位。要之，“男外女内”的社会性别分工模式，以及城市劳动力市场对农村劳动力的排斥，共同使农村女劳动力置于城市劳动市场上就业的绝对劣势地位，而这种就业劣势地位又反作用于农户，使农户对家庭劳动力进行配置时，将女性更多地置于“留守”位置，而将男性更多地置于“外出就业”的位置。这正是性别与农户劳动力配置之间关系的内在逻辑。

“受教育程度”与农户劳动力配置之间的关系相对复杂一些，具体劳动力的受教育程度与该劳动力是否外出就业不具有明显的相关性，而家庭整体劳动力的平均受教育程度则与该农户是否配置劳动力外出呈负相关关系。对于上述两种不同的关系，需要给予具体分析。

关于具体劳动力的受教育程度与该劳动力外出与否的无关性，可以从两个层面讨论。其一，定州农村劳动力的受教育程度普遍偏低，且不具有实质性差距。根据抽样调查数据，定州市农村劳动力的平均受教育年限为6.2年，虽然外出劳动力的受教育年限（平均6.7年）比非外出劳动力的受教育年限（平均6.0年）略微偏高（$P<0.05$）；但是，短短“不足一年”的受教育时间差异，对于人们的实际文化程度的差异而言并没有实质性意义；实际上，人们在日常生活中，常常把“初中一年级”与“初中二年级”统统视同为同一文化水平段——“初中水平”。其二，在劳动力市场中，受教育程度，尽管是衡量人们就业比较优劣状态的一个重要指标，但是，“教育文凭”才是衡量文化资本高低的参照标准，且，在劳动力市场中真正具备优势作用的“文凭”至少要达到“高中毕业”以上；然而，定州农村劳动力的平均受教育年限恰恰落在“高中文化程度”的分水岭以下。正是农村劳动力普遍较低的“初中”文化水平，以及“文凭”在城市劳动力市场中所发挥的区隔作用，共同造成了“受教育程度”与“具体劳动力外出与否”之间的无关性。

关于农户劳动力的平均受教育程度与该农户劳动力外出之间的负相关

性，可以从三个层面分析：其一，定州农村劳动力的平均受教育程度为初中水平，且差异较小，这种建立在低文化水平上的差异性对农村具体劳动力的市场就业比较地位，缺乏实质性影响。其二，农户劳动力的平均受教育程度，一定程度上与户主受教育程度呈正相关关系。这是由婚姻市场中的“门当户对”潜规则所决定的。婚姻市场上的“门当户对”，不仅包含择偶对象双方家庭在经济地位和社会地位上的相当性，更包含择偶对象之间在经济活动能力、文化水平、相貌、智力、性情匹配等方面的组合因素，且，随着择偶自主化、家庭结构的核心化和小型化发展趋势，择偶对象之间的“匹配性”成为“门当户对”的首要方面。事实上，由于核心家庭成为家庭结构的主体，农户劳动力的平均受教育水平，相当程度上标志着户主的受教育水平。其三，在农村内部，户主文化水平对家庭经营方式产生重要影响；详言之，户主的文化水平不同，其家庭经营策略也趋于不同：文化水平偏高的户主（尽管规模相对不大），由于具有更高的文化资本，以及附带的经济资本，更易于实现在家乡“非农经营或者稳定工作的兼业型”家庭经营模式，即在种植业之外，通过家庭非农经营、村委就职、城镇正式招工、参军、学习技术等形式安排家庭剩余劳动力，以获取家庭经营收入的最大化；该家庭兼业型模式相对“外出就业型兼业模式”，具有“劳动资本投入少、货币和技术资本投入多、家庭生活方式破坏小，且剩余劳动力易于彻底转移的优点”。然而，受教育程度稍低的大多数农户的户主，鉴于家庭资本构成所限，则倾向于采取“外出就业的兼业型”家庭经营模式，即在种植业之外，通过“外出就业”的方式，主要以体力投入为主获取更高的家庭经济收入。要之，“文化水平”正是通过“家庭经营模式”，对农户的劳动力配置产生影响。

总之，通过对农户劳动力配置的因素分析可以得出以下结论：农户在对家庭劳动力进行配置时，一方面，结合家庭自身的“生活照顾需求”状况和劳动力剩余状况，对“家庭劳动力”外出就业的可能性作出判断；另一方面，农户又根据家庭劳动力的市场就业比较地位，对整体劳动力和具体某劳动力“外出就业”的成本收益进行分析，作出“劳动利用充分化”和“经济收益最大化”的理性经济决策。简言之，“市场导向”和家庭生活保障惯习，作为内外两种不同的行为规则，同时作用于农户，使定州市农户的劳动力配置行为，表现为“家庭生活照顾基础上的劳动力充分化利用行为”。

5.3 农户资金配置行为的因素分析

资金配置假设。在资金配置上，农户的投资意愿强弱与家庭基本生活风险防范需求程度相关，投资的行业取向则与农户的融资能力相关。

在资金配置假设中，因变量为农户资金配置行为，它分为“投资意愿”和“投资行业取向”两个方面。

“投资意愿”指涉农户的资金使用方向问题，即农户在对家庭资金进行配置时，是否愿意用于“投资”以求扩大再生产的行为，它既包括生产规模的扩大，也包括在生产规模不变的基础上对生产设施的添加、更新或者对新技术、新模式的运用等主要用于生产的行为（不包括金融投资行为）。“投资意愿”的操作化指标为：“最近五年内，你家的经济花销最可能用于的五个方面依次有哪些?”，对该问题回答的前三项中，有“投资”选项的被假定为“强投资意愿”，赋值为“1”，前三项选择中没有“投资”选项的被假定为“弱投资意愿”，赋值为“0”。

“投资的行业取向”指涉农户所拥有的货币资金的投资行业问题，由于在华北农村、尤其是定州农村，农户的资金主要投资于种植业，在种植业之外的规模性养殖业和其他非农经营行业总体上较少，所以，本研究把农户的投资行业主要分为“农业”和“非农行业”两类，其中，“非农行业”包括规模养殖业和其他家庭非农经营这两类经济体制改革后兴起的新兴行业。其操作化指标为：“你家是否经营有非农行业（包括规模养殖、餐饮住宿、批发零售、制造业、运输业以及其他第二、三产业）?”。

对于农户的“投资意愿”和“投资行业取向”，本研究假设其影响因素不同。从“家庭保障”和“市场体制”两种角度出发，并根据两类因素各自与“投资意愿”和“投资行业取向”之间的现象学关系考察，建立两个次级假设：“投资意愿假设”——“农户的投资意愿强弱与家庭基本生活风险防范需求程度相关”，以及“投资行业取向假设”——“农户的投资行业取向与农户的融资能力相关”。对于这两个次级假设，本研究将分别建立 LOGISTIC 回归模型进行统计分析。

5.3.1 农户投资意愿强弱与“家庭基本生活风险防范需求程度”

关于农户的“投资意愿”，本研究假设农户的“家庭基本生活风险防范需求程度”是影响其强弱的基本因素。根据国际国内社会保障制度体系中的社会保险项目的构成，结合华北农村和定州市农户对家庭基本生活风险的认识，本研究把“家庭基本生活风险防范需求程度”操作化为几个基本方面：“子代现期建房预备需求”、“家庭教育费用预备需求”、“家庭现期养老（包括安葬）预备需求”、“家庭现期生育预备需求”和“家庭现期医疗预备”五个方面。对应调查问卷中的问题分别为“你家现在是否在为建房做经济准备？你家现在是否有孩子上学？你家目前需要为老人养老做经济准备吗？你家最近两年是否准备生育孩子？你家是否有需要经常吃药看病的成员？”对因变量“投资意愿”的测量指标为“今后五年内，你家的经济花销最可能用于的前三个方面是否有投资？”这是个二分变量，研究变量“家庭基本生活风险防范需求”与该变量之间的关系，本研究采用二项选择的 LOGISTIC 回归分析，模型如下。

$$\ln\left(\frac{p_j}{1-p_j}\right)=a_i+\sum_{i=1}^{k}\beta_i X_i$$

k 满足下列条件：当 $j=1$ 时，$k=5$；当 $j=2$ 时，$k=3$。

在该模型中，p_j 为“农户近年内可能扩大投资经营的概率”，“$1-p_j$”为“农户近年内不可能扩大投资经营的概率”，β 为回归系数，X 为自变量测量指标，j 为模型序号，k 为每个模型中使用的自变量个数，i 为自变量的序号。抽样数据进入模型后，统计结果如表 5－5 所示。

表 5-5 “农户投资意愿强弱”的 LOGISTIC 回归分析

		B	S. E.	Wald	df	Sig.	Exp (B)
模型 1	子代建房预备需求（是）	-1.082	.413	6.873	1	.009	.339*
	家庭现期医疗预备需求（是）	-.939	.396	5.610	1	.018	.391*
	家庭现期养老预备需求（是）	-.467	.361	1.679	1	.195	.182*
	家庭现期生育预备需求（是）	-1.702	.770	4.890	1	.027	.857
	家庭现期教育预备需求（是）	-.154	.311	.244	1	.621	.506
	Constant	-.682	.273	6.261	1	.012	
	N = 320　-2LL = 291.333　Chi - square improvement = 23.300* Sig. = .000　Total Percentage Correct Predicted = 80.6%						
		B	S. E.	Wald	df	Sig.	Exp (B)
模型 2	子代建房预备需求（是）	-1.139	.407	7.836	1	.005	.320*
	家庭现期医疗预备需求（是）	-.965	.391	6.089	1	.014	.381*
	家庭现期生育预备需求（是）	-1.574	.751	4.391	1	.036	.207*
	Constant	-.878	.176	24.884	1	.000	.416
N = 320　-2LL = 293.301　(Model Chi - square = 21.332*　Sig. = .000) (Chi - square changed = 1.968　Sig. = .374)　Total Percentage Correct Predicted = 80.6%							

注：因变量为今后五年内，农户经济花销最可能用于的前三个方面是否包含有“投资”行为（是）

自变量的参考基准均设定为“是”。

* 为 P < 0.05。

表 5-5 的模型 1 部分是把自变量的五个指标全部纳入模型后，所得 LOGISTIC 回归的统计结果，结果显示如下。

首先，农户投资意愿的高低与农户的家庭基本生活风险防范需求呈现明显的相关性。模型的对数似然值变化显著，且模型对样本个案观测值的预测正确率整体达到 80.6% 的较高水平。换句话说，整体而言，本研究假设的“农户家庭基本生活风险防范需求是影响农户投资意愿强弱的基本因素”在定州农村得到了数据支撑。

其次，在模型纳入的农户家庭基本生活风险防范需求的诸方面中，“子代建房预备需求”、“家庭现期医疗预备需求”和“家庭生育预备需求”对农户投资意愿影响显著（P < 0.05），家庭现期的“养老预备需求

和教育预备需求”对农户投资意愿高低的影响不明显（P>0.1）。

最后，模型中涉及的“农户家庭基本生活风险防范需求”的诸方面与农户的“投资意愿”均呈现负相关关系，具体表现为：“有”子代现期建房预备计划的农户在最近五年内“扩大投资生产经营”的发生比，是“没有”子代建房预备计划的农户的33.9%；家中“有”需要经常吃药看病成员的农户，其在最近五年内“扩大投资生产经营”的发生比远远低于家中“没有”病弱体质成员的农户，前者发生比仅仅是后者的39.1%；“现期生育预备需求”对“投资意愿”的影响也较为强烈，“有生育计划”的农户扩大再生产的预期行为发生比是“没有生育计划”的农户的85.7%。另外，农户现期的“养老预备需求”和“教育预备需求”虽然就样本而言与“农户的投资意愿”呈负相关，但是，就定州市农户整体而言影响不显著（以P<0.1为显著标准）。

由上述模型1的LOGISTIC回归分析结果可知：在“农户家庭基本生活风险预备需求”项目中，仅仅“子代建房预备需求”、“家庭现期医疗预备需求”和“家庭现期生育预备需求”与农户投资意愿的强弱有显著相关性，“农户现期教育预备需求”和“养老预备需求”对农户投资意愿的高低在研究总体上不具有明显相关性。上述统计结果引发的问题是：如果“农户家庭基本生活风险预备需求”确实与“农户投资意愿的强弱”相关，且主要表现为“建房”、“医疗”和“生育”三项，那么，由这三项组成的“家庭基本生活风险防范需求”对农户投资意愿高低的影响怎么样呢？对此问题的解答，本研究采用对“农户投资意愿”进行第二步LOGISTIC回归分析的方法，希望通过简约模型与复杂模型之间统计结果的比较找到答案。所以，模型2与模型1的数学公式相同（这里不再赘述），两个模型之间的关系属于嵌套关系，不同之处仅在于模型2纳入的自变量仅仅是模型1中对因变量影响显著的三项指标，即，“子代建房预备需求”、“家庭现期医疗预备需求”和“家庭现期生育预备需求”。第二步LOGISTIC回归的统计结果被归纳为表5的模型2部分。

模型2的统计结果显示，农户的“子代建房预备、医疗预备和生育预备”三项需求整体上对“农户的投资意愿大小”的影响显著，且“农户家庭基本生活风险防范需求”主要是通过上述三项指标对农户的投资意愿产生影响。原因如下：首先，模型2的卡方检验显著，模型对观测值的整体预测正确率仍旧高达80.6%。且，模型2对样本个案观测值的预测正确率，并没有因为剔除模型1中“现期教育预备需求”和“养老预备需求”两项指标而发生任何改变（模型2和模型1对个案观测值的预测正确率完全相同)。其次，模型2相比模型1的对数似然值的减少量很小，仅为1.968，且“变化”没有通过卡方检验（Sig. =.374)；要之，农户的“养老预备需求”和“教育预备需求”这两项，无论单独分析，还是整体分析，对“农户投资意愿”的强弱均没有显著相关关系。由此，可以得出结论：影响农户投资意愿高低的“家庭基本生活风险防范”因素，主要表现为“子代建房预备”、“医疗预备”和“生育预备”三个方面（这三个方面在模型1和模型2中，对因变量的作用均呈现较高的显著性，$P<0.05$，且作为变量组对因变量的关系也较为明显）。

综上所述，本研究假设的“农户投资意愿强弱与农户基本生活风险防范需求相关”，在定州市农村得到了数据支持；但是，值得指出的是，本研究原假设的“家庭基本生活风险防范需求”的五个项目并非都对“农户投资意愿高低”产生显著影响。在五个测量指标中，“子代建房预备需求”、“农户现期医疗预备需求”和“农户现期生育预备需求”作用明显，“养老预备需求”和“教育预备需求”对因变量的影响不明显。简言之，“家庭基本生活风险防范需求”是影响农户“投资意愿强弱”的基本因素，且主要表现在农户的“子代建房预备需求”、“家庭现期医疗预备需求”和“现期生育预备需求”三个方面。

5.3.2 农户的投资行业取向与农户融资能力

“农户投资行业取向”的假设为“农户的投资行业取向与农户的融资能力相关”。其中，“农户的投资行业取向”为结果变量，操作化指标为“你家是否经营有非农行业”；自变量为“农户的融资能力”，意指农户调用家庭内外资金进行生产投资或经营的能力。据实地调研，农户所能调用家庭内外资金主要包括“家庭积蓄”、“亲朋经济支持”和“商业

性金融支持”三个方面，本研究将其依次操作化为三个指标——“家庭积蓄额（包括负债额）”、“如果你家搞经济投资时，需要借贷，亲朋能发挥多大作用”、“除了住房外，你家可变卖的最值钱物件或资产现值多少钱（以千元为单位）”。本研究拟采用二项选择的LOGISTIC回归模型对“农户投资的行业取向”与“农户融资能力”之间的关系进行分析，模型如下。

$$\ln\left(\frac{p}{1-p}\right)=a+\sum_{k=1}^{3}\beta_k X_k$$

在模型中，p 为“农户家庭经营非种植业的概率”，“$1-p$”为“农户家庭不经营非种植业的概率”，β 为非标准化回归系数，X 为自变量测量指标，下标 k 为自变量的标号，分别对应自变量的三项测量指标——农户的“家庭资金积蓄程度”、“亲朋经济支持度”和“家庭最值钱的可变卖品的现期市场价值”。将上述变量的抽样数据代入模型后，统计结果如表5－6所示。

表5－6　“农户投资行业取向”与“融资能力”LOGISTIC回归分析

	B	S. E.	Wald	df	Beta	Sig.	Exp（B）
家庭货币资金积累程度	.136	.012	8.978	1	0.357	.003	1.036**
亲朋的经济支持度	.331	.196	2.841	1	0.166	.092	1.392*
家庭最值钱的可变卖品市场价现值多少千元（住房除外）	.107	.042	6.557	1	0.294	.010	1.113**
Constant	−3.325	.604	30.336	1		.000	.036
N＝320　−2LL＝227.893　Chi－square improvement＝24.375** Sig.＝.000　Total Percentage Correct Predicted＝87.5%							

注：因变量为你家是否经营有非种植业。（基准：是）

自变量为家庭货币资金积累程度：你家的储蓄额或负债额处于哪一个水平段。

亲朋的经济支持度：如果你家进行经济投资，资金不足，亲朋可以发挥多大作用。

家庭最值钱的可变卖物品的价值（住房除外，以千元为单位）。

Beta（i）＝Bi＊Si/1.8138，其中，Beta为自变量的标准化回归系数，B为自变量的非标准化回归系数，S为自变量的标准差，i为自变量标号，分别对应表中的各自变量。

＊＊为 $P<0.05$；＊为 $P<0.1$。

表5-6显示：首先，“农户融资能力”确实是影响农户的“投资行业取向”的重要因素，模型在纳入自变量测量指标后，卡方检验显著，模型对样本观测值的整体预测正确率较高，达到了87.5%的水平。且，模型中自变量三项指标对因变量均有显著影响（“亲朋经济支持度”对因变量作用的显著性水平最低，但是，$P<0.1$）。其次，单独考察构成农户融资能力的三方面各自对农户投资行业取向的影响，农户“家庭资金积累程度（包括负债程度）”每提升一个阶段（1500元），农户经营有非农行业的发生比将提高0.036倍❶，“亲朋经济支持度”每上升一个水平，农户经营非种植业的发生比将净提高0.392倍❷，“农户的家庭最值钱可变卖品”每增加1000元，农户经营非种植业的发生比将净提高0.113倍。在测量农户融资能力的三项指标中，农户的“家庭资金积累程度”对农户是否投资有非种植业的影响最大（标准化回归系数最大为0.357），其次是家庭最值钱资产的现期价值（住房外）和亲朋的经济支持度。

要之，本研究假设的“农户投资行业取向与农户融资能力相关”在定州市农村被证明属实，统计结果表明农户的融资能力越强，农户投资非种植业的可能性也越高。更具体地说，农户的资金积累程度对该农户是否投资非种植业的影响最大，其次是政府基于农户资产大小基础上提供的金融信贷支持程度，来自亲朋的经济支持对农户是否投资非种植业也有一定程度的影响。

5.3.3 资金配置假设的结果与讨论

总括对“资金配置假设”两个组成部分的实证分析，可以得出以下

❶ 这里之所以说，家庭货币资金积累程度每提升一个阶段，是因为基于“家庭经济状况”的隐私性和资料效度和信度考虑，问卷中的访谈问题为“你家的储蓄额或负债额处于哪一个水平段？”而不是定比性数据，同时，水平段总计分为23个水平，故，可以将其粗略地视作定距数据进行统计分析。

❷ “亲朋经济支持度”准确地说是一个定序变量，这里将其作为定距变量进行统计分析，应该说是一种不太严格的应用，但是，笔者以为这样处理，比将其作为虚拟变量处理进行统计分析，更易于对统计结果进行分析，且两种处理方法的解释方式不同，但是，对于本研究想要测量的“亲朋经济支持度”与“农户投资行业取向”的关系而言，结果是相同的。

结论。

其一，“农户的投资意愿高低”与“农户的家庭基本生活风险防范需求程度”呈现负相关关系，即，农户的家庭基本生活风险预防越表现出现期需求性，农户的投资意愿越低。但是，本研究假设的“农户家庭基本生活风险预防需求”的五个项目并非对“农户投资意愿程度”均发生显著影响，农户的“现期教育预备需求和现期养老预备需求”对农户投资意愿不具有明显相关性。换句话说，在定州农村，农户的家庭基本生活风险防范需求，在相当大的程度上对农户的投资扩大生产行为产生显著的阻碍作用，且主要以农户对“子代建房预备、现期医疗预备和现期生育预备”的需求为基础。

其二，“农户融资能力”是影响农户投资行业取向的重要因素。“农户融资能力”由农户家庭资金积累程度、农户亲朋经济支持程度和农户获取金融信贷机构的经济支持程度综合构成，统计结果显示无论农户的综合融资实力，还是农户的单项融资实力，均对该农户是否经营非种植业产生明显作用，且，农户的融资能力越强，其从事非种植业的可能性也越大。

考察农户的“投资意愿”和“投资行业取向”的影响因素及其作用机制，较易发现其理论依据和现实基础。

第一，关于“农户的家庭基本生活风险防范需求”对“农户投资意愿”的影响。根据美国心理学家马斯洛先生提出的需求层次理论：人在社会上生存，存在众多需求，这些需求按照重要性和层次性排成一定的顺序，人们总是首先满足最低层次的需求，然后在低一级需求得到最低限度的满足之后，才会逐级追求更高层次的需求；人的需求主要包括五大层次，按照由低到高的顺序依次是生理需求、安全需求、社交需求、尊重需求和自我实现需求；其中，生理需求是个体生存的最基本需求，如食宿等；安全需求包括生理上、心理上与物质上的安全保障，如身体安全、经济安全等；社交需求满足人的友谊、感情和群体归属需要；自尊需求主要包括受人尊重的和自我尊重的需求；自我实现需求指向人的最高层次需要，主要用来满足人的成就感和意义感（Abraham . H. Maslow , 1943）。当把农户作为一个独立的主体看待，并将其需求结构放在“需求层次论”

的理论框架下进行探讨时，就会发现，农户作为行为主体与个人行动者一样，也存在众多需求，这些社会需求也按照对农户的关系密切程度构成一定的需求结构；在需求结构的最底层是农户最基本的需求——生理需求，即，农户作为行为主体能够维持“存在”的最基本需求；然后是安全需求，即，农户作为行为体保证自身能够“延续”下去的需求；接着是社交的需求，即，农户与其他家庭或个人交往、谋求群体归属和友谊支持的需求；然后才是更高层次的谋求“发展的需求”和“成功的需求”等。同时，必须强调的是：农户作为一个初级社会群体行动时满足的是家庭集合体的需求，家庭的需求与个人的需求必然存在鲜明的差异，并以不同的表现形式表现出来；譬如，农户的生理需求主要表现为“吃饱穿暖和有房可居”程度的“家庭最低生活保障需求”，农户的“安全需求”主要表现为“家庭成员健康需求”、“生育需求”、“子代延续需求”和“经济安全需求”等，农户相当于“自尊和自我实现的需求”则主要表现为谋求“发展和成功”的需求。

当按照上述农户的需求表现形式和“需求层次论”透视其行为时，农户的“家庭基本生活风险防范需求”与“农户投资意愿”的关系就一目了然了。详言之，“农户投资意愿程度”测量的是农户对“扩大再生产层次的需求”，也就是“发展需求”或者是“成功需求”；而农户的“家庭基本生活风险防范需求”则是农户“发展和成功需求”之下的“安全需求”。按照“需求层次论”，农户自然会优先满足自身的“家庭基本生活风险防范需求”，然后再满足“扩大生产投资的需求”。所以，现期家庭基本生活风险防范需求高的农户投资意愿低，也就自然可以理解了。

如果进一步解析“农户家庭基本生活风险防范需求”五项指标与“农户投资意愿”的具体关系，“需求层次结构”对农户行为的影响更为明显。

关于子代建房预备需求。对于农户来说，如果有子即将或已经进入婚龄，而农户没有为儿子备有成家待用的新房，该农户儿子的婚姻很大程度上有被搁浅的危险。这是因为有女待嫁的农户通常将给那些“未给子代预备新房”的农户贴上诸如“贫困户”、“窝囊户”或“问题户”等不良标签而将该类农户排除在择偶圈之外，尤其在农村现在盛行的新房攀比的恶性怪圈下更是如此。这种由“子代建房未成功预备”给农户带来的“家族延续安全”问题和农户成员“个人需求”问题，对农户来说无疑是紧随“生理安全”之后的关键性需求。

关于“农户现期医疗需求”。家庭成员身体健康是农户生存、发展、兴旺发达的基础。农户对家庭医疗需求的满足自然优先于农户的投资需求。

关于农户的“生育”对农户的功能需求。学界的共识是，“生育子代”对农户不仅意味着家庭的延续和家族的兴旺，更重要的是，由于中国制度性社会养老保障制度的残缺，“养子就意味着防老”（正因为如此，在“多子多福”的生育观念已经大为改观、市场经济下子女抚育成本日益高涨的情况下，农户违反农村生育政策的行为仍旧十分频繁，这也是国家对农村实行相对城市宽松的生育政策的原因所在）。由此，“生育”的“安全保障”功用使其对农户满足安全需求具有重要现实意义，“生育”作为基本安全保障需求优先于“农户投资需求”也就成为自然而然的事情。

另外，“子代建房、医疗和生育”三项需求，除了因在农户的需求层次结构中相对“投资需求”处于更基础地位，而对农户投资意愿产生影响以外，这三项需求具有的共同点——“高资金预备”也使其成为阻碍投资意愿增强的不可忽略的方面。根据访谈资料，在定州市农村，“建造一栋新房”平均需要预备资金46847元，有病弱体质的农户年均需要预备医疗费1488元，而生育费用的平均预备金需要3833元。如此高额资金，尤其是“子代建房预备”和“生育预备”又具有需求“连续性”（这是由家庭生命周期规律的先结婚、后生育规律所决定的），对于年平均纯收入较低的农户来说，意味着整个家庭为了防范这些基本生活风险，需要紧缩家庭财政，把基本生活开支之外的少数剩余资金都积蓄起来以备未来之需。关于此点，相当多的农户在谈到“建房预备”时感慨颇深：

“孩子（儿子）长到十多岁时，就开始攒钱盖房，要不然，等到长大还积攒不够（的话），就要负债了。”——YL50M1011

要之，农户“子代建房预备”、“生育预备”和“医疗预备”需求，由于在农户需求层次结构中处于基础地位，且具有“高资金耗费”的特征，使其相比“投资需求”处于优先地位。

至于农户的“现期养老预备需求”和“教育预备需求”与农户投资意愿之间的虚假相关关系，可以从农村现实中找到答案。首先，农户养老预备需求对资金的低需求性，使其对农户扩大再生产的影响，不构成实质性障碍。现阶段在我国华北农村，农户养老主要采取“轮流式养老”❶、“兑粮式养老”❷ 两种形式，而不论哪一种形式，农户所需耗费的货币资金均不高。其主要原因在于：其一，农户所食用粮油基本上为农户自家生产，不需购买；其二，对中国农户来说，养老预备的资金要求主要表现为“医疗”和“安葬”。然而，对于现在进入养老阶段的老人来说，由于他们的子代数量正处于中国近代历史上的高峰期，老人的“医疗和安葬费”的资金负担问题也因多子女性和粗放式养老模式而化解。这正是“农户的现期养老预备”与“农户的投资意愿”不具明显相关性的原因所在。其次，尽管农村户主都对自家的孩子上学报以较高的希望。但是，在现阶段，农村教育条件的落后和区域分割的教育制度，使农村孩子接受高等教育的比例较低，甚至高中入学率也较低（根据抽样调查数据，定州市农村 16 岁到 30 岁之间的年轻人的平均受教育年限为 7.8 年），农村青年的受教育程度普遍为初中肄业水平，而教育费用的巨额增加恰恰以“高中”为起点。由此，仅仅初中程度的教育预备需求，对定州市农户来说，仍旧比较容易满足，其对于农户扩大投资生产经营的影响也就不具普遍显著性。要之，农户现期的“养老预备需求和教育预备需求”之所以对农户投资意愿不产生显著作用，并非因为这两项不属于家庭基本生活风险防范需求范围或者属于较高层次的家庭需求，而在于这两项生活风险的预防需求对“资金要求”仍处于较低水平，因而对农户的“投资需求”影响不

---

❶ 轮流式养老，即，采用“老人在几个单独居住的子女家（主要是儿子家）轮流食宿”的方式进行家庭养老。

❷ 兑粮式养老，即，采用“老人单独居住、子代平均分摊老人的生活消费品和劳务”形式，进行家庭养老的方式。

产生实质性阻碍。但是，随着农村教育水平的提高和教育体制的改革，以及农户家庭规模的小型化和核心化发展趋势，农户的教育预备需求和养老预备需求是否仍旧对农户的投资需求不产生明显的抑制作用则是一个有待于进一步探讨的问题。

综合上述对“农户家庭基本生活风险防范需求”与“农户投资意愿”之间关系的分析，笔者以为，农户家庭基本生活风险防范需求总体对农户投资意愿产生的相当程度的抑制作用，这是农户参照家庭需求层次结构，以及家庭基本生活风险防范需求的实现难易程度，综合衡量后的行动结果。由此，笔者预测，如果农户的家庭基本生活风险防范机制仍旧在家庭内解决，如果随着社会的发展农户的养老预备需求和教育预备需求的水平进一步提高，在现在的农户收入水平上，农户的投资意愿仍将处于被抑制状态。

第二，关于农户融资能力对农户投资行业取向的影响。

在市场经济体制下，“利润法则”或者说“经济理性原则”是个体行动者从事经济活动时遵循的基本规则。对于农户而言，“利润法则”在投资行业取向上表现为行业比较优势原则。农户对于“农业”和“非农业”的行业比较优劣地位了如指掌，经济理性诱导他们把资金向利润高的行业倾斜。根据深度访谈资料，一个曾经外出打工10年、现在从事规模种菜（仅仅2.6亩菜地）的杨姓48岁村组干部对“农村行业比较利润”有过这样的概括：

“种粮不如出去打工，打工不如在家种菜，种菜不如做点儿生意。”——YW48M1005

但是，“占据比较优势的行业”通常以“高投资”为基础。据抽样调查资料，农户在种植业上的年均投入成本为1523元，然而，经营非农行业的农户在非农行业的年均投入成本为36858元（$P<0.001$）；如果以单位利润的边际成本衡量，在定州市农村，种植业的单位利润边际成本为0.50元，而在非农行业平均为11.78元，更具体地说，一元钱的纯利润，种植业所需年成本为五角钱，而非农行业则需十一块七角八分钱。同样的利润，非农行业所需成本是农业的20多倍（$P<0.001$）。非种植业动辄

几万元的投资成本，对于经济收入仅仅达到温饱水平、以子代建房预备为主的家庭基本生活风险防范需求仍旧较高的普通农户来说，无疑是一道较高的门槛。这意味着，如果农户没有相当大的融资能力，即使他们对农村各行业的“比较利润”了然在胸，即使他们有较高的利润倾向，即使他们具备像“舒尔茨”所言的“资本家”的经济理财能力，他们要想获取较高的非农行业的比较利益，也是“巧妇难为无米之炊”。由此可见农户“融资能力”对农户投资行业取向的重要性。

具体考察农户的“融资能力”对其投资行业取向的影响，可以从农户融资能力的三个主要组成方面进行分析：家庭积蓄、亲朋经济支持和政府金融机构的借贷支持。其中，家庭积蓄是关键。它既是农户对自己的融资程度最具确定性的方面，也在一定程度上决定农户的亲朋经济支持度和政府金融借贷度。这是因为借贷性经济支持关系建立的一个前提，就是贷方（债权人）对借方（债务人）的“经济偿还能力”的肯定性评估，而这种估计正是以债权人对债务人经济积累的多寡和经济潜力的预测为基础。关于农户的“亲朋经济支持”，由于农户的亲朋交往圈同质性较强，这就一定程度限制了他们从亲朋那里获取经济支持的程度。正如Z村村委支部书记所言：

“农民的亲戚朋友也都是农民，收入水平也都不高，遇上生病啊、车祸啊、孩子上学啊这些（子）急事，大家凑把手，还是管用的；要说做生意啊，大多帮不了忙。自家的锅还不知道咋揭呢？哪能顾得上别人！”——ZM69M1015

事实上，农户的亲朋经济支持以“小额经济支持”为主，对于大额经济投资需求，亲朋的经济支持虽然也有一定的作用，但是不能给予过高的估计。这也是在农户融资能力三要素中“亲朋经济支持度”的净作用力最小的基本原因。关于政府的金融借贷支持。这是一种附条件性的、正式的、有偿的经济支持。金融机构大多在对借方的经济偿还能力给予足够的肯定评价、或得到了借方足以偿还借贷额的抵押物或担保的情况下，才会为其提供借贷支持。

要之，对“农户融资能力”与“农户投资行业取向”之间关系分析可见：非农行业相对农业极高的投资门槛，要求农户非农投资需要具备相当程度的融资能力；农户的融资能力越强，其非农投资的可能性越高，从而获取行业比较利益的可能性也越大。农户“融资能力”与“行业投资取向”之间的关系，从一个方面表明了市场经济下利润法则对农户投资行为的作用。

综合上述对农户“投资意愿假设”和“投资行业取向假设”的实证分析可见：农户的资金配置行为并非无章可循；“融资能力”对投资行业取向的影响，相当程度上显示了“利润法则”对农户的导向作用；“农户家庭基本生活风险防范需求程度”对农户投资意愿的抑制作用，很大程度上显露出“家庭基本生活风险防范保障”对农户投资行为的制约性作用。简而言之，农户资金配置行为一定程度上是农户在家庭基本生活风险预防基础上的、谋求行业利润最大化的行为。事实上，鉴于定州市农村现阶段非农经营规模狭小、种植业偏重的普遍现象，更准确地说，农户资金配置行为，折射出的是农户投资行为的一种更为普遍的现象——农户在家庭基本生活风险防范基础上的、充分化利用劳动力以获取经济收入最大化的行为。

5.4 农户经济行为因素分析的小结

本章围绕总体研究假设从生产要素的配置角度出发，将农户经济行为分为“耕地配置行为”、“劳动力配置行为”和“资金配置行为”三个方面，并给以不同的理论假设，使总体研究假设具体化为三个次级研究假设——“耕地配置假设”、“劳动力配置假设”和“资金配置假设”；然后又把三个次级研究假设各自具体化为两个更次级的研究假设；最终使总体研究假设由六个具体研究假设组成。对于六个具体研究假设，根据变量关系与数据性质，各自建立研究模型，并以对定州市的抽样调查数据为基础，进行定量分析，所得结果如下。

第一，关于“耕地配置假设”。耕地配置假设意在分析影响“非经济作物”和“经济作物”种植规模的主要因素。结果表明：在定州农村，影响两类作物种植面积的主要因素显著不同；对于非经济作物种植面积而言，其主要影响因素是“家庭最低生活保障需求程度”；对经济作物而言，影响其种植面积大小的基本因素之一是“劳动投入程度”，而不是人们通常认为的“经济收益”。这是因为控制了“劳动投入程度”之后，“经济收益”对经济作物种植面积的影响几乎可以忽略不计。换句话说，农户实质上是通过种植“高劳动投入”的经济作物来换取“高劳动收入”，是一种通过经济作物种植变相充分利用家庭劳动的行为。要之，本研究关于“耕地配置”的假设在定州市农村得到了证实，定州市农户的耕地配置行为相当程度上是一种“家庭最低生活保障基础上的劳动力充分化利用行为”。

第二，关于“劳动力配置假设”。劳动力配置假设意在分析影响农户整体劳动力是否外出就业和具体劳动力是否外出就业的主要因素。统计结果表明：对于具体劳动力是否外出就业而言，该劳动力的“市场就业比较地位”是决定其外出就业与否的决定因素，如果某劳动力在“性别、年龄和掌握专业技术情况”等方面占据“市场就业优势地位”，其外出就业的可能性就比较大，反之则较小；且，其中“劳动力是否掌握专业技术”具有关键性作用。对于农户是否有人外出就业而言，“家庭生活照顾保障”和“家庭劳动力整体就业比较地位”是两个非常重要的因素，“家庭生活照顾保障需求相对高”的农户，在劳动力完成“生活照顾”责任之后已经没有剩余劳动力可以外出就业，而“生活照顾保障需求相对低”的农户，除了承担“生活照顾”责任的劳动力外，还有剩余劳动力可以外出就业，故，“家庭生活照顾保障”对农户是否配置劳动力外出就业具有显著影响；农户的整体劳动力市场就业比较地位对农户是否配置劳动力外出就业的影响，与“具体劳动力的市场就业比较地位”的作用同理。概括“劳动力配置假设”的验证结果可以认为：在定州市农村劳动力配置假设的两个方面均得以证实；在社会转型加速期，定州市农户的劳动力配置行为，很大程度上可以看做“家庭生活照顾保障基础上的劳动就业收益最大化行为”。

第三，关于“资金配置假设”。资金配置假设着重对影响农户投资意

愿强弱和投资行业取向的因素进行分析。统计结果表明：其一，“家庭基本生活风险防范需求程度”是影响“农户投资意愿”强弱的基本因素，且主要表现为“子代建房预备”、“现期医疗预备”和“现期生育预备”三方面对农户投资意愿产生的抑制作用。其二，农户的“融资能力”对“农户投资行业取向”影响明显，农户的融资能力越强其从事非农行业的可能性就越高，反之则越低。这从另一个方面显示了“市场利润法则”对农户资金配置行为的导向作用。同时，需要指出的是，尽管“农户融资能力”对“农户投资行业取向的影响”一定程度上折射了“市场利润法则”对农户资金配置行为的导向作用。但是，由于农户在农业与非农行业的行业取向上存在严重的“种植业偏重特征”，尤其考虑“农业的劳动密集属性与非农行业的资金密集性”；笔者以为，农户的资金配置行业取向表现出的“家庭劳动偏好性”比“行业利润偏好性”更为明显。要之，对农户资金配置假设的实证分析表明：在定州市农村，农户资金配置假设的两个方面基本上均得以证实；农户资金配置行为某种程度上可以看做一种“家庭基本生活风险防范基础上的行业利润最大化和家庭劳动利用最大化行为”。

总括上述对农户经济行为的实证分析：本研究的总体研究假设——在社会转型加速期，农户经济行为，是农户在“市场体制”和“家庭基本生活保障惯习”两种不同的结构性约束机制下，遵循“市场利润法则”和“家庭保障惯习”的导引，并结合“家庭劳动力剩余的资源构成结构”，策略性地采取的满足家庭各种需求的理性行为，在定州市农村得到证实。

第 6 章　对现阶段定州农户经济行为的理论探讨

农户经济行为不仅关系到农民生活水平的提高，也关涉农业的现代化和农村发展，更关系到我国全面建设小康社会的实现。对其进行深入的理论探讨，揭示其背后的理论逻辑和运行机制，能够更好地理解它、引导它，并为制度改革和完善奠定坚实的基础。第 4 章描述了社会转型加速期华北农户经济行为明显的“传统性”与“时代性”相结合的混合性特征。第 5 章通过对统计数据的分析验证了研究假设。本章意在从理论上进一步探讨型构农户经济行为的个体性和结构性因素的作用机制及其与传统经典理论的差异。

6.1　农户经济行为的理论概括

本研究以“社会转型论”为指导，以具有浓厚“实践论”色彩的“场域—惯习”论为理论依据，并在对其修正的基础上，对现阶段华北农户经济行为提出总体研究假设——在社会转型加速期，市场规则和家庭保障惯习作为内外两种不同的结构性约束机制，嵌套于“农户的劳动力相对剩余的资源构成结构”之中，对农户施加影响，使农户经济行为表现出对“家庭生活保障”、“劳动力充分化利用”和“经济收益”追求的多重行为取向。鉴于农户经济行为涉及众多方面，本研究从学界常用的生产要素的配置角度出发，将总体研究假设具体化为“耕地配置假设”、“劳动力配置假设”和“资金配置假设”三个方面，并紧紧围绕“家庭保障惯习”和“市场利润规则”两个结构性因素，兼考虑“农户的劳动力相对剩余的资源构成结构”的影响，将三个次级研究假设进一步各自操作化为两个更次级的具体假设，使总体研究假设由六个具体研究假设构成。同时，选取我国华北地区一个具有历史研究传统的县级市——定州市（原定县）作为研究地，在实地研究和抽样访谈的基础上，对该县农户经济行为的基本特征和形成机制进行深入研究并得出以下结论。

6.1.1 对农户耕地配置行为的理论概括

社会转型加速期，定州农户耕地配置行为，一定程度上是农户在“市场利润法则”和“家庭最低生活保障惯习”这两种结构性规则的导引下，结合“家庭劳动力相对过剩”的实际状况，采取对经营耕地给予合理化分配，以满足“家庭最低生活保障”和实现“劳动力充分化利用基础上的经济收益最大化”的行为。

“耕地配置假设”由两部分组成：“非经济作物的种植面积与家庭最低生活保障的需求程度相关”，以及“经济作物的种植面积与该作物的经济收益和劳动投入程度相关”。对于这两个次级研究假设，统计结果表明：“家庭最低生活保障需求程度”与非经济作物种植面积具有明显正相关关系，即，家庭的最低生活保障需求程度越高，农户对非经济作物分配的面积也越多，反之，则相应减少；“经济作物的种植面积”主要与该作物的“劳动投入程度”密切相关，与“亩纯收入”呈现虚假相关。

总括“耕地配置假设”的实证分析结果，结合定州市农户耕地配置行为的特征——耕地配置的功能分化和差序结构（第4章已作具体描述），笔者提出以下看法。

6.1.1.1 现阶段定州农户耕地配置行为，一定程度上可视作“以家庭最低生活保障为基础，通过劳动力充分化利用以获取经济收益最大化的行为”

该结论包含三层含义：第一，定州农户耕地配置的首要功能在于满足“家庭的最低生活保障需求”，换言之，“家庭保障惯习”是农户耕地配置行为遵循的首要规则。第二，“市场利润法则”仍旧是导引农户耕地配置行为的基本规则；这表现在一旦满足了家庭最低生活保障需求，耕地就被农户最大限度地分配于“经济收益”相对较高的“经济作物”。第三，在社会转型加速期，鉴于农户劳动力相对过剩的资源构成结构以及剩余劳动力转移仍旧相对不畅的社会结构限制，农户耕地配置行为的“利润法则”并非表现为“利润最大化行为”，而是发生某种偏转，变为“最大化利用家庭劳动以换取劳动报酬最大化的行为”。

6.1.1.2 现阶段定州农户耕地配置行为具有社会转型加速期鲜明的时代性特征，是一种不同于传统农户经济理论下的行为

这种差异主要表现为以下几个方面。

第一，社会转型加速期的华北农户耕地配置行为不是“利润最大化”的行为。

尽管现阶段“市场法则”仍是农户经济行为遵循的基本规则，并明显表现为“市场价格”和“经济收益”对农户的较强吸引力。但是，面对家庭剩余劳动力的存在及其难以有效转移的现实，农户在经济作物的种植上并非追求“利润最大化”，实际追求的是“劳动力充分化利用基础上的经济收益最大化”，其主要表现为两方面。其一，耕地配置差序格局上的“生计作物优先配置行为”。生计作物的“优先配置”，是农户基于对“满足家庭最低生活保障需求”的考虑，而非对“利润”的衡量。其二，农户种植经济作物的“成本收益分析”是以“经济收益”而非以“利润”为基准。详言之，与恰亚诺夫的观点类似，中国农户经济活动的组织是以“家庭劳动”为基础，农户在对“成本收益”进行分析时，实际纳入的成本仅包括“货币成本”，并不包括“家庭劳动的机会成本”。在农户看来，只要农作物种植的总收入中去除“货币成本”之后所得总收益为正，该作物的种植基本上就不算“赔本”，当然，总收益越多种植就越“合算”（而不是利润越大）。显然，这种“成本收益”方法指向的是“经济收益最大化”行为。在中国农户的“成本收益”计算方式下，当种植面积一定、土壤自然产出率一定、投入货币成本一定的情况下，所需劳动投入越多的作物，其市场价格必然也越高（这是由“价值规律”决定的），其最终所获经济收益也必然越高。这正是现阶段农户力图通过种植“市场价格较高”的劳动密集型经济作物，以获取“高经济收益”的市场行为表现。

然而，按照舒尔茨的观点，农户耕地配置的经济损益分析，采用的是“资本主义雇佣劳动农场”的“会计簿计”方式。按照该方式“农户的劳动投入”必须按照市场工资计入“经济成本”之中；只有当“经济总产出”减去“包括劳动成本在内”的“总经济成本”，所得结果为“正数”，农户经济行为才算“不赔本”，而所得结果与市场平均利润相比持平的时候，农户的经济行为才算赚钱。显然，这与农户耕地配置的思维方式大相径庭。

要之，定州市农户耕地配置上，“生计作物优先配置倾向”，以及通过“劳动密集型商品作物”的种植以获取“经济收益最大化”的行为，是一种兼顾“家庭保障和劳动报酬最大化”的行为，显然不同于“利润最大化”观点下的行为。

第二，本研究关于“劳动力充分化利用基础上的经济收益最大化”观点与黄宗智的“过密论”也存在较大的差异。

正如前述，在社会转型加速期，定州农户耕地配置行为的一大显著特征在于充分化利用劳动倾向，即，农户致力于通过家庭劳动的最大化利用以增加经济收益；这种倾向突出表现为，农户在用以“满足家庭口粮需要的耕地”之外，最大限度地耕种“劳动密集型”作物。就最大限度利用家庭劳动而言，笔者的观点与黄宗智的“过密论”有相似之处。然而，在此之外分歧明显。

按照“过密论”，“劳动的持续投入”以“边际劳动报酬递减为基础”，其存在的前提是“劳动机会成本”极为稀少（黄宗智，1985，中译本2000）。而笔者所述的“劳动力充分化利用”，是在“边际劳动报酬保持不变，至少不明显减少基础上的劳动的持续投入”。笔者之所以坚持“边际劳动报酬不变基础上的劳动投入”的观点，是基于现阶段我国城乡劳动力市场上存在的较多就业机会。大量就业机会使得农户根据“市场工资”配置劳动力成为可能，这不仅表现为大量农民工外出在城市劳动力市场中获取工资收入，也表现为农户根据农村劳动力市场上平均市场工资对劳动力进行配置的行为。换句话说，如果农户种植经济作物所获得的边际劳动报酬不能等同于“在农村劳动力市场上打工所获的平均日工资"，农户一般不会选择种植该经济作物。关于此点，一姚姓曾经种植过籽种棉花的40岁男劳动力的说法如下：

"（籽种）棉花我家前两年种过，现在不种了，太费事，要请人拔苗（从塑料薄膜上挖个小洞使刚发出的新苗能够从薄膜下长出来）、打岔（利于多结花朵）、授粉、采摘，要是赶上气候不对（不适合），它还不结果，就更不合算了。算算账，还不如种其他作物，或者给别人挖树苗（属于打工，按棵计算工钱）。"——DY40M0920

要之，在社会转型加速期，农户家庭外城乡劳动力市场中大量劳动机会的存在，是黄宗智研究时期我国农户所缺少的社会环境；面对大量市场劳动机会，现阶段的农户可以以"市场工资"为参考，通过"充分化利用家庭劳动获取经济收益的最大化"。而在黄宗智研究时期，农户外劳动机会的缺乏以及劳动力的相对剩余，使得农户没有条件考虑"边际劳动报酬递减"的经济效益问题。中国社会发展的两个阶段所存在的"市场劳动机会的差异"，正是造成黄宗智提出的"过密论"与本研究提出的"充分化利用家庭劳动基础上经济收益最大化"之间差异的症结所在。

第三，笔者所言的"劳动充分化利用行为"更不同于恰亚诺夫的"劳动消费均衡"观点。这是因为，我国现阶段农村生活基本上已经达到"温饱水平"，即使仅仅依靠耕地的种植，农户也足以满足家庭最低生活保障需求，更不用提在耕地中挤出"种植经济作物的土地"（经济作物的种植本意在于获取经济收益的最大化）。所以，农户经济行为已经远远超出了恰亚诺夫所言的"为满足消费均衡、持续投入边际报酬递减甚至为零"的社会阶段。

综上所述：在社会转型加速期，定州市农户的耕地配置行为，不同于舒尔茨所言的"利润最大化"行为，也不同于黄宗智所称的"边际报酬递减基础上的过密化行为"，更不同于恰亚诺夫坚持的"劳动消费均衡"行为；而是一种"以家庭最低生活保障需求为基础，通过充分化利用家庭劳动获取经济收益最大化的行为"。

6.1.2 对农户劳动力配置行为的理论概括

在社会转型加速期，定州农户的劳动力配置行为，一定程度上是他们遵循“市场导向”和“家庭生活保障惯习”的指引，对家庭劳动力给以合理化配置，以满足“家庭生活照顾需求”和实现“劳动收益最大化”的行为。

农户的劳动力配置假设也由两部分组成：“农户整体劳动力是否外出就业与农户的生活照顾指数和家庭劳动力的整体市场就业比较地位相关”，以及“农户内具体劳动力是否外出就业与该劳动力的市场就业比较地位相关”。对于上述两个次级研究假设，统计结果表明：具体劳动力的市场就业比较地位，是影响该劳动力外出与否的决定性因素；即，如果某劳动力在城市劳动力市场中占据市场就业比较优势地位（如：“性别”为男、掌握有某种专业技术、年轻力壮等），其外出就业的可能性将远远高出那些女性、不掌握专业技术和年龄相对偏高的劳动力。这是因为占据市场就业比较优势地位的农村劳动力，外出就业的成本更低、劳动报酬更高、劳动强度更小，从而外出就业的整体“效益”更大。农户正是基于对家庭劳动力外出就业效益的比较分析，才对某劳动力“外出与留守”进行决策。而对于农户是否配置劳动力外出就业而言，除了“农户劳动力的整体就业比较地位”具有影响之外（其作用机制与具体劳动力部分同理），另一显著影响因素就是“家庭生活照顾保障”。该变量对农户的影响表现在满足了“家庭生活照顾需求”后，没有其他劳动力的农户，其家庭劳动力外出就业的可能性比那种仍“有”其他劳动力的农户要低得多；换句话说，“家庭生活照顾保障”对农户安排劳动力外出就业的决策产生着一定的阻碍作用。

藉由对劳动力配置假设的实证分析，笔者提出以下看法。

6.1.2.1 现阶段定州农户的劳动力配置行为，是一种“家庭生活照顾保障基础上的、劳动收益最大化行为”

该结论包含两层含义：一是，农户的劳动力配置行为，既遵循“家庭保障惯习”的内在指引，又遵循“市场法则”的指导，从而使农户劳动力配置表现出对“家庭生活照顾保障”和“劳动收益最大化”的双重追求；二是，“家庭保障惯习”相对“市场法则”，对农户劳动力配置的影响处于优先地位，其结果造成了“生活照顾保障”相对“劳动收益最大化”的优先地位。

6.1.2.2 现阶段农户劳动力配置上的“家庭生活照顾保障基础上的劳动收益最大化”特征，使其既区别于中国传统农户经济行为，又迥异于西方传统经典农户经济理论下相对稳定社会结构中的行为

第一，社会转型加速期的农户劳动力配置行为不同于黄宗智研究时代的农户经济行为。

在我国慢速社会转型期，“市场”已经萌芽，城市化和商品化程度均有一定的发展，农户的劳动力配置行为也表现出一定的行业分化和地域分化现象。据《定县社会概况调查》记载，在民国二十二、民国二十三年，定县外出谋生劳动力占全县人口的百分比，分别为 1.96% 和 3.77%❶；“在民国二十年，定县第一区 71 村，农业之外，尚有各种手工业，主要者为织布和纺线”❷，且第一区纺线织布的村数在全县所有区中仅属于中等水平。也就是说，在新中国成立前，定州农户劳动力配置已经出现一定的“跨地域”和“跨行业”现象；但是，新中国成立前定州农户劳动力跨地域配置的零散性和跨行业配置的“以耕地为主、以纺织为辅”的典型传统模式，与定州当前的跨城乡配置的“规模性”和跨行业配置的“以农为主，以阶段性外出就业为辅”的模式大相径庭。

黄宗智的“过密化理论”是基于华北农户劳动力配置的“零散性”和“以农为主、以家庭手工业为辅”的特征而得出的结论。他指出：在新中国成立前，华北小农经济是以“家庭小农业”为基石，建立在“商业性手工业”和“佣工”的支撑上的。❸ 但是，由于“商业性手工业”的市场化程度仍旧较低，“佣工”也仅仅局限在农村内部，从而使农户的

---

❶ 李景汉等．定县经济调查部分报告书［R］. 河北省县政建设研究院印行，民国二十三年：99.

❷ 李景汉编．定县社会概况调查［M］．北京：中国人民大学出版社，1986：703.

❸ 黄宗智．华北的小农经济与社会变迁［M］．北京：中华书局，2000：193.

劳动力配置囿于“农村之内和农户之间”，其结果自然是家庭外和农村外劳动机会的稀少（黄宗智，1985，中译本2000）。以此为现实分析基础，黄宗智认为新中国成立前，甚至直到新中国成立后的集体化生产时期，家庭和农村之外劳动机会的稀少，使中国农民的劳动力配置行为表现为“在边际劳动报酬递减基础上”对耕地持续投入劳动的“过密化”行为。显然，按照黄宗智的观点，华北农户劳动力配置行为遵循的是，“边际劳动报酬递减”（直至为零）的基础上的“经济收入总量增长原则”。应该说，这一结论有其产生的时代合理性。

但是，在当前的社会转型加速期，随着制度转型，尤其是经济体制转型、户籍制度改革、劳动力流动制度转变，以及农业现代化的加快等，黄宗智研究时代的“家庭外、农村外劳动机会稀少”的社会事实已经不复存在；“城市劳动力市场”对农村劳动力的大量需求，以及农村劳动力市场的萌芽和发展，均为农村劳动力在家庭和农村之外创造了大量的劳动就业机会（汹涌澎湃的“农民工”大潮就是最好的证据）。据《2011年国民经济和社会发展统计公报》，2011年，我国有农民工2.5亿人，其中外出农民工1.59亿人。农户正是遵循市场法则，在对劳动力“外出”与“留守”的劳动收益比较之后，作出有利于劳动收益最大化的选择。显然，在市场导向下，“边际劳动报酬”已经成为农户的决策依据，一旦劳动的边际报酬出现递减效应，农户就开始调整劳动力配置，这也正是“性别、年龄、受教育年限、专业技术掌握情况”等组成的“市场就业比较地位”对农户劳动力配置发生作用的内在根据。

显然，在黄宗智研究时期，华北农户劳动力配置行为，与社会转型加速期笔者基于定州市研究提出的“市场导向下的劳动收益最大化行为（家庭生活照顾获得保障基础上的）”截然不同。

第二，现阶段农户劳动力配置行为也与恰亚诺夫研究下的农户经济行为存在巨大差异。

恰亚诺夫是研究相对稳定社会结构下的农户经济行为的另一位著名代表，他在对苏俄革命前农户经济行为进行研究的基础上，提出了农户经济行为的“劳动消费均衡理论”。根据恰亚诺夫研究：由于劳动力市场的不存在，农户劳动力的配置仅仅发生在“家庭劳动农场内部”；尽管农户对耕地具备一定程度的弹性接近，但是，有限的耕地规模和较低的土地产出率是农户面临的基本社会生产条件，在此生活基础上，农户对劳动力的配置遵循的是“劳动消费均衡规律”，即，“农户对耕地的劳动投入，根据家庭的基本消费需求给以主观评价，如果基本消费需求不能得到满足，劳动就会持续投入而不管边际劳动报酬的多少”（A. 恰亚诺夫，1925，中译本 1996）。

显然，恰亚诺夫以“劳动力市场缺失”为理论假定前提提出的“劳动消费均衡”观点，与定州市农户劳动力配置遵循市场导向下的劳动收益最大化原则具有天壤之别。这种差距主要表现为两点：首先，理论假定的社会条件不同。在恰亚诺夫那里，“劳动力市场”是缺位的，农户的劳动力只能在家庭内配置；而在本研究中，劳动力市场是相对发达的，尽管由于各种制度壁垒的存在，农村劳动力向城市流动距离“完全自由”仍旧有相当大差距；但是，在农户和农村之外，“劳动就业机会的大量存在”已是不争之实。其次，遵循的原则不同。在“劳动消费均衡”理论中，农户劳动力配置遵循的是“相对家庭基本消费的劳动投入主观评价原则”，而在本研究中，农户配置劳动则遵循“市场规则”。事实上，正是由于两种观点所处的社会条件不同——“劳动力市场存在与否”，决定了两种观点的理论假定的不同，并进而导致在两种不同时空领域中的农户劳动力配置的特征与形成机制的差异。

第三，现阶段农户劳动力配置行为与“风险厌恶理论”和“农场户理论”下的农户行为存在相当大的差别。

“风险厌恶理论”和“农场户理论”，均因纳入“劳动力市场”，而与笔者的观点存在一定的相通之处——农户对劳动力的配置一定程度均服从“市场规律”。但是，在此之外，笔者的观点开始与“风险厌恶理论”和“农场户理论”发生分歧，主要区别在于农户对劳动力的配置是否需要考虑“家庭生活照顾”因素及其发生机理。

在本研究中，“市场利润法则”尽管是农户配置劳动力的基本原则，“劳动收益的最大化”尽管对农户具有极大的吸引力，但是，农户在配置劳动力时，首要考虑仍旧是“家庭生活照顾需求”；只有在家庭“养老扶幼、儿童教育、病残孕生活护理、家庭财产保护”等最基本的“家庭生活照顾”需求得到满足的基础上，农户才会把富余劳动力投入市场中以获取尽可能多的经济收益。

然而，根据“农场户理论”，农户的所有时间单元都被参照市场工资给以劳动机会成本估价（不论用于家务、工资性工作还是休闲等）（加里·S. 贝克尔，1987）；换言之，按照“农场户”理论的逻辑，中国农户之所以在劳动力配置上存在“家庭生活照顾”优先考虑现象，是因为按照机会成本计算，农户使用家庭劳动力满足“家庭生活照顾需求”比雇佣劳动力的经济效益要高。然而，中国当前的社会事实并非如此。尽管农户不乏“劳动收益比较”的概念，非常清楚“外出”相对“留守”的边际劳动报酬更高的社会事实。但是，困扰他们的基本问题是：留守儿童的监护和教育问题、流动儿童的受教育问题、有老弱病残幼等生活照顾需求的农户在所在村镇难以找到可以托付的养老或护理机构的问题等；且不谈，由于农户货币资金的稀缺迫使他们回避“市场购买行为”而选择“家庭自给自足行为”。

然而，在市场经济相对发达的西方社会，农户经济水平相对较高，且相关社会保障和福利制度较为完善；不仅完善的制度性机制，诸如“护理保险”、“家庭成员照顾补助”、“教育补助”等，可以为农户提供最基本的生活照顾保障，且发达的市场化机制诸如商业保险、私人护理机构等也为民众通过购买途径满足家庭生活照顾需求提供了通道；所以西方发达国家农户的“家庭生活照顾需求”不会成为农户劳动力配置的关键因素。然而，在当前社会转型加速期的中国，流动儿童在父母务工地的城市正规学校入学仍旧较难，农村寄宿制中小学仍旧不足且刚刚起步，农村社区的“养老设施”、“幼儿托付设施”等基本处于空白状态，通过制度形式解决农户的“家庭生活照顾问题”基本上不具备可能性；加上农户有效消费需求的不足，通过市场购买途径解决家庭生活照顾需求基本上不具备现实性。

要之，我国现阶段城乡二元社会保障体系的存在、农村社会保障制度的不完善，使农户的“家庭生活照顾需求”难以通过制度性和社会性途径解决，使得他们面对“经济收益”和“家庭生活照顾需求”只能优先选择后者。中国农户劳动力配置的“家庭生活照顾”取向，并非如“农场户”理论所言的基于“市场效益”的考虑。中、西社会结构、社会制度，尤其是社会保障和福利制度的差异，是“农场户”理论在解释中国农户劳动力配置上存在局限性的根本原因。

再看“风险厌恶理论”与中国农户劳动力配置行为的适用性。

该理论下的农户劳动力配置行为，尽管也存在与“市场利润法则”不相符合的方面；但是，其存在基础则主要在于对“市场风险”的喜好态度，“风险喜好者”更倾向于“市场利润最大化”行为，“风险厌恶者”则宁愿放弃哪怕是较小风险程度的经济收益，“风险中立者”倾向于在两者之间选择（Frank Ellis，1988：84－88）；农民由于经济水平不高、抵御风险能力相对较低，大多是风险厌恶者，所以，表现出许多有悖于“市场利润最大化法则”的行为。按照上述理论，定州农户在劳动力配置上的“家庭生活照顾优先考虑”倾向，应该是农户厌恶“市场风险”的结果。显然，这样的理论逻辑与我国的现实并不相符。中国的农户并非因为害怕市场风险而不外出就业；相反，随着市场化程度的加深，农民外出就业的规模越来越大。实际上，农户劳动力配置的“家庭生活照顾需求优先考虑”倾向，是农户按照“家庭需求层次结构”，优先满足家庭基本生活需求、然后满足家庭“发展需求”的行为（关于此点，前述已有阐述，这里不再赘述），而农户之所以采取“家庭内”解决方式，其结构性原因在于农户的“家庭生活照顾需求”难以通过制度性和社会性途径得到满足。

综上所述，在社会转型加速期，市场经济体制与城乡二元分割的社会结构，使定州农户的劳动力配置行为，既不同于黄宗智的“过密化理论”，也不同于恰亚诺夫的“劳动消费均衡”理论，更区别于“风险厌恶理论”和“农场户理论”，而是表现为“家庭生活照顾保障基础上的劳动收益最大化行为”。

6.1.3 对定州农户资金配置行为的概括

在社会转型加速期，定州农户的资金配置行为，一定程度上是农户面对“家庭生活风险防范需求”和“市场利润”的刺激，并结合家庭资金占有状况，采取的对家庭可支配资金进行合理化分配，以满足“家庭基本生活风险防范”需求和实现利润最大化、劳动收益最大化的行为。

农户的资金配置假设也由两个次级假设组成：“农户投资意愿的强弱与家庭基本生活风险防范需求相关”，以及“农户的投资行业取向与家庭融资能力相关”。对于上述两个具体研究假设，统计结果显示：家庭基本生活风险防范需求对农户的投资意愿产生相当程度的抑制作用，且主要表现为农户的“子代现期建房预备需求”、“现期医疗预备需求”和“生育预备需求”三个方面；对于农户投资行业取向而言，农户的融资能力是一个重要影响因素，主要表现为，农户的融资能力越强，其投资于非农行业的可能性也越高。由于家庭基本生活风险防范需求是“家庭生活保障”的重要组成部分，“非农行业”的行业利润优势是其吸引力的根源所在，本研究认为，农户资金配置假设基本上在定州市农村得以证实❶，农户的资金配置行为相当程度上是以“家庭保障惯习”和“市场利润法则”为导向的行为。

值得指出的是：尽管根据实证分析，“行业利润优势”确实对农户资金配置具有显著的影响，但是，不可忽视农户资金配置行为中，相对“市场利润吸引”更为重要的一个特征——农业偏重倾向，即，农村绝大部分农户在家庭经营方式上选择“纯粹农业”或者“农业”与“外出就业”相结合的兼业方式，而采取种植业与非农行业相结合的兼业方式或者纯粹非农经营的农户的比例极为稀少（第4章已有详细阐述）。笔者以为：农户资金配置上的“农业偏重”倾向由于更具普遍意义，应该成为

---

❶ 这里之所以说“基本上”，是因为按照本研究最初的假设，家庭基本生活风险除了上述三方面外，还包括“现期教育预备”和“养老预备”两个方面，而统计结果表明，这两个方面对农户的投资意愿强弱并没有显著的作用。

研究农户资金配置行为的分析重点。农户之所以回避非农行业，除了“非农行业”对“融资能力”的高要求阻碍农户非农投资外，另一个不可忽略的因素在于——“农业”的“劳动密集性”。在我国当前经济社会发展阶段，对于农户而言，耕地资本相对固定且不足、货币资本稀缺、唯一富余的资本就是劳动资本，他们自然会选取多投入富余的劳动资本、少投入稀缺的货币资本的投资方式——这既是经济效益对资本构成的内在要求，也是农户基于货币资本的投资风险更大的风险回避的考虑。

要之，根据本研究关于农户资金配置行为的实证分析，结合农户资金配置上的“农业偏重特征”（或者说非农投资回避特征），笔者提出以下观点。

6.1.3.1　现阶段定州农户的资金配置行为，某种程度上是一种家庭基本生活风险防范基础上的、利润最大化和劳动力充分化利用行为

该结论包含四层含义：一是，“家庭保障惯习”是指引农户资金配置行为的基本规则，它突出表现为农户资金配置上的“家庭基本生活风险防范”取向；二是，“市场利润法则”对农户资金配置行为具有明显的导向作用，它主要表现在农户对非农行业的投资上；三是，由于农户劳动力相对剩余的局限性，农户资金配置行为相对“利润最大化”取向更多地表现为“家庭劳动充分化利用”取向，即，投资行为的“非农投资回避和农业偏重”特征；四是，相对“市场规则”的导向作用，“家庭保障惯习”处于优先地位，其突出表现为在“家庭基本生活风险防范”、“利润最大化”和“家庭劳动充分化利用”三重行为取向上，“家庭基本生活风险防范”取向处于基础地位。

6.1.3.2　定州农户资金配置行为的多重取向，使其迥异于传统经典农户经济理论下相对稳定社会结构中的农户经济行为

第一，现阶段的农户资金配置行为，与“利润最大化理论”、“风险厌恶理论”和“农场户理论”的关系。

在社会转型加速期，市场经济体制的确立，使得农户资金配置行为开始遵循“市场利润法则”以追求“行业利润”。就此点而言，现阶段的农户资金配置行为与“利润最大化理论”、“风险厌恶理论”和“农场户理论”下的农户行为具有一定的共同之处。但是，一旦将视线转移到农户资金配置的“家庭基本生活风险防范”上，就可以发现本研究所持观点与其鲜明差异。

按照“风险厌恶理论”的理论逻辑，“家庭基本生活风险防范需求”对农户投资意愿的抑制作用，应该在于农户对资金资本化的风险恐惧；而根据“利润最大化”和“农场户理论”，农户资金配置的“家庭基本生活风险防范取向”，在于农户把资金作为“基本生活风险预备金”储蓄起来，比将其“投入社会保险”、“商业保险”的“风险抵御效益”更大。

然而，我国现阶段农村的社会事实并非如此。一则，在定州农村，农户融资能力与投资行业趋向的关系展示了农民并非“资金资本化”风险厌恶者，而显示了相当程度的“行业利润趋从性”；二则，在我国农村，“社会保险”和“商业性生活照顾项目的保险”基本上处于空白状态，定州农村自然也不例外。显然，定州农户资金配置的“家庭基本生活风险预备取向”背后，有不同于上述理论所基于的社会结构性因素在发生作用。这种社会结构性机制就在于——中国农村社会保障制度的不健全。正是社会保障制度的不足，致使农户只能依靠“基本生活风险家庭预备金”的形式，以实现对“家庭基本生活风险”的预防，从而使农户在资金配置上表现出独特的“家庭基本生活风险防范”取向。

第二，现阶段农户的投资取向，因表现出明显的“劳动密集型”行业偏好行为，而与黄宗智“过密化”理论和恰亚诺夫“劳动消费均衡”理论下的农户经济行为有一定的相似之处；但是，就“边际劳动报酬”而言，其与上述两种理论下的农户行为又存在本质的差别。

尽管现阶段的农户投资行业取向表现出明显的“劳动密集型”特征；但是，在“市场利润法则”已经渗透到农村的角角落落、城乡劳动力市场相对发达、家庭和农村之外劳动机会相对较多的情况下，农户的“种植业”投资行为，已经远远不同于恰亚诺夫时期的“消费均衡”倾向，而表现出明显的“经济效益倾向”；同时，农户对“经济效益”的追求，建立在“边际劳动报酬市场比较”的基础上，而非黄宗智研究下的“边际劳动报酬递减下”的“过密化劳动投入”行为。换言之，如果说因家庭资源构成结构的限制，农户投资行为仍旧不属于"行业利润最大化行为"而表现为"劳动偏好行为"的话，充其量可以将其视作"边际劳动报酬不变"基础上的"劳动密集化"行为，而非"过密化"行为。显然，在市场化和制度转型下，"市场利润法则"的刺激和农户外劳动就业机会的增多，使现阶段农户投资行为展现出截然不同于黄宗智和恰亚诺夫研究下农户经济行为的特性。通过上述对本研究所持的观点与传统经典农户经济理论的比较可知：在社会转型加速期，市场经济体制的确立，农村社会保障制度的不健全，以及农户劳动力相对过剩的局限，使农户资金配置行为，表现出对"家庭基本生活风险防范"、"利润最大化"和"劳动力充分化利用"的多重取向性；这种多重行为取向，使其截然不同于相对稳定社会结构下的农户经济行为。

6.1.4 对农户经济行为理论概括的小结

以社会转型加速期为时代背景，以"场域—惯习"论为理论依据，本研究对现阶段的农户经济行为提出总体研究假设：在社会转型加速期，市场规则和家庭保障惯习作为内外两种不同的结构性约束机制，嵌套于"农户的劳动力相对剩余的资源构成结构"之中，对农户施加影响，使农户经济行为表现出对"家庭生活保障"、"劳动力充分化利用"和"经济收益最大化"追求的多重行为取向。

对于总体研究假设，本研究从生产要素的角度，将其具体化为"耕地配置假设"、"劳动力配置假设"和"资金配置假设"三个方面，并以定州市农村抽样访谈资料为基础，对三个具体研究假设进行实证分析，结果表明：总体研究假设的三个方面，在定州市农村均得以证实；"市场利润法则"和"家庭保障惯习"，分别作为外部显性规则和内部潜在规则，对农户经济行为的三方面产生导引作用；同时，两种行为规则又与农户的"劳动力相对剩余的资源构成结构"相结合，使农户的三种生产要素配置行为，均表现出"家庭劳动充分化利用取向"。具体言之："家庭保障惯习导向"表现为，耕地配置上的"最低生活保障取向"、劳动力配置上的"家庭基本生活照顾取向"，以及资金配置上的"家庭基本生活风险防范取向”；“市场导向”表现为，耕地配置上的“通过商品作物的种植以求经济收益最大化”、劳动力配置上的“通过家庭劳动力外出与否的安排以求劳动收益最大化”，以及资金配置上的“通过非农投资以求行业利润最大化、通过种植业偏重以求劳动收益最大化”；“农户资源构成结构”对农户经济行为的作用，突出表现为三种要素配置上共同的“家庭劳动充分化利用取向”上。

通过对农户生产要素配置假设三方面的实证分析总结，笔者得出以下结论：本研究关于农户经济行为的总体研究假设，在定州市农村得以证实；在社会转型加速期，农户经济行为一定程度上是农户在“市场利润法则”的外在结构刺激和“家庭生活保障”内在惯习导引下，根据家庭“劳动力相对耕地和资金剩余”的资源构成结构，采取对“耕地”、“劳动力”和“资金”进行策略性配置，以实现“家庭基本生活保障基础上的、通过家庭劳动充分化利用获取经济收益最大化”的行为。在社会转型加速期，中国社会结构的独特性，尤其是“农户基本生活保障需求家庭满足”的社会状况、市场经济体制的确立，以及农村劳动力剩余资源结构的存在，共同造就了农户经济行为的时代性特征；这种时代性特征，使其既区别于中国慢速转型时期的农户经济行为，又迥异于其他相对稳定社会结构下的农户行为。

对于上述研究结论有两点需要补充说明。

首先，农户经济行为的影响因素众多，即使根据布迪厄的“场域—惯习”理论，农户经济行为的“惯习”也并非仅仅“家庭生活保障惯习”一种。实际上，中国已经转型和正在转型中的众多社会制度，都在对农户的经济行为产生影响。已转型和转型中制度给农户带来了新的发展机会，同时也带来了新的社会风险；没有发生变革的传统制度因其对新制度的不相适应性，使新的社会制度难以发生有效的影响等。所以，本研究得出的结论仅仅是“某种程度上的”——是基于“家庭基本生活保障”和“市场规则”角度的影响，至于其他因素的影响——那些在本研究建立的各种模型的“解释力”和“模型预测正确率”之外的误差项因素的作用，则是需要另外探讨的问题。

另外，本研究的地域基础是华北地区的一个县级市。对于幅员辽阔、经济发展水平呈现阶梯性分布的中国广大农村来说，华北农村的社会结构和经济发展水平，不同于沿海地区，也不同于欠发达地区；社会结构和经济发展水平的差异，必然影响到“市场利润法则”和“家庭生活保障惯习”与不同地区、不同经济发展水平上的农户经济行为之间的关系。所以，本研究通过对华北地区的一个县级市的农户经济行为进行解剖麻雀式剖析，意在通过个案研究分析社会转型加速期、具有相似社会结构和相似社会经济形态下的农户经济行为的形成机制，并与稳定社会结构下，尤其与黄宗智研究下华北农户经济行为形成对照，以探寻阻碍农户更快走向富裕的社会因素。所以，严格地说，研究结论仅仅局限于一个县级农村，充其量只能代表具有类似经济社会基础的部分华北农村地区，难以推广到整个中国农村。

既然在社会转型加速期，定州农户经济行为之所以表现为“家庭生活保障基础上的、劳动力充分化利用和利润最大化行为”，主要是“家庭保障”、“农户劳动力相对剩余的资源构成结构”和“市场体制”三种结构性因素与农户相互作用的结果。随之而来的问题是：在社会转型加速期，三种因素何以作用于农户经济行为？三种因素又如何协调共进、共同作用于农户？换言之，在社会转型加速期的中国，上述三种因素存在的现实依据是什么？它们之间共生共处的内在机制是什么？这些问题关系到农户经济行为的现实存在与未来发展，下文将对其进行进一步的探讨。

6.2 对农户经济行为的“家庭基本生活保障”取向的分析

现阶段定州市农户经济行为的最鲜明特征之一，就是“家庭基本生活保障”取向。它具体表现为：耕地配置上的“最低生活保障”倾向，劳动力配置上的“家庭生活照顾”倾向，以及资金配置上的“家庭基本生活风险防范”倾向。上述三种“生活保障”，依次对应于“社会保障体系”中的“最低生活保障”、“社区照顾”和“社会保险”项目，基本上涵盖了农户家庭急需的最基本的生活保障内容，实际上构成了农户“家庭基本生活保障”的主体。由此引发一个值得思考的问题：在社会转型加速期为何农户经济行为表现出如此强烈的“家庭生活保障”取向？对此问题，笔者认为可以从三方面进行分析。

6.2.1 “基本生活保障”的必需性及其实现形式

“家庭”是个体“基本生活保障”的基本依托。人是一种社会性动物，人具有各种社会需求，同时，人又以家庭为基本生活单位，主要依托于家庭这种组织形式来满足各种社会需求，诸如吃饱、穿暖、老有所养、病有所医、幼有所教、居有其所等。学者们依照家庭所能提供的基本功能，将其分为经济功能、政治功能、宗教功能、感情功能、生育功能、教育功能等诸多方面（邓伟志，2000）。家庭功能总是随着社会的发展不断变化。一些功能逐渐被其他组织所取代，如，教育功能、养老功能、娱乐功能等；另一些功能则被进一步强化，如，情感功能等。随着一些家庭功能的剥离，原来以家庭形式或者说以家庭名义为其成员提供的“生活保障”成本，也开始由家庭承担为主逐渐转变为由社会承担为主，比如，医疗成本、养老成本等。但是，不管“基本生活保障成本”的实际承担者是否为家庭，家庭作为一个生活共同体，都是个人“基本生活保障”的责无旁贷的依托者。换句话说，只要家庭作为最基本的“生活共同体和消费共同体”存在，只要家庭作为“资源共有、收入共享”的基本生活单位的性质不发生改变，为其成员提供“基本生活保障”都是其无法回避的现实问题，这尤其表现为——在没有政府或其他组织为社会成员提供基本生活保障时，家庭如果也不能满足其成员“吃饱程度”的最低生活水平需求、“病有所医、居有其所、幼有所教、老有所养”等生理安全、感情安全和基本经济生活安全需求时，家庭作为一个生活共同体就难以存在和延续。然而，对于基本生活安全保障问题，其他社会组织，诸如政府、工作单位、社区等均相对较易回避。

按照“基本生活保障”实际提供者的不同，学界通常把“基本生活保障”分为“家庭保障”和“社会保障”两类。如果“基本生活保障”以“家庭”提供为主，这种“生活保障形式”被称为“家庭保障”；如果“基本生活保障”以政府或其他社会组织提供为主，这种“生活保障形式”被称为“社会保障”[1]。对于“家庭保障”而言，因其实现形式的不同又分为不同类型，笔者按照“家庭保障”对“货币”的直接依赖程度将其分为“商业购买形式”和“自给自足形式”两种。前者主要由家庭在“市场”上采用购买的形式实现，比如，商业养老保险、商业医疗保险、雇佣性护理等；后者主要由家庭依靠自身经济活动的组织来提供直接的“生活保障”内容或服务，比如，老人对孙辈幼儿的照顾、农村子女兑粮赡养父母、储蓄性家庭生活风险预防等。在不同社会制度下，“基本生活保障”的承担者也不相同。在自足自给的农业社会，“基本生活保障”基本上由“家庭”承担。在计划经济社会，“基本生活保障”主要由社区、部族或政府承担。在市场经济相对发达的社会，“基本生活保障”主要由“社会承担”，比如“养老保险、医疗保险、生活照顾补助、护理保险、生育保险”等社会保障制度的建立，使原来由家庭承担为主的基本生活保障内容，开始转变为全部或者部分由政府承担。

6.2.2 我国农村社会保障制度的功能缺失使家庭保障成为农户的无奈选择

我国现阶段的华北农户经济行为为何表现出如此明显的“家庭保障”倾向呢？究其原因在于中国城乡二元社会结构下农村社会保障制度的功能缺失。

新中国成立初期，面对国内物质短缺、国家综合实力薄弱，以及国际环境的恶劣等国内外环境，国家制定了优先发展重工业的经济战略。为了保证该战略的实施，国家建立了一整套完整的城乡二元社会制度体系，在该体系下城镇和农村作为两个相互独立、相互并行的二元制度体系开始持

---

[1] 也有学者根据生活保障的成本主要负担者是政府、生活社区，还是工作单位，将社会保障细分为“单位保障”、“社区保障”和“社会保障”等。

续运行。就“基本生活保障”而言，在城市，由政府和工作单位建立了一套包括生、老、病、死、学和就业在内的完整的政策体系，为城市居民提供基本生活保障；在农村，由生产队通过耕地集体经营方式、“医疗合作制度”及“五保户”制度等构成的“集体保障体系”，为农村居民提供基本生活保障。尽管就基本生活保障的性质而言，两种保障均具有一定的社会性，但是，从保障主体、保障项目、保障对象、保障程度看，两者具有明显的城乡二元分割性。

改革开放以后，以经济体制改革为标志，一系列社会制度进入转型阶段，城乡基本生活保障制度也开始发生重大转变。在城市，为了适应市场经济下的国企改革和现代企业制度的建立，政府逐渐建立了一套包括社会救助、就业再就业服务、社会保险（社会养老保险、医疗保险、失业保险、工伤保险、生育保险）、保障性住房体系、公积金制度，以及其他基本公共服务在内的相对健全的基本生活保障制度，且保障水平由传统的社会统筹性较低的“单位保障”逐渐向国际通行的、社会性更强、强制性更高、覆盖面更大的“社会保障”转变。而在农村，基本生活保障的制度改革则较为滞后。如果说 1978 年以前，基本生活保障由于主要由“集体”提供而在某种程度上带有“社会保障”的味道的话，耕地家庭联产承包责任制的建立使传统的农村基本生活保障制度彻底丧失了现实基础，农村居民的基本生活保障迅速由集体保障向“家庭保障”回归。尽管近年来国家一直试图建立起一套能够重新担负起农民基本生活保障制度的农村社会保障体系，但是，截至目前，除了农村新型合作医疗已经在全国普遍实行并切实减轻了农民因大病带来的较大医疗负担外，《国务院关于开展新型农村社会养老保险试点的指导性意见》于 2009 年刚刚颁布且养老标准极低，按照《意见》“基础养老金标准为每人每月 55 元”，农村社会救助也仅覆盖极少数处于绝对贫困的农户，更不用提失业保险、工伤保险、保障性住房和公积金等制度仍没有实行。实际上，农户的基本生活保障仍旧以家庭提供为主，尽管由于其家庭经济活动更高的市场参与度，以及劳动力大量外出就业且处于市场边缘地位而面临比城市居民更高的失业风险、职业健康风险和生产安全风险等市场风险。

总之，随着社会转型的加快，新中国成立后形成的城乡二元基本生活保障格局，不仅没有改变，反而由于城市社会保障制度的趋于完善、农村集体生活保障制度向家庭保障的回归，以及市场经济给农户带来的更多市场风险而表现出更为明显的二元分割性。在我国农村，社会性基本生活保障的功能缺失使农户家庭成员的基本生活保障在“家庭”之外难以找到可替代的对象。这导致农户只能依靠家庭自身的力量满足其成员的“基本生活保障需求”。

6.2.3 商业型保障难以有效实现导致农户经济行为表现出自给自足的家庭保障取向

在社会保障制度不健全下，基本生活的家庭保障可以采取“商业购买”方式满足，也可以采用“自给自足”方式实现。定州农户选取的是以“自给自足”为主的家庭保障模式，具体表现为，“最低生活保障”主要通过“耕地配置”实现，“家庭生活照顾保障”主要依靠“劳动力配置”实现，“家庭基本生活风险的预防”主要通过“资金配置”方式解决。为何定州农户选择“自给自足型”家庭保障为主的方式呢？这需要结合中国农户的资本构成结构、生活保障的市场化程度，以及农户的经济水平进行具体分析。

“商业型”家庭保障是一种相对简单易行的保障模式。它的实行需要几个最基本的条件：基本生活保障的“市场可获得性”、“有效消费需求”和“市场消费倾向”。“市场可获得性”是指，社会中存在充分的、有效的可以提供“基本生活保障”的市场，诸如商业性养老机构、医疗机构、托儿机构、护理机构等。只有相应的生活保障市场的存在，家庭才有可能通过市场购买的形式满足基本生活保障需求，所以它是“商业型家庭保障”有效实现的社会客观条件。“有效消费需求”是指家庭必须具备在市场上满足基本生活保障的购买力。只有家庭具备了相当程度的购买力后，消费需求才能转换成现实的“有效消费需求”，基本生活保障也才具备实现的可能性，所以它是消费者实现“商业型家庭保障”的个人客观条件。“基本生活保障的市场消费倾向”涉及消费者的主观消费意愿问题。只有

 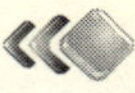

消费者“愿意”且觉得“合算”，才会真正付诸消费活动，否则，则放弃采取消费行为，所以它是“商业型家庭保障”得以实现的主观因素。

结合上述商业型家庭保障的基本条件分析定州农户经济行为。首先，中国农村“基本生活保障”的市场处于相对短缺和不健全状态。尽管医疗、教育等部分需求可以通过市场的方式解决，但是，基本生活保障的最基本项目，“养老”、“护理”、“婴幼儿照顾”等由于不具备诸如城市里的专门设施、机构和容易接近性，难以通过市场方式解决（空间距离和交易成本问题都阻碍农户到城市市场进行基本生活保障消费）。其次，中国农户的生活水平刚刚达到温饱水平，经济实力仍旧不强，从而“家庭基本生活保障的有效消费需求”不足。换句话说，农户仍旧缺乏足够的资金通过市场购买家庭所需全部基本生活保障，只能根据家庭自身所能提供的直接实物保障和服务保障，在尽可能通过“自给自足型”方式满足家庭基本生活保障需求之外，对那些依靠“自给自足”难以满足的“基本生活保障”项目采用市场购买的形式解决。农户的“基本生活保障有效消费不足”的事实，相当程度上限制了农户对家庭保障模式的选择。最后，农户的生产要素构成结构，决定了农户“基本生活保障”的较低市场消费倾向。在农户生产要素构成结构中，货币资金处于短缺状态、耕地除了用以满足家庭口粮的分配之外鲜有剩余，唯一相对富余的资源就是劳动力。在这种生产要素构成状态下，货币资金成为农户珍惜的家庭资源，耕地、尤其是劳动力，在农户的资源主观评价中地位较低，从而形成了中国农户特有的“耕地依赖倾向”和“家庭劳动偏好倾向”，并最终形成了农户的“基本生活保障较低市场消费需求倾向”。

显然，在生产要素构成上的“资金短缺、劳动力富余”结构、农村基本生活保障市场的低发育状态，以及农户生活保障有效消费需求不足的事实，共同促成了我国农户在家庭保障上采取以“自给自足型”模式为主、尽可能通过家庭实物和服务性供给满足基本生活保障需求的特征。

综上所述，农户经济行为之所以表现出明显的家庭保障取向在于：首先，在社会转型加速期，在中国城乡二元社会结构下，农村社会保障制度的功能缺失，使农户面对家庭基本生活保障需求处于除了采用“家庭保障”外别无选择的境地；其次，刚过温饱的生活水平、劳动力相对富余的家庭生产要素结构、农村生活保障市场的低发育状态，迫使农户只有采用“家庭经济活动组织”形式以满足基本生活保障需求，即，依靠耕地配置满足最低生活保障需求，依靠劳动力配置满足家庭生活照顾需求，依靠资金配置满足基本生活风险防范需求。

6.3 “劳动力相对剩余的资源结构”对农户经济行为的影响

在社会转型加速期，定州农户经济行为区别于相对稳定社会结构下的独特特征不仅表现在其鲜明的“家庭生活保障”取向上，也表现在其放弃对“利润最大化”的追求，转而通过“劳动力充分化利用”追求“经济收益最大化”的行为上。这具体表现为：在耕地配置上，是一种“劳动力充分化利用基础上的经济收益最大化行为”（以满足最低生活保障为前提）；在劳动力配置上，是一种“劳动就业收益最大化”行为（以满足家庭生活照顾需求为前提）；在资金配置上，是一种以“劳动力充分利用基础上的经济收益最大化”为主、以“利润最大化”为辅的行为（以家庭基本生活风险防范保障为前提）。

在市场经济体制已经牢固确立、“市场法则”已经成为人们经济活动的基本规则的社会背景下，我国农户的经济行为为何没有表现出对“利润最大化”的追求、转而追求“劳动力充分利用基础上的经济收益最大化”呢？换言之，在社会转型加速期，农户为何放弃追求“利润最大化”转而追求“经济收益的最大化”？农户为何偏重于通过“充分利用劳动力”的方式获取高经济收益？上述问题牵涉到农户经济行为“劳动偏好”取向的形成机制问题。对此，笔者拟将农户为何偏重于通过“充分利用劳动力”的方式获取高经济收益等问题从两方面进行分析。

6.3.1 我国农村劳动力相对过剩状况

由于人多地少的自然环境条件，我国农村劳动力相对剩余现象由来已

久。只是在计划经济时期因“大锅饭”而未能凸显。进入社会转型加速期以来，家庭联产承包责任制的推行及农业机械化、科技化程度的加深，尤其是生育政策实施前的农村绝对人口的大量增加，使现阶段中国农户的劳动力相对耕地剩余的现象更为凸显。据第二次全国农业普查数据，2006年，全国共有农业从业人员3.5亿人。而农业生产实际需要不足2亿人，因此至少剩余1.5亿人。另据抽样调查和访谈资料，定州市户均耕种土地面积4.39亩，户均劳动力为2.4个，而定州市农民普遍认为，按照现在的耕作生产技术（包括普遍性经济作物的种植），一个妇女劳动力平均至少可以耕种土地10亩。农户平均耕地占有面积与劳动力数量相比较，即使排除一个耕种土地、照顾老弱病残幼成员的劳动力外，定州市农户平均剩余劳动力至少1.4个（单纯就耕种土地而言）。而根据抽样调查资料，目前定州农村户均外出就业劳动力0.7个，也就是说，即使再去掉已经外出就业的劳动力，目前定州农户仍旧户均剩余劳动力0.7个。可见，相对耕地，定州农户劳动力仍旧处于未充分利用状态。我国华北其他地区的农村劳动力相对耕地过剩状态也大致如此。

6.3.2 劳动力长期过剩型构了农户“劳动偏好”的惯习

劳动力相对过剩的资源构成结构，构成了农户组织经济活动的内在结构性约束条件。正如第2章关于“惯习的载体”部分所述，社会行动是人们遵循内在“惯习”和具体“场域”内主导行为规则，结合自身的身体结构，策略性采取的满足个人需求和社会需求的行动。其中，“身体结构”，作为惯习的载体、场域内主导行为规则的执行者，必然参与社会行动的建构，并使社会行动带有其特有的“身体结构性”痕迹。就农户经济行为的“劳动力充分化利用”取向而言，农户作为经济行为的主体，其身体结构，更准确地说，其劳动力相对剩余的资源构成结构，也必将影响到农户经济行为的具体表现形式。

这种“劳动力过剩的资源结构”对农户经济行为的影响，在不同的历史时期表现形式不同。在黄宗智研究时期，中国的市场化、工业化和城市化程度均较低，农村劳动力在家庭之外很难找到劳动利用的机会，面对这种“家庭外劳动机会稀少”的外在社会环境，农户只能将家庭劳动力密集地投入到有限的耕地上，其结果自然是黄宗智所言“边际劳动报酬递减基础上的过密化”行为（黄宗智，1985，中译本2000）。

在社会转型加速期前后的相当长一段时期内，中国农户在“劳动力相对剩余”的内部环境和“家庭外劳动机会稀少”的外部环境之下，逐渐形成了其独特的、对生产要素的市场价值的主观评价体系，即，对家庭主要生产要素——耕地、劳动力和资金分别给以不同的市场价值评价；其中，“耕地”和“资金”因其稀缺性而被农户赋予较高的“市场价值”，而“家庭劳动”作为农户唯一富余的生产要素，加之因长期密集于有限的耕地上而“边际劳动报酬较低”，因而被农户赋予较低的市场价值。这是因为对于仍旧处于贫困边缘的中国广大农户来说，“风险最小原则”是其最为理性的行为原则（斯科特的“安全第一”原则开始发挥作用）；在生产要素的构成中，富余的家庭劳动因极低的边际劳动报酬而主观市场价值最低，因而“劳动最大化的生产投资模式”的市场风险损失也将最小（假定经济行为的风险概率相同）；农户自然会选择以“家庭劳动投入”为主的投资模式，因为这种投资模式既可以合理利用家庭资本，又因“预期市场风险最小”而增加农户的经济安全。这种“贵资金和耕地、轻劳动”的“生产要素的主观市场价值”观念，伴随市场经济下风险因素对农户经济生活影响的逐渐凸显而不断强化。

正是农户的“生产要素主观市场价值评价”观念与“市场经济”的结合，共同型构了中国农户独特的生产经营模式——对于同样的经济预期，在生产要素的配置方式上，农户采取“以劳动代资金”的投资模式，换言之，以“尽可能多地投入家庭劳动，尽可能少地投入货币资金”的形式，以实现货币资本的开源节流和耕地资本的扩大，最终实现提高生活水平或经济增值的目的。鉴于农户生产投资模式显露的“偏重家庭劳动”的鲜明行为倾向性，笔者称其为农户经济行为的“劳动偏好”倾向，或者说，“劳动偏好”惯习。这种“劳动偏好”惯习，渗透于农户经济行为的方方面面，不仅以最普遍的形式——“劳动资本偏好”的形式存在，而且也以一种常见的特殊形式——“家庭劳动力偏好”的形式存在，即，农户在安排经济活动，尤其是组织生产经营时，有专注于家庭内劳动力、忽略考虑家庭外劳动力的倾向。

由于劳动力相对剩余的资源构成结构的长期存在，农户形成的这种“劳动偏好”惯习，作为一种行为倾向性，以一种内隐的形式稳定地作用于农户，使农户的经济行为潜在地遵循“劳动偏好”惯习的导引。在社会转型加速期，中国农户的劳动力相对剩余程度非但没有减缓，反而因为新中国成立后生育高峰期出生的婴儿相继进入青壮年劳动力阶段而走向高峰。尽管制度转型给农户释放劳动力提供了有史以来的最佳时机，但是，农户劳动力相对剩余的社会事实，限制农村劳动力自由流动的诸多制度壁垒的顽固存在，都促使农户经济行为“劳动偏好”的倾向非但没有减缓或者转变反而是趋于强化。社会转型加速期，农户经济行为的“劳动偏好”惯习持续存在，作为一种行为倾向性，稳定地作用于农户，使农户行为表现出明显的“劳动偏好”特征。

总之，在社会转型加速期，农户劳动力相对过剩的人口结构，作为一种内在结构性约束，不仅直接作用于农户，迫使农户优先考虑家庭过剩劳动力的充分化利用；而且，以“劳动偏好”惯习的形式，潜在地导引农户行为朝“劳动最大化利用”的方向发展。

6.4　市场经济对我国农户经济行为的影响

宏观社会环境是个体行动的客观外在条件，外在环境的变化必然影响个体的行动。改革开放以来，市场经济从正反两方面对我国农户经济活动产生剧烈影响。一方面市场经济为农户创造了“家庭外”和“农业外”的大量市场就业机会，另一方面也使农户面临前所未有的市场风险。

6.4.1　市场经济为农户创造了大量就业和非农经营机会

随着市场化程度的加深，城乡劳动力市场为农户带来了前所未有的“耕地外”和“家庭外”劳动就业机会，非农化和农作物商品化也为农户带来了前所未有的大量市场经营机会。据统计，2011 年，我国农民工总量已经超过 2.5 亿人，其中，外出农民工 1.59 亿人，就地转移农民工 9000 多万人。这对农户而言意味着家庭内存在的剩余劳动力获得了借以释放和充分利用的良机。只要他们增加劳动投入的绝对量，能够最大化利用家庭劳动力，就可以获取至少相当于农村平均边际劳动报酬基础上的劳动收益的增加，从而获取劳动收益的最大化。

6.4.2 市场经济将农户置身于一个巨大的风险环境中

市场经济犹如一把双刃剑，在给我国农户剩余劳动力带来了劳动机会和较高劳动收益的同时，也将其置于一个史无前例的“高风险”社会环境中。在市场经济中，“价值规律”作为一条基本规律发挥着资源调节的作用。人们对“市场规律”的掌握和运用程度、对市场信息的占有程度、市场完善程度、经济全球化程度，以及政府应对市场失灵的弥补机制的健全程度等，都可能给人们带来难以预料的市场风险。在市场经济体制下，由于我国农户对“市场规律”还处于初步认识阶段，所接触的市场交易圈仍旧比较狭窄，对市场信息的占有程度仍旧较低，对“全球化”和市场投机仍少有思想准备等，必然面临巨大的市场风险。这种市场风险不仅仅表现为农产品的市场风险，比如，近年来价格出现剧烈震荡的“蒜你狠”、“姜你军”、“豆你玩”等现象；也表现为劳动力外出就业的劳动权益无保障风险，比如，拖欠工资、失业、工伤事故、职业健康安全、孩子监护和教育问题、婚姻破裂、非农经营亏损等。上述各种风险，以经济安全风险、身体健康风险、家庭情感安全风险、子女教育风险、老人赡养风险等各种形式作用于农户，使社会转型加速期的农户处于前所未有的风险社会环境中。

总之，市场经济在给我国农户带来大量劳动就业机会和非农家庭经营机会的同时，也将各种各样的市场风险潜入农户经济行为之中，使仍旧处于社会风险预防机制之外、自身风险抵御能力较低的农户，不得不依靠自身的经济活动的组织，谨慎地在“高经济收益”和“高市场风险”之间进行审慎的选择。

6.4.3　在市场高收益、高风险下农户的风险态度及行为取向

正如前述，市场经济将我国农户置于一种不可回避的“高风险”和“高收益”的社会环境下。面对这种社会生存条件，无论农户主观意愿如何，他们都必须面对“市场机会”和“市场风险”的两难选择。那么，农户会如何应对呢？

按照“风险厌恶理论”：人们对待风险收益的态度因风险倾向而相异。风险喜好者倾向于“高风险高利润”的行为，风险厌恶者倾向于回避最低程度的社会风险，风险中立者倾向于承担一定程度的风险以获取平均程度的经济收益。人们的风险喜好程度又因风险抵御能力的不同而不同，风险抵御能力越强，其风险喜好的程度也越高，反之，则越低。在影响风险抵御能力的因素中，经济水平最为重要。人们的经济水平越高，其风险抵御能力也越强（Arrow，1964）。对于我国农户来说，基本生活水平刚刚达到温饱状态，储蓄水平普遍较低，且由于制度性基本生活保障的功能性欠缺，家庭基本生活保障的负担较重，储蓄资金大多被作为基本生活风险预备金使用，可资风险投资的有效资金基本上处于欠缺状态。所以，我国农户的风险抵御能力普遍不足，论其风险态度，远非风险爱好者，自然也不会采取“冒高风险获高利润”的“利润最大化”行为；同时，刚过温饱的较低生活水平，又使我国农户对提高生活水平、改善家庭生活环境的需求极为强烈，这种强烈的提高经济收入的愿望，遇到市场经济带来的大量机会，造就了我国农户一定程度的“风险—利润”倾向，即，通过一定程度的风险投入获取较高经济收益以提高家庭生活水平的倾向性。这种“风险—利润”倾向，又把中国农户与“风险厌恶者”区别开来。

总之，处于温饱水平的现阶段中国农户，既不属于风险抵御能力较强的“风险喜好者”，也远远区别于处于贫困边缘的“风险厌恶者”。他们对待风险的态度恰处“风险喜好”与“风险厌恶”之间，表现为“一定程度上对市场风险收益的追求”。更具体地说，恰是这种“一定程度的”对风险利益追求的行为，奠定了定州农户的风险态度——在“家庭基本生活水平获得安全保障、且预期市场风险损失最小”的情况下，采取“风险—利润”的行为；一旦超过了“家庭基本生活安全和市场风险损失最小”的范围，农户则放弃对“风险利益的追求”。在社会转型加速期，中国农户基于生存环境形成的这种特殊的风险态度，使其面对制度转型带来的众多获取高额利润的市场机会，放弃采取“利润最大化行为”，转而表现为“在家庭基本生活保障基础上的经济收益最大化行为”，且这种“经济收益的最大化”以“家庭劳动的充分利用”为基础。

6.5 家庭保障、市场经济与劳动力剩余结构相互间的协同作用

根据前述对“家庭保障”、“市场经济”、“劳动力相对剩余的资源构成结构”与农户经济行为之间关系的具体分析，在社会转型加速期，农户经济行为，是农户面对“家庭基本生活保障”的客观需求，与“市场化环境”和“劳动力相对剩余的资源构成结构”，在结构性约束与主观性需求之间达成平衡的结果。

在社会转型加速期，农户所面临的生存环境的变化，是造成其经济行为的内在形成机制截然不同于慢速社会转型期的基本原因。如果说，在黄宗智研究时期，华北小农经济是“以‘家庭小农业’为基石，拄着‘佣工和商业性手工业’这两个拐杖，得以在内卷化和分化的联合压力下站立不倒”[1] 的话；那么，在社会转型加速期，在市场经济体制已经确立、农村社会保障制度仍旧处于功能缺失状态、农户劳动力相对剩余仍较严重的社会生存环境下，中国的农户经济又是如何存在、持续的呢？换句话说，在社会转型加速期，市场经济体制、农户家庭保障，以及农户的劳动剩余人口结构，三者如何相互协调、共同促成了中国小农经济的存在与延续的呢？本节将从三者的相互关系角度对该问题进行探讨。

---

[1] 黄宗智．华北的小农经济与社会变迁［M］．北京：中华书局，2000：193.

6.5.1　市场经济与农户劳动力相对剩余资源结构之间的协同作用

6.5.1.1　市场经济为农户释放剩余劳动力创造了大量机会，也带来了大量的市场风险

市场经济体制的建立，是中国历史上开天辟地的大事。它给中国农户带来了全方位的影响，对其经济行为的影响突出表现为两个方面。一是市场对资源配置的基础性作用的发挥；另一个是对农户生产和就业领域的扩展以及由此带来的劳动力利用机会的扩展。这种扩展不仅表现在“空间领域”上，也表现在“行业领域”上。在就业空间上，村庄外面的城镇不再是农户配置劳动力的禁区；在就业和生产行业上，“非农行业”不再以诸如“资本主义尾巴”的名义被禁止；农户可以根据市场需求和家庭实际对劳动力自由配置，并酌情选择家庭经营方式。“市场化”带来的就业和生产领域的扩展，使中国农户面临有史以来家庭劳动力充分化利用的最佳时机。

但是，正如币有两面，“就业和生产领域的扩展”也给中国农户带来了大量新的潜在风险。以生产要素的配置为例：在劳动力外出就业上，就表现为劳动收益风险、就业难风险、吃青春饭的风险❶等众多经济风险，且不说，儿童监护和受教育风险、工伤医疗和健康风险❷、家庭情感危机风险等众多非经济风险。在经济作物的种植上，除去难以避免的自然因素和病虫害因素引起的传统意外风险外，仅仅由市场带来的风险，就有价格风险、销售风险、新技术风险等，上述任何一种市场风险都将给农户带来超过传统社会下“颗粒无收”的风险损失。在非农经营上，项目选择风险、管理风险、营销风险、融资风险、不当竞争风险等带来的市场失败风险，加上非农行业的高投资性，其结果很可能将农户卷入贫困的陷阱。

---

❶　吃青春饭的风险，即，农民工青壮年期过后的外出就业问题；这种风险由于农民工就业行业对年龄的较高要求，且因为农民文化资本的局限而表现突出，并构成农民工外出“阶段性就业”的主要成因之一。

❷　农民工外出就业的健康风险，因为农民工生活条件的简陋、体力劳动的高强度，而表现突出，且具有迟发性。

总之，市场经济体制的建立，给中国农户带来正反两面的影响。一方面，为农户劳动力的充分利用提供了有利条件，为农户谋求高收入创造了市场机会；另一方面，又因市场风险的增加和对农村集体生活保障机制的摧毁而使农户处于极高的风险生活境地。

6.5.1.2 劳动力剩余结构下形成的劳动偏好惯习成为农户抵御市场风险的基本防御机制

面对市场经济带来的巨大经济和社会风险，以及现阶段制度性基本生活风险防御机制的缺失，农户利用长期劳动力过剩结构下自发形成的“劳动偏好”惯习，通过“家庭劳动投入为主的经济活动模式”来降低市场可能带来的巨大外出失业风险、生产经营亏损风险，以及其他基本生活风险，使得农户即使面对市场经济带来的巨大风险依旧能够遵循市场法则从事经济收益最大化活动。换句话说，农户劳动力剩余结构下形成的“劳动偏好惯习”实际上为市场经济在中国农村的实行、深入和发展提供了一种自发的、现实的内在配套机制。

总之，市场经济体制为“农户释放和充分利用家庭劳动力”创造了有利时机；农户劳动力剩余的资源结构，则使农户以“劳动投入为主”的经济活动组织方式降低市场风险，参与市场经济运行，推动其不断深入。由此，在加速转型社会下，“市场经济体制”与“农户劳动力相对剩余的资源构成结构”，在相互支撑、相互补充下协同共进。

6.5.2 家庭保障与农户劳动力相对剩余资源结构之间的协同作用

6.5.2.1 家庭保障为社会保障功能缺失下劳动力相对过剩的农户提供了最基础的生活安全保障

市场经济总是与市场风险相伴而生。为了预防市场风险对人们的生活造成严重影响，市场经济成熟国家大多通过建立健全的社会保障制度及其他配套措施来加以缓解。在我国城乡二元社会结构下，面对市场经济对农村居民带来的巨大生活风险，政府也相继推进了一系列农村制度变革，其中包括出台了一些具有生活保障性质的制度举措，诸如农村养老保险制度、农村计划生育保险制度、农村新型医疗合作制度等。但是，20世纪80年代试行的养老保险制度因其“家庭保险性质”而最终被叫停；2009出台的新型农村社会养老保险制度仍旧处于部分试点状态；大量农民工仍处于在城市和农村均未参加社会养老保险的状态；计划生育保险[1]由于双女户的条件限制而覆盖面有限；新型农村医疗合作制度虽因覆盖面较大发挥了相当的作用，但其在报销条件、标准、限额等方面的限制均一定程度上阻碍了作用的发挥。总之，整体上看，在我国广大农村，社会保障制度建设因处于刚刚起步阶段，在功能上仍旧处于缺失状态。

但是，在市场经济体制下，市场风险并非因为农村集体生活保障的衰落、社会保障的功能缺失而偏袒农户。农户作为一个生活共同体，要在社会上存在、延续和发展，首先需要满足其成员的最低限度的生活保障需求、医疗健康需求、就业需求、儿童教育和养老需求等基本生活需求，在家庭基本生活保障能够有效实现的基础上，才谈得上发展和壮大。面对家庭最基本的生活保障需求，在社会保障仍旧难以真正发挥作用的情况下，农户只有通过对家庭经济活动的组织来自发预防各种市场风险。尽管与健全的社会保障制度相比，农户自发的家庭保障机制的风险抵御水平仍旧较低，但是，至少为农户提供了最基础的保障，使得农户相对过剩的劳动力及其抚养人口能够过上尽可能好的生活。

6.5.2.2　劳动力相对剩余结构为农户自足自给型实物保障提供了人力基础

家庭保障可以采取多种形式，最主要的方式有两种：商业购买型保障和自给自足型实物保障。“商业购买型保障”是一种以“货币投入”为条件的“购买型保障”；“自给自足型实物保障”的最大特点在于“家庭直接提供用于满足生活保障的实物和服务”，该种保障模式实现的前提在于“家庭有劳动力能够生产或提供生活保障性实物和服务”。而对于中国农户来说，他们的资本构成结构最大的特征正在于“劳动力相对过剩”和

---

[1] 计划生育保险，是指以一孩户和双女户为条件的、政策鼓励性家庭养老保险和其他商业保险。

"耕地、资金相对短缺"，他们最希望利用的资源是"过剩劳动力"。结合自身的"资源构成"结构，面对"商业购买型保障"和"自给自足型实物保障"两种保障形式，农户自然会选择能够最优化利用其家庭资源的保障模式——采用最大化"自给自足型实物保障"和最小化"货币型商业保障"相结合的实现方式。总之，劳动力相对剩余的资源结构，为我国农户以"自给自足型实物保障"为主的家庭保障模式的实现提供了人力基础。

总之，"家庭保障"作为一种内在安全机制，为农户提供了基本生活安全的可靠现实基础，使具有"严重过剩人口"的中国农户，在高风险的转型社会中，仍旧能够保持基本温饱生活水平并谋求发展；而"劳动力相对剩余的资源构成结构"的存在，则为"家庭保障"的实现提供了"资源性条件"，使其得以有效地运转。两者相互支撑使我国的小农经济在社会加速转型下稳步前进。

6.5.3 市场经济体制与家庭保障之间的协同作用

6.5.3.1 在农村社会保障制度不健全的社会背景下，市场经济体制向"家庭保障"提出了内在要求

市场经济体制以资源配置的高效率见长，也以"市场失灵"著称。并且，市场失灵程度常伴随市场的不完善程度而同向消长。在西方相对成熟的市场经济体制下，市场失灵问题通常由政府通过健全社会保障制度、配套基本公共服务，以及完善相关调控政策等来加以缓解。而在快速转型社会中，市场经济体制虽已初步建立，然而，与之配套的社会保障制度和其他社会调控制度常常相对滞后。这致使社会中部分人落入制度接续的孔隙中。这种情况对于社会转型加速期城乡二元社会结构下的中国而言更是如此，而农户恰恰是落入制度接续夹缝中的规模最大的弱势群体。正如前述，市场经济体制的建立，首先发轫于中国农村，并因家庭联产承包责任制的实行导致农村集体生活保障终止，而农村社会保障制度建设虽在逐步建立，但目前仍处于功能缺失状态。然而，市场经济体制一旦建立就发挥其相对独立的作用，它并非因为某种社会调控制度的缺位而停止运转，或者暂停

产生诸如失业、疾病、职业健康、贫富差距等市场失灵现象。面对社会保障制度难以有效依赖的现实生存环境，生活在制度夹缝中的中国农户，只能调用家庭资源为其成员建立基本生活风险防护的屏蔽——以自给自足型实物保障为主的家庭生活保障机制。可见，在农村社会保障制度不健全的社会背景下，“家庭保障”成为市场经济体制的内在要求和无奈选择。

6.5.3.2 “家庭保障”为市场经济体制在我国农村顺利推行提供了基础保障

市场经济体制的建立，既为农户创造了大量市场就业机会，又为他们带来了谋求高收益的生产经营机会。面对市场刺激，我国农户并非无动于衷；但是，在相对较低的基本温饱生活水平下，市场经济体制下潜藏的各种风险，又迫使农户优先考虑家庭生活需求层次中的基本生活保障需求。只有在基本生活保障安全的情况下，他们才开始考虑增加收入和改善生活水平的更高需求。换句话说，农户在按照市场规则谋求经济收入最大化时，首先考虑的是采用风险最小的方式获得基本生活安全保障，然后才是遵循市场规则追求经济收益优化。这种行为逻辑贯穿于农村生产要素配置行为的各个方面，具体表现为：耕地配置上的分化差序性——生计作物规模保障基础上的经济作物的种植；劳动力配置上的“家庭照顾”优先性——家庭生活照顾基础上的外出就业行为；资金配置上的“基本生活风险防范”优先性——基本生活风险防范基础上的利润最大化行为。显然，农户自发的家庭保障网络的建立，作为一种风险抵御屏障，为市场经济体制在中国农村推行和发展奠定了基本的安全基础。必须指出的是，中国农户自发的家庭生活安全网络的构建，固然给农村居民提供了基本生活安全保障，给市场经济体制在中国农村的有效实行奠定了一定的基础；但是，其以“自给自足型实物保障”为主、以“购买型商业保障”为辅的实现模式，是以对“资源配置的市场调节规则”的无视和扭曲为基础。换句话说，中国农户家庭保障的实现，是以对“利润最大化”的牺牲为基础的初级保障模式，是在制度性社会保障缺失、农户商业保障能力不强的情况下，以对经济效益的牺牲为代价的无奈选择。

综上所述，在农村社会保障制度功能缺位的情况下，市场经济体制为家庭保障提出了内在需求；家庭保障作为一种市场失灵的补充机制，为市场经济体制在农村的顺利实行和深入发展，提供了风险预防基础；两者相互支撑、相互扶持，共同推动中国小农经济的延续。

6.5.4 家庭保障、劳动力剩余结构、市场经济对农户经济的共同型构

6.5.4.1 “家庭保障”、“劳动力相对剩余的资源构成结构”和“市场经济体制”的相互关系及其对华北农户经济行为的作用发生机制

“家庭保障”、“劳动力相对剩余的资源构成结构”和“市场经济体制”三种结构性因素之间的相互关系分析，可以简要归纳如下。

关于“家庭保障与市场经济体制”。在市场经济体制下，市场作为资源配置的主要方式，其不可避免的“市场失灵”现象给人们带来了各种市场风险，这就要求“基本生活保障机制”以“社会保障”或“家庭保障”的形式存在以弥补其机制性缺陷。与之相承，在社会转型加速期，在制度性社会保障不足的社会背景下，家庭保障作为一种生活安全机制，为市场经济体制在农村的高效实行提供了风险防范基础，是市场经济体制深入发展的重要补充机制。

关于“市场经济体制”与“劳动力相对剩余的资源构成结构”。市场经济体制的建立为农户释放家庭剩余劳动力创造了大量市场机会；而“农户劳动力相对剩余的资源构成结构”的存在，则使农户通过“家庭劳动充分化利用”的方式参与市场经济的运行，使“利润最大化法则”在中国农户经济活动的组织中表现出其独特性。

关于“家庭保障”与“劳动力相对剩余的资源构成结构”。家庭保障为社会保障功能缺失下劳动力相对过剩的农户提供了最基础的生活安全保障。而劳动力相对剩余的资源构成结构的存在，则以“劳动投入为主”的方式参与农户的家庭保障的实现，使其呈现出明显的以“自给自足型实物保障为主”的特征。

如果把上述三种结构性因素放在一起，作为社会转型加速期中国农户经济行为的总体结构性生存环境，考察三者之间的相互关系及其对农户经

济的影响，可以看到其相互关系及其对农户的作用机制，如图 6－1 所示。

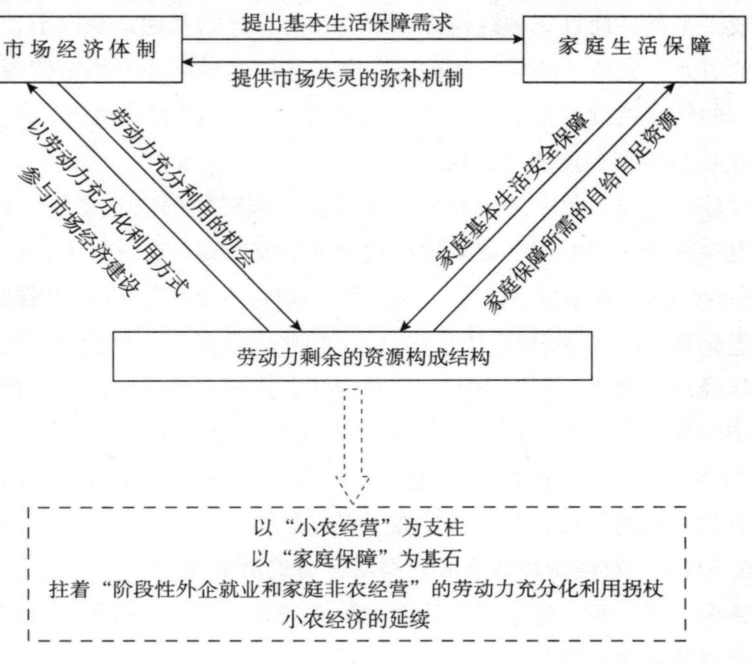

图 6－1　社会转型加速期的小农经济

图 6－1 显示，在社会转型加速期，市场经济体制给人们带来大量市场风险，使农户的“基本生活安全保障”成为必须解决的社会问题，然而，传统集体生活保障的衰落和现代农村社会保障制度的功能缺失，迫使中国农户别无选择地承担起“家庭生活保障”的重担；农户自发组织的家庭基本生活保障机制，不仅成为市场经济体制带来的“市场失灵”的弥补机制，且，为家庭提供“基本生活安全”保障；具有劳动力相对剩余的资源构成结构的农户，一方面在“家庭基本生活”安全保障的基础上，遵循市场规则，以最大化利用家庭劳动的形式谋求经济收益的最大化；另一方面又以“家庭劳动投入为主”的方式为家庭提供生活保障的物质基础；使得农户最终以“劳动力最大化利用”形式推动市场经济逐渐走向深入和完善；而市场经济的完善，又进一步为农户提供更多的市场机会，并向家庭保障提出更高的要求。按照上述社会结构与农户经济行为

之间的循环互动方式，不仅农户在社会结构性制约因素与家庭主观需求之间达成了平衡；而且三种结构性因素也在与农户的互动、互构中，以循环互构的方式，完成了结构间的动态平衡；并以这种动态平衡结构为农户经济行为的构造持续发生作用。正是循着上述互构式循环轨迹，“小农经济”在社会转型加速期得以延续。

比较现阶段与黄宗智研究的慢速社会转型时期的农户经济运行机制，可以发现其明显的差距。如果说在黄宗智研究时期，“华北小农经济是以‘家庭小农业’为基石，拄着‘佣工和商业性手工业’这两个拐杖，得以在内卷化和分化的联合压力下站立不倒”❶；那么，在社会转型加速期，在市场经济体制下，在城乡二元分割的社会体制依然顽固存在的社会背景下，中国华北的小农经济，则是以“家庭小农业”为支柱，以“家庭保障”为基石、拄着“阶段性外企就业”和“家庭非农经营”这两个劳动力充分化利用的拐杖，在缓慢发展下得以延续。

6.5.4.2　对现阶段华北农户经济行为的历史评价

结合上述分析，笔者以为认识现阶段华北农户经济行为，应该结合其历史背景给予客观评价。

第一，相比黄宗智研究时期，现阶段的小农经济是一种经济发展水平更高基础上的经济组织形态。毋庸讳言，两者都是“小农经济”。但是，现阶段的小农经济由于基于的社会发展阶段和社会经济环境不同，其发展水平远远超出了黄宗智研究时期，这导致两者之间存在明显的差异，突出表现为——至少现阶段的农户，在家庭保障需求获得满足的基础上，可以利用制度转型创造的大量市场机会，满足家庭剩余劳动力的就业需求，从而谋求劳动收益的最大化；而黄宗智研究时期的中国农户则只能将家庭剩余劳动力密集地投入到有限的耕地上，获取在边际劳动报酬递减基础上的家庭经济总量的增长。

第二，与黄宗智研究时期相似，现阶段的小农经济是一种有待于改善的经济组织形态。这里将从微观家庭角度和宏观社会角度对其分析。

---

❶ 黄宗智．华北的小农经济与社会变迁［M］．北京：中华书局，2000：193．

从微观家庭角度来看，具有明显的经济效益的相对低下性。如果说在黄宗智研究时期，农户经济的低效性主要囿于“家庭外劳动机会的稀少”而表现为“过密化”行为的话，现阶段的农户经济，则因其“家庭保障取向”和“劳动偏好取向”上的相当程度的“逆市场性”，而使“经济效益”处于相对低下状态，并突出表现为两方面。

一是家庭保障对市场利润的抑制作用。正如前述，农户以“自给自足型家庭保障”为主的模式满足家庭生活安全需求，具体表现为：“劳动就业保障”和“最低生活保障”的“耕地依赖”、“家庭生活照顾保障”的“家庭劳动力依赖”、“基本生活风险预防”的“储蓄资金依赖”。在这种家庭保障实现模式下，农户经济行为明显表现出“资源配置的差序性”，即，首先按照“家庭计划方式”安排用于满足“家庭基本生活保障”需求的资源，然后按照“市场导向规则”配置剩余资源以获取经济收益的最大化。显然，农户自发形成的“基本生活安全的家庭保障”机制，诚然为农户的基本生活保障构建了一个相对安全的网络；但是，其对“家庭资源的差序配置模式”无疑使农户资源处于经济效益低下状态，以“耕地配置”为例，如果农户把用于种植“生计作物”的耕地，根据市场需求种植“经济作物”，其耕地的总经济效益将大大增加。可见，“家庭保障”，事实上是农户迫于家庭外“生活保障缺失”和家庭内“基本生活安全”的内在需求，以牺牲“经济效益”为代价换取的“基本生活安全保障”。

二是“劳动偏好”倾向对“市场利润”的偏转。在劳动力过剩的资源构成结构下，农户经济行为表现出明显的“劳动偏好”倾向。应该说，农户“劳动偏好”的行为，因其对“家庭劳动”的偏重，对于最大化利用家庭劳动和充分化利用家庭资源，具有明显的优势；但是，“劳动偏好”的反面恰恰是“资金和耕地资本的忽略”，这种“资金和耕地资本忽略的倾向”，在“市场”作为资源配置的基本方式的宏观经济环境下，无疑意味着“资源浪费”。以“资金配置为例”，实际上，通过多年“外出就业”的“资本原始积累”过程，农户基本上已经具备最低限度的非农经营投资条件，但是，在“劳动偏好”倾向下，农户依然持续选择通过

“外出就业”获取“劳动就业收益最大化”的行为，这种行为选择无疑是一种“为了充分化利用家庭劳动”而对“利润最大化”的偏转。

从宏观社会发展效应来看，它具有明显的经济效益的相对低下性。这是因为：农户经济行为非一个社会孤立体，当把其置于农村经济发展的大环境中，或者更进一步将其置于中国经济整体发展的更大环境中，就会发现，现阶段单个农户经济活动的组织，基于内外生存环境的限制，由于实现了对家庭经济资源的最优配置，而具备较高的经济效益；但是，农户基于“家庭保障”和“充分化利用家庭劳动”的考虑，所坚持的“以家庭保障为基础、以家庭劳动最大化利用为基本途径获取经济收益最大化”的经济组织模式，在获得农户经济组织的家庭经济效率的同时，由于使农村三大生产要素——耕地、劳动力和资金的配置在社会整体上处于无组织状态，而牺牲生产要素配置的整体经济效益。这种整体经济效率低下的状态尤其表现为：农户生活保障的“耕地配置”依赖，阻碍土地规模化和农业产业化的进展；农户“劳动力配置”上的“劳动收益最大化”目的，阻碍城市化的顺利进展；资金配置上的“劳动偏好”取向，阻碍非农化程度的提高等。显然，中国当前的农户经济组织模式，以其独特的运行机制在向前运转的同时，也因阻碍了农业产业化、农村城市化和非农化、农民市民化的进程，而拖曳着中国现代化的步伐，具有明显的整体经济效率低下的局限性。

总之，现阶段的农户经济，既是转型社会结构下，小农经济向前发展的必然性产物，又因其社会转型加速期的时代性特征——“家庭保障取向”和“劳动偏好取向”，而具有家庭经济效益低下、社会整体经济效率低下、阻碍农户经济收入提高和拖曳现代化进展的滞后性。

这里笔者再次重申：本研究以华北农村的一个县级市——定州市的农户经济行为研究为基础，所得结论难以推论到整个中国农村，甚至难以推论到广大华北农村。但是，定州市作为华北地区一个具有代表性的县级市，相当程度上可以看做是华北农村的一个缩影；该地区的农户经济行为，在华北地区、至少在众多与之发展水平类似的农村地区，无疑具有相当程度的普遍性。

6.6 研究小结与延伸

本研究在社会学视野下假定，社会转型引发的中国社会结构的巨变，必将影响到普通民众行为，尤其对其传统行为造成冲击，从而使现阶段我国民众的社会行为表现出不同于慢速转型时期的特征，也表现出不同于其他相对稳定社会结构下的行为特征。对于中国社会中受传统因素影响最深的农村和农户而言，也“难逃此劫”。由此，本研究假设：在社会转型加速期，“市场经济体制”与“家庭保障惯习”作为两种结构性因素，嵌入农户劳动力相对剩余的资源构成结构之中作用于农户，使农户经济行为表现出对“家庭保障”、“劳动力充分化利用”与“经济收益最大化”追求的多重行为取向。

通过实证分析，研究得出以下结论。

第一，社会转型加速期的农户经济行为，具有独特的混合性特质。它是一种既不同于西方学者描述下的相对稳定社会结构下的农户行为，也不同于中国慢速转型社会下的农户行为。中国现阶段农户经济行为的典型性在于：它既表现出对市场经济收益最大化的追求，又因农村社会保障制度的功能缺失和基本生活保障的内在需求性，而表现出部分“逆市场的自给自足性”特征，而农户对“家庭基本生活保障”和“经济收益”的需求遭遇“劳动力相对剩余的资源构成结构”的内在生存环境，又使中国农户行为表现出独有的“市场收益与家庭保障”的“劳动偏重”实现模式，即，“以家庭基本生活保障为基础，在劳动力充分化利用上的经济收益最大化行为”。总之，社会转型加速期的农户经济行为，是一种兼具“市场收益”、“家庭保障”和“劳动力充分化利用”的多重取向性行为。

第二，社会转型加速期的农户经济行为，具有其特殊的内在形成机制。“市场经济体制”和“基本生活保障需求”作为内外两种结构性因素，构成了农户生存的客观约束条件，面对这种客观环境，具有“劳动力相对剩余的资源构成结构”的农户只有结合家庭现实条件，策略性地在客观生存环境与主观内在需求之间达成平衡；通过这种互构性平衡关系，一方面，农户的主观需求得以满足，另一方面，农户通过需求实现的行为模式参与外在环境的建构，使“市场经济”趋于深化、“家庭保障”得以实现、剩余劳动力得以最大化利用。最终，在社会结构与农户之间的循环互构下，“家庭保障”、“市场经济体制”和“劳动力相对剩余的资源构成结构”三种结构性因素，在相互支撑、相互补充下，形成了螺旋式动态平衡机制，并作为总体社会结构，使中国的小农经济以自身的逻辑在转型社会中存续——以“家庭小农经营”为支柱，以“家庭基本生活保障”为基石，以“阶段性外企就业为主、非农经营为辅的途径”构成的经济收益的最大化为补充，中国的小农经济在快速转型社会中存续并缓慢发展。

第三，社会转型加速期的农户经济行为，既有其存在的合理性，又包含家庭经济效益低下、社会整体生产要素配置效率低下，以及阻碍农户经济水平提高和拖延现代化步伐的低度发展的缺憾。一方面，现阶段农户经济行为的多重取向性，有其存在的内外结构性背景，是农户基于生存环境的客观结构性约束机制与主观需求之间的无奈的选择；另一方面，正是“基本生活保障需求”和“劳动力相对过剩的资源结构”，作为不可回避的结构性生存条件，迫使农户虽然置身于“市场环境”，却不得不放弃对市场导向性利润最大化法则的遵循，转而表现出相当程度的“逆市场”行为和“利润最大化”偏转行为——对“自给自足型家庭保障”和“劳动收益最大化行为”的追求；农户经济行为的“逆市场”性和对“利润最大化”的偏转，使其经济效益相对低下，使农村生产要素的整体配置缺乏经济效益；其结果是，阻碍农户经济收入的增长，以及拖延现代化的步伐。

总之，中国现阶段的华北农户经济，是在社会转型加速期的特殊时代背景下，市场经济体制、家庭保障和农户劳动力相对剩余的资源构成结构与农户主观需求共同作用的历史必然性产物。现阶段的小农经济，既因循制度转型适应社会的发展，又因转型社会的过渡性和不完善性而表现出低度发展的局限性。

第 7 章　政策反思与对策建议

完善市场经济体制，引导人们遵循市场规律从事经济活动，从而改善经济效益、提高经济收益是制度变革的基本目标。现阶段，我国农户经济行为表现出的滞后性无疑与制度变革的初衷有所偏离。那么，如何提高农户经济活动的效率和效益，并促进农业产业化和农村现代化呢？本章试图在寻根求源的基础上探讨可行的对策。

7.1　城乡二元社会体制是农户经济组织方式滞后的基本社会根源

社会行动总是蕴含于社会结构之中，是行动者与其生存环境之间互构的产物。在社会转型加速期，农户经济行为滞后背后的社会根源是什么呢？本研究的实证分析表明，“劳动力相对过剩”和“社会保障制度的功能缺位”是导致现阶段华北农户经济行为滞后的直接根源。至此，似乎只要政府出台了“缓解劳动力过剩”的政策措施，并建立起“农村社会保障制度”，就足以解开束缚农户经济行为的枷锁。然而，事情远非如此简单。事实上，20 世纪 90 年代以来，政府一直致力于健全农村社会保障制度和促进农村剩余劳动力转移，但是，效果并不十分理想。其根源就在于将政策重点放在了表层问题的解决上，以至于政策效果有“隔靴挠痒”的局限。由此，笔者以为，尽管农户劳动力剩余结构和农村社会保障缺位是众多复杂因素长期交互作用的结果，但是，追根溯源，这些因素均与城乡二元社会体制密切相关。受篇幅所限，这里将集中对城乡二元社会体制与农村劳动力长期过剩和社会保障功能缺位之间的关系进行剖析。

7.1.1 城乡二元社会体制是造成农户过剩劳动力难以彻底转移的主要原因

我国农户劳动力相对过剩的状况由来已久。耕地面积相对稀少是其自然基础。新中国成立后的三次大规模婴儿潮[1]是其人口基础。然而，我国早在20世纪70年代就制定了严格的生育节制政策以控制人口过快扩张，也于20世纪80年代就开始致力于鼓励和引导农村剩余劳动力外出就业，但是，时至今日劳动力过剩状态依旧难以彻底改变，究其根源在于城乡二元社会体制的长期持续作用。

建国初期，城乡二元社会体制的形成使农村劳动力相对过剩状况剧增。刚建国时，在内外交困的社会发展形势下，国家按照计划经济方针，制定了优先发展重工业和城市的建国方略。在该方略下，政府建立了以“户籍制度”为核心的一系列城乡二元社会制度以保障“城市重工业”的优先发展。在此社会背景下，城乡二元社会体制逐渐形成。在该体制下，农村居民只能在所属的农村集体中劳动和生活，农村劳动力不论剩余程度如何，都只能拥挤在自己所属生产队的有限耕地上劳作。这种农村劳动力被禁锢在有限耕地上的社会制度与建国后大规模新生劳动力相结合，使农户劳动力相对过剩的状况日益凸显。

改革开放以来，城乡二元社会体制的持续使农村剩余劳动力越发凸显并长期难以彻底转移。一方面，家庭联产承包责任制和农业机器化大大提高了农村劳动力的生产效率和积极性，使原来拥挤在耕地上的劳动力更为剩余，同时城市劳动力市场中的大量就业机会又为农村剩余劳动力的转移提供了条件。这种背景下，农村外出就业劳动力规模越来越大，已经从20世纪80年代初的200多万人发展到2011年的1.59亿人以上。另一方面，随着城乡迥异的户籍制度、基本生活保障制度、教育制度、住房保障

[1] 新中国成立后我国共出现过三次婴儿潮。建国后实行鼓励生育的政策，不久就出现了第一次婴儿潮，人口增长率将近300%。第二次婴儿潮自1962年三年自然灾害结束后开始持续至1973年，人口出生率平均达到33‰，是我国历史上出生人口最多、对后来经济影响最大的主力婴儿潮。第三次婴儿潮，又称为回声婴儿潮，主要发生在1986~1990年，是中国主力婴儿潮进入生育期的结果。

制度等一系列制度的逐步建立与完备，城乡二元社会结构固化程度越来越高，使得数以亿计的农村剩余劳动力只能以年轻时外出就业、年老回乡的阶段性、钟摆式、不彻底转移形式转移，难以真正实现向城市和非农业的转移，自然也难以摆脱年老、疾病、失业时对家庭和土地保障的依赖。据调查，尽管我国农民工群体的出现已经有三十多年的历史了，但是真正实现彻底脱离农村和耕地并在城市沉淀下来的人口仍不足20%。另据《2009年农民工监测调查报告》，在2009年外出农民工中，举家外出农民工占全部外出就业农民工的20.4%。国家人口和计划生育委员会2009年7月对北京、上海、深圳、成都、太原等地流动人口的调查也表明，劳动年龄人口中（包含城市流动人口），停留时间超过10年的只有18.7%。[1]

总之，正是在城乡二元社会体制下，限制农村劳动力向城市和非农产业转移的众多制度壁垒的持续存在，导致了农村劳动力相对过剩的状态难以发生实质性转变，致使农户劳动力长期处于阶段性、不彻底转移状态。

7.1.2　城乡二元社会发展思路是社会保障制度在农村难以取代家庭保障地位的政策导向根源

中国城乡二元分割的社会体制，体现在各种具体社会制度之中。就基本生活保障制度而言，在计划经济时期，政府针对城乡分别制定了“城市单位社会保障制度”和“农村集体社会保障制度”。随着以经济体制改革为开端的一系列社会制度的变革，城市逐渐建立了“社会性”更强、覆盖面更广、保障面更宽的社会保障体系；而在中国农村，尽管经过几十年的努力、几个阶段的尝试，截至目前，政府已经制定了包括新型农村社会养老保险、新型农村合作医疗保险、最低保障制度等在内的社会保障制度体系，但是，且不说这些制度总体处于雏形阶段，有的仍在小规模试点

[1] 我国农民工工作“十二五”发展规划纲要研究课题组．中国农民工问题总体趋势观测“十二五”[EB/OL]，(2010－10－19) http://www.gygov.gov.cn/.

中，有的覆盖面较窄、保障水平较低，有的存在制度间的矛盾、重叠、衔接不畅等问题，最关键的是大部分制度存在明显的家庭保障依赖和土地保障依赖痕迹，且基本上处于低效和功能缺位状态，导致其难以承担起农村居民基本生活安全保障的重任，因此难以取代家庭保障的地位。以农民工参加社会养老保险情况为例，尽管《社会保险法》、《城镇企业职工基本养老保险关系转移接续暂行办法》均适用于农民工，但是在实际执行中，相当一部分地方政府抱持传统的城乡二元社会发展思路，假借农民工可以自由选择参加农村养老保险或城镇企业职工养老保险的制度空子，对农民工参加城镇保险采取睁一只眼闭一只眼的放任自流态度。一些企业借口农民工自己不愿意参保故意不为农民工缴纳保费，众多农民工也因政策设计在转移接续上存在的跨省级转移只转个人账户部分资金不转社会统筹部分资金将制度解读为“存在潜在风险的个人存钱”，加上他们的工资收入本身较低而不愿意参保，从而导致农民工的实际参保率较低。据《2010 年度人力资源和社会保障事业发展统计公报》，2010 年度全国农民工总量为 24223 万人，其中外出农民工数量为 15335 万人。外出就业农民工已经占农村劳动力的近半数。然而，参加全国城镇企业职工养老保险的只有 3284 万人，仅占外出农民工总数的 21%。显然，城乡二元社会发展思路，是阻碍农村社会保障制度建立的主要政策倾向性因素，是导致农户经济组织活动显露家庭保障取向的深层思想根源。

综上所述，如果城乡二元社会发展思路不发生根本性转变，城乡二元社会体制不发生根本性变化，城乡二元社会结构就不能被有效打破，家庭保障和农户劳动力剩余的社会现状就难以发生根本性扭转，制约农户经济活动效率和效益提高的消极因素就难以发生大的改观。

7.2 对策建议

鉴于城乡二元社会发展模式是导致农村社会保障制度建设和剩余劳动力转移制度变革低效的基本根源，考虑到制度变革的成本可承受性和利益调整的过程性，笔者以为，以“城乡一体化”为政策导向，循序渐进地进行“农村社会保障制度”建设和“农村剩余劳动力转移”的制度变革，应是理性选择。值得指出的是，这里提出的“以城乡一体化为政策导向”的制度建设，必须坚持“同一项政策的性质对城乡一致”的原则；换言之，即使同一项政策因在实施上存在城乡先后之别而不用强求“程度”的一致，但是就“性质”而言必须具有同质性。这就要求：首先，在农村基本生活保障体系建设上，必须放弃城乡二元的传统理念，实现农村基本生活保障制度建设的性质定位由“家庭保障”向“社会保障”的转变；其次，在促进农村劳动力转移的制度建设上，应该坚持不破不立的思想，逐步破除禁锢农村剩余劳动力彻底转移的户籍制度，剥离其附带的相关社会保障和公共服务功能，建立促进农村劳动力自由流动和彻底转移的相关制度。当然，由于制度建设的过程性与渐进性、政策建设过程的成本易承受性，在策略上，可以采取分阶段、分项目逐步推进的方式，但是以“城乡一体化”为建设原则和最终目的应当是制度建设始终不渝的政策导向。总之，“城乡一体化”政策导向下的制度建设要求，在战略上把“城乡一体化”作为制度建设的原则和目标，在战术上采取循序渐进、分阶段、分项目逐步推进的方式，下文将具体阐述。

7.2.1 在“城乡一体化”政策导向下建设农村社会保障制度

“城乡一体化”政策导向下的农村社会保障制度建设，主要包含三层含义。首先，农村基本生活保障制度建设以“社会保障”为基本模式；其次，农村社会保障的制度设计应考虑城乡衔接问题，尤其是“社会统筹”部分的衔接；最后，与农村居民市民化相关的社会保障补偿和转换问题。

7.2.1.1 农村基本生活保障的制度建设应坚持“社会保障”性质

对于市场经济带来的市场风险、贫富差距等市场失灵问题，国际上，市场经济成熟的国家采用的最广泛、最有效的手段之一就是建立健全的“社会保障制度”。尽管在社会保障模式上，不同的国家由于政治、经济、文化、社会等方面的差异，所采用的保障模式也不尽相同，比如“残补模式”、“福利国家模式”、“社会计划模式”和“国家强制储蓄模式”

等；但是，坚持政府责任性[1]、社会性[2]和法律强制性[3]原则，以保证制度建设具有“社会保障”性质是其共同特征和普遍经验。我国城市基本生活保障制度建设也在坚持“社会保障”性质，沿着“政府责任性、社会性和法律强制性”方向不断完善。然而，在农村，“家庭保障”和“土地保障”仍是一些地方制度设计的路径依赖，导致这种思路导引下的农村社会保障制度不能充分发挥社会统筹的优势，与家庭保障并无太大差异，更难以真正承担起社会保障的功能。为此，借鉴国际社会和我国城市社会保障建设的成功经验，坚持政府责任性、社会性和法律强制性三个基本原则，促使农村生活保障由家庭保障向社会保障的转变成为制度变革的必然选择。

关于政府责任主体原则。该原则包含两层含义。首先，政府是农村社会保障制度建设的组织者、决策者和管理者。其次，政府是社会保障制度建设的最终责任承担主体，即，当个人、企业和社会均不能满足农民的基本生活需求时，或者无力承担自身所能担负的义务时，为农村居民提供基本生活保障是政府义不容辞的职责。这就要求政府不仅对“最低生活保障”之类的公共物品完全承担财政责任，对各类社会保险也应承担一定的财政支持责任，并对其基金提供保值、增值保障。只有政府有效承担了农村社会保障建设的组织管理主体和最终责任主体双重角色之后，农村社保建设才能在组织上和财政上获得持续发展的保障。

关于法律强制性原则。该原则有两点基本要求。首先，法律先行。即，每一项制度的实施均应有明确的、规范的、可操作的法律规定，并对政府、企业、个人和其他相关责任人的权责、筹资方式、管理方式、给付方式、具体执行程序、监督办法等基本方面给以明确规定，使制度建设沿着“有法可依、有法必依、执法必严、违法必究”的法律渠道规范地进

---

[1] 政府责任性是指，政府是建设社会保障的最终责任主体；政府作为责任主体，既表现为社会保障制度建设的组织者和管理者，又表现为对公民基本生活的最终风险承担作用。

[2] 社会性是指，社会保障应该具有社会共济的性质，这就要求社会保障的组织和管理应该坚持政府、个人和社会共同分担公民遇到的生活风险，在社会保障基金上坚持“社会统筹”原则，保证公民在遇到难以承担的基本生活风险时，能够有效获得社会的帮助。

[3] 法律强制性，是指社会保障的制度建设坚持以法律为准绳的原则，这就要求社会保障的制度建设“立法先行”，做到“有法可依、有法必依、执法必严、违法必究”。

行。其次，强制性而非自愿性原则。建立社会保障的目的就是利用社会的力量防范社会基本生活风险，而这些社会风险的不确定性、非即时性常常容易引发一些相关责任人的逆选择性、搭便车心理和侥幸心理等道德风险，因此只能通过法律强制的渠道来实现，这也是国际社会的普遍经验。而现阶段我国农村基本生活保障建设中，不论是养老保险、医疗保险还是农业保险均坚持"自愿原则"。在"自愿原则"的软约束下，由于农户经济实力有限、保险意识缺乏以及"逆选择"等诸多原因，尤其在地方财政支持乏力的情况下，难以保证所有居民均自觉参加社会保险，尤其是那些贫困地区的居民和家庭困难的居民参保率更低，其结果不仅影响社会保障的覆盖面，而且将导致最需要保障的群体不能得到有效的社会保障。因此，考虑到"社会保障"在我国农村的新生性，以及农民社会保障意识的缺乏，坚持农村社会保障制度的强制性就更为必要。

关于社会性原则。坚持社会性原则的关键是"筹资社会化"和"账户资金转移使用社会化"，目的是真正实现"社会共济"。"筹资社会化"要求制度设计考虑农村居民及其所属集体和社会组织、政府及相关社会组织在农村社会保障，主要是社会保险项目中各自所应当承担的经济责任，尤其是在我国地区发展严重不平衡下中央政府和地方各级政府的财政责任分担问题；"账户资金转移使用社会化"是指当参保的农村居民有资格、有需要使用所参加的社会保险解决生活困难时，不论是个人账户还是社会统筹账户均可以有效使用，不因农村居民户籍地与参保地或就业地的分离而失效。而这正是当前我国农村社会保险，尤其是农民工社会保险因社会统筹账户部分难以有效跨省转移接续，导致其变异为"个人储蓄"而对农民工失去吸引力的最大原因。可见，农村社会保障的制度设计在筹资模式上、在所有账户资金的转移接续上是否能够真正遵循"社会性"原则，是其能否从"家庭保障"转为"社会保障"的关键所在。

综上所述，只有彻底抛弃"家庭保障"、"土地保障"和"自愿原则"的传统思路，牢牢坚持国家责任主体、社会性和法律强制性原则进行制度建设，农村基本生活保障制度才能从"家庭保障"转变为"社会保障"，才能真正为解放农户经济组织方式提供有效的保障。

7.2.1.2 农村社会保障制度建设应该遵循循序渐进、先急后缓、逐步完善的道路

社会保障制度并非单项制度，而是一个制度体系。按照国际经验，该体系包括社会保险、社会福利、社会救助等多项制度，仅社会保险又可分为养老保险、医疗保险、工伤保险、失业保险、生育保险等多个项目。目前，我国城市社会保障制度体系也包括社会保险、社会救助、社会福利、优抚安置等诸多子类别。社会保障制度体系的复杂性，决定其建设过程的长期性和艰巨性。同时，对于中国农村社会保障建设而言，农户经济水平的低下性，政府减轻农民负担的政策指向，以及一些地方地、县（区）级政府对农村社会保障制度建设的有限筹资能力，均决定了农村社会保障制度建设的缓慢性和长期性。然而，基本生活风险，并非因一个国家及其民众没有为其建立预防机制而不降临。由此，笔者以为，农村社会保障制度建设，应该坚持循序渐进的方针，按照农户对生活风险防范需求的缓急程度，分阶段、分项目逐步完善。

本研究关于基本生活风险防范与农户经济行为之间关系的实证分析表明，在农户面对的主要基本生活风险中，最低生活保障风险、医疗风险、建房风险、生活护理风险对其经济行为影响最为显著，而养老、失业、教育等其他风险对农户经济行为的影响次之。笔者以为，农村社会保障体系建设应遵循循序渐进、先急后缓的方针，首先从农户最急需的医疗保障、政策性农业保险、最低生活保障和托护关照制度建设着手，然后逐步完善养老、失业、住房、生育等保障项目[1]，分阶段、分重点逐步推进，最终形成一个完整的、健全的制度体系。

关于农村医疗保障建设。2003 年国务院出台了《关于建立新型农村合作医疗制度的意见的通知》，在坚持“国家责任主体原则”和“社会性原则”逐步改革和完善下，该制度发挥的医疗保障的作用越来越大。但

[1] “建房预备”和“生育预备”对农户经济行为也具有明显影响，但是，笔者并没有将其列入农村社会保障建设的优先顺序中，原因在于：“生育预备”相当程度上，可以视作农户的一种变相养老预防行为，可以通过养老保障将其纳入制度建设中；对于“建房预备”，就中国当前政府和农户经济实力而言，均不具备将其纳入农村社会保障体系建设的条件。

是，由于仍旧坚持“自愿参加原则”，且制度本身存在一定的“逆选择”、“保富不保穷”❶、报销门槛等不足，也在一定程度上限制了制度作用的发挥。由此，笔者以为，未来应增强农户参加医疗合作制度的强制性，扩大可报销药物和病种的范围，降低报销门槛，使农村居民真正能够实现病有所医，摆脱因病致贫的生活风险。

关于农户最低生活风险预防制度建设。这里之所以将其置于优先建设的位置，是因为在农户自发的“家庭保障机制”中，耕地配置是农户为其家庭成员提供最低生活保障和就业保障的基本机制。换言之，在我国，农户主要依靠有限的几亩耕地来保障家庭在生活最困难的时候“不饿肚子”、在外出就业艰难的时候“不失业”，也就是说，耕地承担了农户的最低生活保障和失业保障功能。然而，我国农业基本上处于“靠天收”的状态，这样一旦发生天灾，农民的最低生活保障实际处于无保障的状态。尽管目前我国农村已经建立了主要针对五保户和特困户的低保制度，针对贫困地区的扶贫开发制度，以及针对巨大自然灾害的救灾、救济制度。但是，这些制度的覆盖面均较低。对于农村居民最低生活风险的预防，市场经济发达国家大多采用“政策性农业保险”和“最低生活保障制度”的双重预防机制，即，首先通过“政策性农业保险”预防农民的农业收入免遭较大损失，当这仍旧不能避免农民处于贫困境地时，启用最低生活保障制度这一最后安全网来缓解贫困。由此笔者认为，我国也应转变现行的“重低保轻政策性农业保险”的思路和做法，借鉴国际先进经验，通过“政策性农业保险制度”的普遍实施首先为农户提供基本农业收入保障，然后通过“最低生活保障制度”来解决贫困。政策性农业保险的建立，国际上多采用营业税减免、再保险、农业大保险、保费补贴等方式鼓励和支持社会组织加入，同时采用投保补助、贷款优惠等形式鼓励

---

❶ 所谓“逆选择”是指，那些家庭成员身体状况健康的农户通常会选择不参加医疗合作，反之，则会选择参加医疗合作，这样将有悖于医疗合作“社会共济”的目标；所谓“保富不保穷”是指，那些家庭经济条件好的农户有能力参加“医疗合作”，而那些经济条件差的农户，迫于其他生活必须消费需求，可能会选择放弃参加医疗合作，而事实上，通常贫困农户相对富裕农户的医疗需求程度更高，这就有悖于医疗保障所应该具备的“平等原则”。

和吸引农户最大限度地参与。由此，笔者建议，我国应扩大政策性农业保险的范围，使其逐渐代替商业保险成为农业保险中的主体，并与农村最低生活保障制度和扶贫开发制度共同发挥为农户预防最低生活风险的功能。最低生活保障制度的建设应参照我国城市社会救助制度建设的做法，在制定"最低生活保障线"时兼顾不同地区经济社会发展水平、居民平均收入、CPI和当地居民生活方式等进行动态调整和制度创新，将对贫困农户的医疗救助、教育救助、法律援助和其他救助纳入最低生活保障体系中，使最低生活保障真正起到"兜底"作用。

关于护理照顾制度建设。本研究发现"家庭成员的生活照顾问题"已经成为影响农户劳动力配置的突出因素，且随着农户兼业化、家庭结构核心化，尤其是农民工外出就业持久化的发展趋势，农户中老、弱、病、残、幼的护理问题将越来越凸现。由此建议，国家研究出台总体指导性意见，地方政府出台具体办法或实施细则，采用税收优惠、财政补贴、社会集资等方式吸引医疗、教育、养老等相关企事业单位或社会组织积极介入，建立有利于农村幼儿护理、农民工中小学生关照、病残人员护理、养老照顾等社会照护机构，为农村剩余劳动力外出就业解决后顾之忧。

总之，农村社会保障体系建设，既要兼顾农户的生活急需程度，又要考虑农户和政府的经济实力，应遵循先急后缓、先主后次、循序渐进的道路逐步完善；鉴于政策性农业保险、最低生活保障、医疗保障，及护理保障等制度在农户基本生活风险防范中的急需位置，农村社会保障制度建设应该将其置于优先发展地位，然后，逐步完善农村养老、失业、生育等其他社会保障项目，最终为农村居民建立相对完善的基本生活风险防范体系。

7.2.1.3 农村社会保障的制度设计需要有效解决城乡政策衔接问题

"城乡一体化政策导向"下的社会保障制度建设的最终目标是破除城乡二元社会保障制度，建立城乡统一的社会保障制度，这就要求政策设计必须考虑城乡如何衔接问题。鉴于坚持"社会保障性质"是城乡社会保障制度接轨的前提，兼顾"城乡衔接"是城乡一体化的策略要求，这就要求在农村社会保障制度的政策设计之初就必须考虑与城市社保制度衔接的切入点和连接点问题。由于社会保障制度的城乡衔接，既涉及远期制度统和，又涉及近期农民市民化带来的社会保障权利转换和补偿问题，同时，城乡衔接的制度设计又必须兼顾城乡居民两种不同生活方式，由此找准农村社会保障制度在政策设计上的城乡衔接点尤为关键。考虑到我国城市化主要表现形式为“农民工进城定居”和“农民失地”，笔者以为，农村社会保障制度设计的城乡衔接可以从两个角度进行，即，社会保障账户资金（含统筹账户）的自由转移角度和失地农民的“社会保障权利转换和补偿”角度；其中，社会保障账户资金（含统筹账户）的自由转移有利于中期和远期制度整合，尤其有利于处于流动就业状态的农民工社会保障问题的解决；“社会保障权利转换和补偿”有利于现期制度整合；两者相互补充、共同促进社会保障制度的城乡一体化进程。下文将对其略加阐述。

第一，政策设计从社会保障账户资金（含统筹账户）的自由转移角度考虑城乡制度衔接。社会保障资金账户包括个人账户和社会统筹账户两个部分，目前，按照政策规定个人账户资金已经可以跨省自由转移，社会统筹账户资金仍限制在省内转移。然而，正是“社会统筹账户”是基本生活风险防范的主体，承担着社会共济的功能，而且跨省就业农村劳动力仍旧是我国农民工外出务工的主体，占外出农民工总体的一半以上。[1] 考虑到我国城乡和地区发展的严重不平衡性，跨省转移农民工规模的庞大性，如果社会保障统筹账户的资金不能自由转移或者只能在省内转移，这不仅意味着以社会保障制度出现相对贫困的劳动力输出为主的省份补贴以劳动力输入为主的相对富裕省份的“倒补贴”现象和“逆共济”效应，而且极易使社会保障制度重蹈“个人储蓄”的覆辙。因此，社会保障账户资金（含统筹账户）在全国范围内自由转移，尤其是“社会统筹账户资金”的全额自由转移，应作为农村社会保障制度设计的重要城乡衔接点之一。

第二，政策设计从“社会保障补偿和转换”角度考虑城乡制度衔接。

[1] 我国农民工工作“十二五”发展规划纲要研究课题组．中国农民工问题总体趋势观测“十二五”［EB/OL］．（2010－10－19）http：//www. gygov. gov. cn．

随着城市化进程的加快，由“征地”带来的失地农民越来越多。伴随他们的身份由农民向市民转变，他们基本生活保障方式由农村的耕地和家庭保障为主向城市社会保障为主的转换必然成为社会现实问题。从“社会保障转换和补偿角度”考虑制度的城乡衔接，即，农村社会保障的制度设计，既要考虑在农民市民化过程中，由农业户口向非农业户口转变的现期保障方式转换问题，又要考虑由失去耕地可能造成的一些人因失地前未参加城市社会保障而带来的退休时保障收益损失问题和远期可能因耕地增值带来的机会成本损失问题。事实上，在失地农民补偿过程中，“土地变保障”在一些地方已经成为事实。但是，多数举措更多地表现为一次性交易，而忽视了土地保障附有的潜在往期效应和远期增值效应。笔者坚持的“社会保障权利转换和补偿”观点要求，制度设计在考虑失地农民获取城镇社会保障资格的同时，兼顾由土地保障延伸的过往社会保障受益积累及未来土地保障增值收益问题。换言之，在失地农民获取城镇社会保障资格的同时，还应该获取其应得的由失去耕地造成的“社会保障社会统筹账户和个人账户”资金的积累部分，这部分资金应该是不同于耕地补偿金的、强制性的、必须存放在个人社会保障账户中的专项养老保险补偿金，应该是征地补偿成本的一部分，而不是与目前的耕地补偿金混为一谈。

总之，城乡一体化政策导向下的农村社会保障建设，以“城乡一体化”为政策导向和最终目标，以“社会保障性质”为制度基础，以“循序渐进”为基本道路，以“城乡衔接”为制度建设的突破口，迥然不同于“家庭保障”和城乡二元分割的社会保障模式。通过城乡一体化政策导向下的农村社会保障制度建设，农民居民的基本生活保障机制可以实现从“家庭保障”为主向“社会保障”为主的转变，从而为农户更好地配置家庭资源、提高经济活动效率和收入水平奠定更好的基础。

7.2.2 在城乡一体化政策导向下深化制度改革、推进剩余劳动力彻底转移

正如前述，改革开放以来，政府一直致力于通过改革限制农村劳动力流动的政策制度、加快经济发展和城镇化建设等途径推进农村剩余劳动力

的转移；事实上，目前农村劳动力剩余状况已经大为改观，但是，这种改观更多地表现为阶段性的“半截子转移”，而非彻底地从农村向城市或从农业向非农业的转移。我国农村剩余劳动力转移的不彻底性或“半截子现象”突出地表现在2003年“非典时期”和2008年国际金融危机爆发时期的农民工大规模返乡现象上。造成农村剩余劳动力转移不彻底的根源复杂，固然有农村劳动力自身人力资本欠缺、在城市劳动力市场上竞争力不足等不可忽视的内部主观因素，但是，在我国经济持续快速发展、对劳动力需求长期旺盛，尤其是在“用工荒”已经长期普遍出现的大背景下，传统、落后、僵化的社会体制导致的外部结构性因素成为最根本的制约因素。尽管通过多年持续的改革，阻碍农村剩余劳动力自由流动的一些表层政策举措在不断被拆除，但是，以户籍制度为核心，附加在其上的社会保障制度、教育制度、住房保障制度等深层制度仍旧牢牢阻碍着农村剩余劳动力的彻底转移，成为现阶段制度变革不得不面对和破除的核心。为了推动农村剩余劳动力彻底转移，笔者以为可以从以下几方面着手。

7.2.2.1　逐渐淡化户籍制度的社会保障和公共服务功能，还其人口登记的本来面目

继续鼓励各地合法地、因地制宜地、多渠道探索户籍制度改革的途径，最终建立城乡统一的、仅具有人口登记功能的城乡居民居住证制度。目前的过渡措施：可以鼓励尝试重庆模式的城乡一体化户籍制度改革；也可以分阶段尝试从乡（镇）和县（区）范围内的城乡一体化居民居住证制度到地（市）级范围内的城乡一体化居民居住证制度，再到省（市）级范围内的城乡一体化居民居住证制度，并保证在同一行政辖区内获取居民居住证的居民能够享受到相同的社会保障权和公共服务权等；也可以鼓励尝试在浙江、广东等地试行的外地就业人员“积分入户”模式，制定农民工积分落户制时，除了考虑将传统重视的农民工人力资本因素（包括学历、专业、技能、技术资格、职务职称、发明专利、技术革新贡献等），以及物质资本因素（包括投资、创业、纳税、购房等）作为落户的积分分值指标外，还应考虑将农民工对城市的贡献因素纳入积分分值指标（包括在务工地累计就业时间、累计缴纳社会保险年限，是否农民工劳动

模范、优秀农民工、农民工先进生产工作者、劳动竞赛和技能竞赛能手等），从而先从推动农民工户籍改革入手推动城乡户籍一体化进程；也可以尝试采用逐渐淡化户籍所附加的非人口登记功能，从农村流动就业人口最急需的子女基础教育、医疗保险、工伤保险、失业保险和最基本的住房保障的城乡一体化着手，逐步放宽到其他社会保障和公共服务的城乡一体化。同时，加强对各地探索性经验的比较和研究，及时总结行之有效的地方成功经验并适时加以推广。

7.2.2.2　继续深化城市劳动力用工制度改革，为农村劳动力在城市就业提供公平的市场环境

继续深化城市劳动力市场准入制度，彻底根除外来人口不能与本地居民争抢“体面饭碗”的落后思想，全面废除对当地居民在一些职业和岗位上的地方保护主义，坚持“市场准入”原则使农民工公平参与城市劳动力市场的竞争。继续开展清理整顿人力资源市场秩序专项行动，坚决打击非法职业中介和欺诈行为。

完善劳动合同制度，提高农民工劳动合同签订率，规范企业依法用工。认真贯彻落实《劳动合同法》和《劳动合同法实施条例》等，尽快研究起草《劳务派遣规定》和贯彻劳动合同法的相关意见。继续开展农民工劳动合同签订“春暖行动”，实施小企业劳动合同行动计划，提高劳动合同签订率。指导和督促地方制定企业规章制度范本和劳动合同管理操作指南，监督中小企业依法用工。

进一步完善农民工工资支付保障机制，高效解决农民工欠薪问题。严格按照宪法修改条例，对恶意欠薪的企业从严从重处罚，提高违法成本。尽快出台《工资条例》，对工资支付保障机制相关内容作出明确规定，如在建筑领域，建筑施工企业总承包企业或者劳务企业承担工资支付的责任，不得由“包工头”等不具备主体资格的组织或个人代发；职工工资必须依法按月足额发放，不得采取年底集中发放工资的做法；规范工资支付保证金制度和工资支付监控制度，对于工资支付保证金收缴、管理和支付以及适用范围作出明确规定，使之有法可依。制定《劳动监察法》，强化政府部门劳动监察执法权力，完善执法程序。充分利用中国人民银行企业征信系统平台，建立工资支付信用档案和“黑名单”，多方约束企业工资支付行为。各地政府应将治理工资拖欠作为保障和改善民生的重要内容，并承诺政府投资项目不拖欠农民工工资。

7.2.2.3 推动地方政府将农民工以城镇企业职工的身份参加社会保障制度，提高其保障水平

进一步加强监督、管理，积极开展地方社会保障实施状况的评比活动，奖优惩劣，调动各级政府严格、依法实施社会保障的积极性。加强对企业的社会保障实施的执法监管和社会监督，加大其违法成本。加大《社会保险法》、《农民工参加基本养老保险办法》、《国务院关于开展新型农村社会养老保险试点的指导意见》、《国务院关于建立城镇职工基本医疗保险制度的决定》、《国务院办公厅关于转发人力资源社会保障部财政部城镇企业职工基本养老保险关系转移接续暂行办法的通知》等相关社会保障法律法规和配套措施、实施细则的宣传力度，使农民工真正理解各项相关法律并能够作出理性的、正确的选择；完善相关法律法规，改变基本社会保险“自愿性”加入的原则和其他不适合农民工特点的规定，逐步提高社会保障的统筹水平，研究制定提高制度效率的有效举措，增强具体条款的可操作性，确保所有农民工都能够在就业时获取应得的社会保险权利，在年老、疾病、失业、贫困等生活所需时能够真正享有社会保障权益。

7.2.2.4 将农民工纳入城市公共住房保障体系，保障农民工在务工城镇享有安全、卫生、廉价的基本居住条件

保障符合条件的农业转移人口在城镇落户后享有与当地城镇居民同等的住房权益。以常住人口为基础制定公共预算，将农民工纳入城镇公共租赁住房体系，为农民工及其外出配偶和子女共同生活创造条件，并保障他们享有最基本的住房条件。以税收、财政、土地等优惠措施鼓励企业建设职工宿舍。鼓励有条件的地方，探索尝试将长期、稳定在当地就业的农民工纳入城镇经济适用房住房保障体系。鼓励有条件的地方和企业，将农民工与城镇职工同样纳入住房公积金体系。加强对农民工居住集聚区的安全、卫生和治安检查和监管，以及公共厕所、浴室、澡堂、公共健身器材、公共图书馆和阅览室等公共文卫设施的建设，保障其基本的健康、安全的居住环境。

7.2.2.5 继续推进教育改革，进一步完善基础教育和中等职业教育制度，为农民工彻底转移提供坚实的人力资源基础

进一步改革农民工子女基础教育制度。继续深入贯彻《义务教育法》，认真落实农民工流动儿童以输入地政府管理为主和以全日制公办中小学为主的“两为主”政策，保障农民工随迁子女平等接受义务教育。针对随迁子女高中阶段教育困境，探索、尝试将在务工城市长期持续稳定就业的农民工子女纳入当地普通高中和中等职业教育的举措，同时研究制定农民工随迁子女接受高中阶段教育的方案。

继续深化中等职业教育改革，为农村劳动力提高人力资本和专业技能创造便利的条件。在教育对象上，继续按照中等职业教育与普通高中教育1:1的比例，扩大中等职业教育的招生范围，同时以农村“两后生”和外出农民工为重点对象，将其纳入中等职业教育体系。在教育费用上，健全多渠道投入机制，提高中等职业教育费用在教育经费中的比重，继续实施对中等职业学校农村家庭经济困难的学生和涉农专业学生免学费的规定，逐步实现中等职业教育免费制度。在教育内容上，既以市场为导向，按照市场需求及时更新专业设置、学科内容，同时注意在德、智、体、美等方面的全面培养，使其不仅具备市场所需的专业技能，同时具备健全的人格、良好的心理素质、基本的职业道德、融入社会的基本生活技能。在办学形式上，适应教育对象多样化、多层次、多需求的变化，采取学历班、资格培训班、短期技能培训班等长、中、短期相结合的更为灵活多样的办学形式，将已经辍学多年的农民工或潜在农民工纳入中等职业教育体系。在教育方法和教育模式上，借鉴国际成功经验，尤其是职业教育发达的德国、意大利、英国等大众教育国家的成功经验，并结合中国国情进行本土化改良和设计，强化和规范顶岗实习，加强校企合作、工读结合，鼓励有条件的企业建立中等职业教育学校或设立培训基地。

总之，在城乡二元社会体制的持续影响下，农村社会保障制度的低效、缺失和农村剩余劳动力的难以彻底转移，是阻碍我国华北农户资源配置效率提高、经济收入最大化的主要社会根源，也是导致我国“三农问题”长期难以解决的关键性因素之一。为此，进一步解放思想、深化改革，以城乡一体化为政策导向，促进农户基本生活保障由家庭保障为主向社会保障为主的转变，由剩余劳动力阶段性、不彻底转移向彻底转移的转变，是现阶段促进我国进一步解放农村生产力、提高农户生活水平、推动农业现代化的客观选择。

参考文献

[1]［俄］A. 恰亚诺夫．农民经济组织［M］．北京：中央编译出版社，1996.

[2] Albert Park，任常青．自给自足和风险状态下的农户生产决策模型——中国贫困地区的实证研究［J］．农业技术经济，1995（5）.

[3]［美］阿马蒂亚·森．伦理学与经济学［M］．北京：商务印书馆，2003.

[4]［美］阿马蒂亚·森．贫困与饥荒［M］．北京：商务印书馆，2001.

[5]［英］安东尼·吉登斯．社会的构成［M］．北京：生活·读书·新知三联书店，1998.

[6]［美］布劳．社会生活中的交换和权力［M］．北京：华夏出版社，1988.

[7]［法］布洛克．法国农业史［M］．北京：商务印书馆，1991.

[8] 白南生，等．回乡还是进城——中国农村外出劳动力回流研究［M］．北京：中国财政经济出版社，2002.

[9] 布迪厄著，包亚明译．文化资本与社会炼金术——社会学危机与争夺词语的斗争［M］．上海：上海人民出版社，1997.

[10]［美］查尔斯·沃尔夫．市场和政府——权衡两种不完善的选择［M］．北京：中国发展出版社，1994.

[11] 陈和午．农户模型的发展与应用：文献综述［J］．农业技术经济，2004（3）.

[12] 蔡昉．中国的二元经济与劳动力转移［M］．北京：中国人民大学出版社，1990.

[13] 蔡桂芳．农业保护与农业的可持续发展［J］．中国经济问题，1997（6）.

[14] 曹和平．中国农户储蓄行为［M］．北京：北京大学出版社，2002.

[15] 陈吉元，胡必亮．当代中国的村庄经济与村落文化［M］．太原：山西经济出版社，1996.

[16] 陈俊杰．关系资源与农民的非农化［M］．北京：中国社会科学出版社，1998.

[17] 陈先运．农村剩余劳动力测算方法研究［J］．统计研究，2004（6）.

[18] 曹阳．中国农业劳动力转移［M］．武汉：华中师范大学出版社，1997.

[19] 曹阳慧. 中国农业劳动力转移——基于体制变迁的分析 [M]. 武汉：华中师范大学出版社，1997.

[20] 陈宗德，丁泽霁主编. 改造传统农业的国际经验——对发展中国家的研究 [M]. 北京：人民大学出版社，1992.

[21] 都阳. 贫困地区农户参与非农工作的决定因素研究 [J]. 农业技术经济，1999 (4).

[22] 段侍光. 构建市场经济条件下政府支持和保护农业的政策体系 [J]. 农业经济（人大复印报刊资料），1997 (6).

[23] 定州市志委员会. 定州市志 [M]. 北京：中国城市出版社，1998.

[24] 定州市统计局. 定州市统计局年鉴 [M]. 北京：中国城市出版社，1993～2002.

[25] 邓伟志. 家庭社会学 [M]. 北京：中国社会科学出版社，2001.

[26] [美] 道格拉斯·诺斯，罗伯特·托马斯. 西方世界的兴起 [M]. 北京：华夏出版社，1989.

[27] [美] 道格拉斯·诺思. 经济史中的结构和变迁 [M]. 上海：上海三联书店，1991.

[28] [美] 道格拉斯·诺思. 制度、制度变迁与经济绩效 [M]. 上海：上海三联书店，1994.

[29] [美] 丹尼尔·W. 布罗姆利. 经济利益与经济制度——公共政策的理论基础 [M]. 上海：上海三联出版社，1996.

[30] [英] 迪帕克·拉尔. 发展经济学的贫困 [M]. 昆明：云南人民出版社，1992.

[31] 杜鹰，白南生. 走出乡村：中国农村劳动力流动实证研究 [M]. 北京：经济科学出版社，1997.

[32] 董忠波. 我国新型农村合作医疗的筹资问题 [J]. 云南社会科学，2004 (3).

[33] 杜中杰，杨树明. 农村医疗保障出路何在 [J]. 社会保障制度，2001 (3).

[34] 杜赞齐. 文化、权力与国家 [M]. 南京：江苏人民出版社，1996.

[35] 费景汉. 劳动力剩余经济的发展 [M]. 北京：华夏出版社，1989.

[36] 费孝通，张之毅. 云南三村 [M]. 天津：天津人民出版社，1990.

[37] 费孝通，戴可景译. 江村经济 [M]. 南京：江苏人民出版社，1986.

[38] 费孝通，戴可景译. 乡土中国 [M]. 北京：三联书店，1985.

[39] 费孝通，戴可景译. 费孝通文集 [M]. 北京：群言出版社，1999.

[40] 庚德昌主编. 农民贫富探源——农户经济行为分析 [M]. 北京：中国财政经济

出版社，1996.

[41] 庹国柱，李军. 国外农业保险：实践、研究和法规［M］. 西安：陕西人民出版社，1996.

[42]［美］古斯塔夫·拉尼斯，费景汉，王月等译. 劳动剩余经济的发展［M］. 北京：华夏出版社，1989.

[43] 郭晓鸣. 我国农村劳动力转移的深层制约与战略选择［J］. 中国农村经济，1991（5）.

[44]［美］古蒂·贝克，加里·贝克，薛迪安译. 生活中的经济学［M］. 北京：华夏出版社，2003.

[45] 胡继连，等. 中国农户经济行为研究［M］. 北京：农业出版社，1992.

[46] 何清涟. 现代化的陷阱［M］. 北京：今日中国出版社，1998.

[47] 黄平. 寻求生存：当代中国农村外出人口的社会学研究［M］. 昆明：云南人民出版社，1997.

[48] 胡鞍钢. 开征社会保障税已具条件［EB/OL］.（2001－06－20）http：//www. drcnet. com. cn/New_ Product/expert/showdoc. asp？doc_ id＝1280.

[49]［美］黄宗智. 长江三角洲小农家庭与乡村发展［M］. 北京：中华书局，2000.

[50]［美］黄宗智. 华北的小农经济与社会变迁［M］. 北京：中华书局，2000.

[51]［美］黄宗智. 中国农村的过密化与现代化：规范认识危机与出路［M］. 上海：上海社会科学出版社，1992.

[52]［美］吉尔兹著，王海龙，张家瑄译. 地方性知识［M］. 北京：中央编译出版社，2000.

[53]［美］加里·S. 贝克尔. 家庭经济分析［M］. 北京：华夏出版社，1987.

[54]［美］加里·S. 贝克尔. 人类行为的经济方分析［M］. 上海：上海三联书店，1993.

[55]［美］吉尼斯，等. 发展经济学［M］. 北京：中国人民大学出版社，1998.

[56]［美］科林·卡特，等. 经济改革进程中的中国农业［M］. 北京：中国财政经济出版社，1999.

[57] 孔祥智. 中国农家经济审视［M］. 北京：中国农业科技出版社，1999.

[58] 赖德胜. 分割的劳动力市场理论述评［J］. 经济学动态，1996（11）.

[59] 李光兵. 国内外农户经济行为研究［D］. 北京：中国人民大学，1992.

[60] 刘怀德. 不确定性经济学研究［M］. 上海：上海财经大学出版社，2001.

[61] 卢海元. 走进城市：农民工的社会保障［M］. 北京：经济管理出版社，2004.

[62] 李景汉. 定县社会概况调查［M］. 北京：中国人民大学出版社，1986.

[63] 李景汉. 定县经济调查部分报告书［M］. 河北：河北省县政建设研究院印行，民国二十三年.

[64]［波兰］拉兰·韦茨. 一个革命的发展战略：从农民到农场主——从贫困农民到现代化农民［M］. 北京：中国展望出版社，1990.

[65] 李拉亚. 预期与不确定性的关系研究［J］. 经济研究，1994（9）.

[66] 林闽钢. 我国农村养老实现方式的探讨［J］. 中国农村经济，2003（3）.

[67] 刘品安. 农村剩余劳动力转移的理论模式和现实选择［J］. 中国社会科学院研究生院学报，1991（2）.

[68] 刘尚希. 论公共风险，财政研究［J］. 1999（9）.

[69] 罗兴. 论农业剩余劳动力转移的制约因素［J］. 经济科学，1991（2）.

[70] 卢文鹏. 渐进转型中的制度性公共风险［J］. 战略与管理，2002（3）.

[71] 林毅夫. 小农的经济理性［J］. 农村经济与社会，1983（3）.

[72] 林毅夫. 制度、技术与中国农业发展［M］. 上海：上海三联书店，1992.

[73] 刘易斯. 二元经济论［M］. 北京：北京经济学院出版社，1989.

[74] 李迎生. 社会保障与社会结构转型 二元社会保障体系研究［M］. 北京：中国人民大学出版社，2001.

[75]［法］孟德拉斯，李培林译. 农民的终结［M］. 北京：中国社会科学出版社，1991.

[76]［德］马克斯·韦伯. 新教伦理和资本主义精神［M］. 北京：三联书店，1987.

[77]［德］马克斯·韦伯，林荣远译. 经济与社会［M］. 北京：商务印书馆，1997.

[78]［美］亚伯拉罕·H. 马斯洛，德波娜·C. 斯蒂芬斯，加里·赫尔. 马斯洛论管理［M］. 北京：中国标准出版社，2001.

[79] 马鸿运，等. 中国农户经济行为研究［M］. 上海：上海人民出版社，1993.

[80] 梅金平. 不确定性、风险与中国农村劳动力区际流动［M］. 北京：中国财政经济出版社，2003.

[81]［美］马若孟，史建云译. 中国农民经济［M］. 南京：江苏人民出版社，1999.

[82]［英］尼古拉斯·巴尔等著，贺小波，王艺译. 福利经济学前沿问题［M］. 北京：中国税务出版社，2000.

[83]［英］尼古拉斯·巴尔等著，郑秉文，穆怀中译. 福利国家经济学［M］. 北

京：中国劳动社会保障出版社，2003.
[84] [法] 皮埃尔·布迪厄著，蒋梓骅译. 实践感 [M]. 南京：译林出版社，2003.
[85] [美] 乔治·瑞泽尔. 后现代社会理论 [M]. 北京：华夏出版社，2003.
[86] [美] 乔治·瑞泽尔. 当代社会学理论及其古典根源 [M]. 北京：北京大学出版社，2004.
[87] 秦富，等. 国外农业支持政策 [M]. 北京：中国农业出版社，2003.
[88] 秦晖. 农民中国历史反思与现实选择 [M]. 郑州：河南人民出版社，2003.
[89] 戎殿新，司马军编. 各国农业劳动力转移问题研究 [M]. 北京：经济出版社，1989.
[90] [英] 蒂特马斯著，江绍康译. 社会政策十讲 [M]. 香港：商务印书馆，1991.
[91] R. 科斯，等. 财产权力与制度变迁——产权学派与新制度学派译文集 [M]. 上海：上海三联书店，1994.
[92] 任素梅. 农业保险概论 [M]. 北京：中国农业出版社，1995.
[93] [法] 让·雄巴尔-德诺夫. 法国农业趣史 [M]. 北京：中国农业出版社，1985.
[94] 孙光德，等. 社会保障概论 [M]. 北京：中国人民大学出版社，2002.
[95] 沈红. 边缘地带的小农 [M]. 北京：人民出版社，1992.
[96] 史清华. 农户经济活动及行为 [M]. 北京：中国农业出版社，2001.
[97] [日] 田岛俊雄. 中国农业结构与变动 [M]. 北京：经济科学出版社，1998.
[98] [美] M. P. 托达罗. 第三世界的经济发展 [M]. 北京：中国人民大学出版社，1988.
[99] 谭向勇. 农业政策原理 [M]. 太原：山西经济出版社，1997.
[100] 王春光. 新生代农村流动人口的社会认同与城乡融合的关系 [J]. 社会学研究，2001 (3).
[101] 王奋宇，李路路. 中国城市劳动力流动：从业模式·职业生涯·新移民 [M]. 北京：北京出版社，2001.
[102] 文军. 从生存理性选择到社会理性选择——当代中国农民外出就业动因的社会学分析 [J/OL]. (2004-4-12) http//：www. sociology. casst. cn，2004. 4. 12.
[103] 温铁军. 中国的城镇化道路与相关制度问题 [EB/OL]. (2000-3-15) http：//www1. cei. gov. cn/forum50/doc/50hgjj/200107311553. htm.
[104] 王章辉. 欧美农村劳动力的转移与城市化 [M]. 北京：社会科学文献出版社，1999.

[105] [美] 西奥多·W. 舒尔茨. 改造传统农业 [M]. 北京：商务印书馆，1987.
[106] [美] 西奥多·W. 舒尔茨. 经济增长与农业 [M]. 北京：北京经济学院出版社，1987.
[107] [美] 西奥多·W. 舒尔茨. 论人力资本投资 [M]. 北京：北京经济学院出版社，1987.
[108] [美] 西蒙. 现代决策理论的基石 [M]. 北京：北京经济学院出版社，1989.
[109] 谢茹. 市场经济条件下农业保护十策 [J]. 农业经济（人大复印报刊资料），1997 (6).
[110] 薛小和. 逐步建立农民基本医疗保障制度——访中国社会科学院科研局副局长王延中 [N]. 经济日报，2002-09-12.
[111] 于立. 中国乡镇企业吸纳劳动就业的实证分析 [J]. 管理世界，2003 (3).
[112] 杨立雄. 争论与分歧 [J]. 中国人口科学，2002 (2).
[113] 杨善华主编. 当代西方社会学理论 [M]. 北京：北京大学出版社，1999.
[114] 杨永华. 中国农业剩余劳动力转移与对经典模型的扬弃 [J]. 江海学刊，1993 (4).
[115] [英] 约翰·梅纳德·凯恩斯. 就业、利息和货币通论 [M]. 北京：商务印书馆，1977.
[116] 张林秀. 农户经济学基本理论概述 [J]. 农业技术经济，1996 (3).
[117] 张林秀，徐小明. 农户生产在不同政策环境下行为的研究——农户系统模型的应用 [J]. 农业技术经济，1996 (4).
[118] 张广胜. 市场经济下的农户经济行为研究 [J]. 调研世界，1999 (3).
[119] 朱方明. 农业剩余劳动力转移评论 [J]. 经济学家，1996 (4).
[120] 朱方明. 农业剩余劳动力转移理论评说 [J]. 经济学家，1995 (4).
[121] 郑风田. 制度变迁与中国农民经济行为 [M]. 北京：中国农业科技出版社，2000.
[122] 郑杭生. 转型中的中国社会和中国社会的转型 [M]. 北京：首都师范大学出版社，1996.
[123] 郑杭生. 转型中的中国社会与成熟的中国社会学，中国社会学年鉴（1979～1989）[M]. 北京：中国大百科全书出版社，1989.
[124] 郑杭生. 中国社会大转型 [J]. 中国软科学，1994 (1).
[125] 郑杭生. 当代中国农村社会转型的实证研究 [M]. 北京：中国人民大学出版社，1993.

[126] 郑杭生. 社会学概论新修 [M]. 北京：中国人民大学出版社，1994.

[127] 张利宁. 发展经济学的农村劳动力转移理论 [J]. 经济学动态，1987 (3).

[128] 张林秀. 农户经济学基本理论概述 [J]. 农业技术经济，1996 (5).

[129] [美] 詹姆斯·C. 斯科特，程立显，刘建等译. 农民的道义经济学 东南亚的反判与生存 [M]. 南京：译林出版社 ，2001.

[130] [美] 詹姆斯·科尔曼，邓方译. 社会理论的基础 [M]. 北京：社会科学文献出版社，1992.

[131] 赵树凯. 劳动力流动：出村和进村 [J]. 中国农村观察，1995 (4).

[132] 左学金，王耀忠. 建立和完善农村医疗保障制度的几点思考 [J]. 社会保障制度，2004 (3).

[133] 岳跃. 中国农户经济行为的二元博弈均衡分析 [M]. 北京：中国经济出版社，2007.

[134] 唐文金. 农户土地流转意愿与行为研究 [M]. 北京：中国经济出版社，2008.

[135] 方松海. 劳动负效用、要素收益与生存发展适应：农户生产经营行为分析 [M]. 北京：经济科学出版社，2009.

[136] 王春超. 中国农户就业决策与劳动力流动 [M]. 北京：人民出版社，2010.

[137] 刘洁. 中国农户教育投资行为研究 [M]. 北京：经济管理出版社，2010.

[138] 陈希敏. 制度变迁中的农户金融合作行为研究 [M]. 北京：人民出版社，2011.

[139] Addrew Dilnot, etc. The Economics of Social Security [M]. London : Oxford University Press, 1989.

[140] Alcock. Understanding Poverty [M]. London: Macmillan Company Press, 1993.

[141] Arrow. The Role of Securitirs in the Optimal Allocation of Risk Bearing [J]. Review of Economics Studies, 1964 (12).

[142] Atkinson. Income Maintenance and Social Insurance [J]. Handbook of Publish Economics, 1986 (12).

[143] Atkinson. J. W. Motovation determinant of risk – taking behavior [J]. Psychological Review, 1957 (64).

[144] A. W. Dilnot, J. A. Kay, C. N. Morris. The Reform of Social Security, The Institute for Fisal Studies [M]. Oxford: London Clarendon Press, 1984.

[145] Barnum, Squire L. A Model of an Agricultural Household: Theory and Evidence

[J]. World Bank Occasional Paper, 1979 (27).

[146] Barron, F. H. Emprical and Theoretical relations between value and utility functions [J]. A cat psychological, 1984 (56): 233 –244.

[147] Bell, D. E. Risk premiums fordecision regret [J]. Management Science, 1983 (29): 1156 –1166.

[148] Bernoulli, D. Expositon of a New Theory on the measurement of risk [J]. Economic Metric, 1954 (22): 23 –36.

[149] Berker. The economics of Discrimination [M]. University of Chicago Press, 1986.

[150] Bhaskar Dutta. Welfare Economics [M]. PubulishOxford University Press, 1993.

[151] Buck, Joho Lossing. Chinese Farm Economy [M]. Chicago: University of Chicago Prsee. 1930.

[152] Clark. Keer. The Balkanization of Labor Markets, Labor markets and Wage Datermination [M]. University of California Press, 1977.

[153] Daniel Little. Understanding peasant China [M]. Yale Univeraity Press, 1989.

[154] DilloJ. L, Scandizzo. P. L. Risk attitude of subsistence farmers in northeast Brazil: a sampling approach. American [J]. Journal of Agricutural Economics, 1978 (60).

[155] Dmount. Some Management Objective of the Peasant Farmers [J]. Journal Development Studies. 1974 (11).

[156] Edgardo Moscardi, Alain de Janvry. Attitude Toward Risk among Peasants: An EconometricApproach [J]. AmericanJournalofAgricultureeconomics, 1977 (59): 4 –5.

[157] Elvin, Mark. The Pattern of the Chinese Past. Stanford [M], Calf.: Stanfod University Press, 1973.

[158] Frank Ellis. Agricultural Policy in Developing Countries [M]. the University of Cambridge Press. 1994 .

[159] Peasant Economics [M]. Cambridge University Press, 1988.

[160] Friedmen, Miltin, L. G. Savage. The Utility Analysis of Choices Involving Risk [J]. Journal of Political Economy, 1948 (56): 279 –304.

[161] Gamble, Sidney, Ting Hsien. A North China Rural Community [M]. Stanford, Calif:Stansord University Press. 1954.

[162] Haimlevy A. Absoluteand Relative Risk Aversion, an experimental study [J]. Journal of risk and uncertainty, 1994 (8): 289 –306.

[163] Hymer, Stephen, Stephen Resinick. A Model of an Agrarian Ecomomy with Nonagricultural Activities [J]. American Economic Review, 1969 (1): 493 -506.

[164] Jone Hills, John Ditch, Howard Glennerster. Beveridge and Social Security /An International Retrospective [M]. Oxford : Clarendon Press, 1994.

[165] KahnemanD, TverskyA. Prospect theory, Analysis of decision under risk [J]. Econometric,1979, 47 (2): 263 -291.

[166] Kuroda, Yoshimi, Pan Yotopoulos. A Microeconomic Analysis of Production Behavior of the Farm Household in Japan: A Profit Function Approach [J], The Economic Review, 1978 (29): 115 -129.

[167] Knight. Risk, Uncertainty and Profit [M]. University of Chicago Press, 1921.

[168] Larrick, R. P. Motivational Factor IN Decision Theories: the Role of self - protection [J]. Psychological Bulletin, 1993 , 113 (3): 440 -450.

[169] Lau, Lawrence J. Pan Yotopoulos, Erwin C. Chou and Wuu - Long Lin. The Microeconomics of Distribution: A Simulation of the Farm Economy [J], Journal of Policy Modeling, 1978 (3): 175 -206.

[170] Le Grand, Lulian, The Strategy of Equality [M]. London: George Allen and Unwin,1982.

[171] Lipton, Michael. The Theory of the Optimizing Peasant [J]. Journal of Development Studies, 1968, 4 (3): 327 -501.

[172] Low. A. Agricultural Development in Southern African: Farm Household - Economics and the Food Crisis [M]. London: James Currey, 1986.

[173] Lopez, Ramon. Structural Models of the Farm Household That Allow for Interdependent Utility and Profit - Maximization Decisions [J], In Inderjit J. Singh, Lyn Squire and John Strauss (eds.), Agricultural Household Models—Extensions, Applications and Policy [M]. Baltimore: The Johns Hopkins University Press, 1986.

[174] Neil Rockford. An introduction to risk management [M]. Cambridge: Woodhead - Faulkner , 1986.

[175] Nicholas Barr. The Economics of the Welfare State [M]. Oxford University Press, 1993.

[176] PierreBourdieu. The Logic of Practice [M]. Stanford University Press, 1977.

[177] PierreBourdieu. Translated by Alan C. M. Ross. The Algerians [M]. Boston: Bea-

con Press 1962.

[178] Polanyi, Karl, ConradM. Arensberg, and Harry W. Pearson. Trade and Market in the Early Empires: Economics in History and Theory [M]. Glencoe: Free Press. 1957.

[179] Popkin Samuel. The Rational Peasant: The Political Economy of Rural Society in Vietnem [M]. Berkeley: University of California Press, 1979.

[180] Sally Baldwin, JaneFalkingham. Social Change and Social Security [M]. Harvester Wheatsheaf, 1994.

[181] Stark. O and Taylor. J. E. Migration Incentives, Migration Types: The Role of Relative Deprivation [J]. The Economic Journal, 1991 (101): 1163 -1178.

[182] Singh, Inderjit, Lyn Squire, John Strauss. Agricultural Household Models—Extensions, Applications and Policy [M]. Baltimore: The Johns Hopkins University Press, 1986.

[183] Taylor J. Edward. Undocumented Mexico - U. S. Migration and the Returns to Households in Rural Mexico [J]. American Journal of Agricultural Economics, 1987 (69): 626 -638.

[184] Todara, M. P. A model of labor Migration and Urban Unemployment in Less developed Counturies [J]. American Economic Review, 1969, 59 (1): 105 -133.

[185] Tovnsend RM. Risk and Insurance in village India [J]. Econometrica, 1994 (62): 4.

[186] UdryC. Risk and Saving in Northern Nigeria [J]. The American Economic Review, 1995, 59 (1): 99.

[187] Wolgin. Resource Allocation and Risk [J]. American Journal of Agrculture Economics, 1975 (5).

[188] ZhaoYaohui. Migration and earnings Difference: The Case of Rural China [J]. Economic Development and Culture Change, 1999, 47 (4): 767 -782.

后　　记

喜见窗外柳条飘飞，墙头群鹊跃唊。

遥忆非典逸园研读，翟村椒田叙话。

默盼小荷初露尖角，缕缕书香飘发。

诚念尊师谆谆教诲，亲朋默默端茶。

感叹日月飞奔如梭，研农漫漫无涯。

鄙人呆板，不善诗词。但是，当经过漫长的梳理和修改过程，拙作即将面世之时，望着窗外飘飞的柳条、对面墙头上下翻飞的喜鹊和远处的蓝天白云，一股释然之情、感叹之念不免油然而生。

回想恩师郑杭生先生允许零二届弟子的博士学位论文与其主持的重大社科基金课题“华北农村 80 年社会变迁”相结合进行研究时的激动心情，到 2003 年非典时期被“关闭”于人民大学校园内“不得不”广阅相关文献的“无奈”，到几经调整最终确定“华北农户经济行为”为研究主题的“波折”，到与吴力子、章东辉、奂平青、潘鸿雁等师兄妹几度进驻定州翟城与老乡同吃同住同劳作共唠嗑的调研情景，到博士学位论文答辩时听到老师们赞扬与批评时喜悦沮丧交集的心情，到工作后忙于日常琐务一度将论文搁置的懒惰以及数年“三农”相关研究后蓦然回首发现其虽微弱仍不失光芒的惊喜，再到几经增减、修改和润色拙作最终即将面世的漫长过程。个中心情，实难以上面一篇短短的所谓“小诗”所能表达。

回想论文从萌芽到结果的整个过程，笔者发现，与其说它是一项任务完成的过程，不如说是笔者人生中的一段宝贵经历和财富。其中，有来自一代社会学大师郑杭生先生为人、为学、为事的潜移默化的影响，有来自慈勤英、洪大用、李路路、李迎生、雷洪等教授在研究、工作和生活上的鼓励、指导和帮助，有来自同窗好友吴力子、杨敏、奂平青、章东辉、潘鸿雁、王道勇、刘仲祥、张永华、许斌、何珊君等的赤诚交流和无私支援，有来自领导和同事在相关课题讨论时的启发和激励，有来自翟城村民热情、淳朴、无私的支持，有来自出版社贺小霞女士热心和极其耐心的帮助，更饱含了家人长期默默的支持、无私的奉献和深厚的关爱。

吾生也有涯，其求也无涯。笔者确信这段写作经历将成为自己最宝贵的人生财富，不断伴我成长和进步。